인디언의 길

노스아메리카 인디언의 500년 수난사

인디언의 길

노스아메리카 인디언의 500년 수난사

초판 1쇄 발행 2015년 7월 25일

초판 2쇄 발행 2018년 1월 10일

–

지은이 김철

펴낸이 이방원

편 집 안효희 · 김명희 · 이윤석 · 강윤경 · 윤원진 · 홍순용

디자인 손경화 · 전계숙

마케팅 최성수

–

펴낸곳 세창미디어

출판신고 2013년 1월 4일 제312-2013-000002호

주소 120-050 서울특별시 서대문구 경기대로 88 냉천빌딩 4층

전화 02-723-8660 | **팩스** 02-720-4579

이메일 edit@sechangpub.co.kr | **홈페이지** http://www.sechangpub.co.kr

–

ISBN 978-89-5586-253-9 03940

이 도서의 국립중앙도서관 출판시도서목록(CIP)은 서지정보유통지원시스템 홈페이지(http://seoji.nl.go.kr)와 국가자료공동목록시스템(http://www.nl.go.kr/kolisnet)에서 이용하실 수 있습니다. (CIP제어번호: CIP2015019630)

인디언의 길

노스아메리카
인 디 언 의
500년 수난사

김철 지음

세창미디어
MEDIA

_ 머리말

영화 「Bury My Heart at Wounded Knee」에는 미군의 인디언 토벌대장 마일스 장군과 라코타 인디언의 대추장 시팅불이 전투를 벌이기 전 담판을 하는 장면이 나온다. 시팅불이 "만물을 창조한 위대한 정령(Wakȟáŋ Tȟáŋka)이 라코타에게 내려 준 땅을 왜 백인들이 뺏으려고 하는가?"라고 항의를 하니까 마일스가 "원래의 땅 주인은 없는 법으로서 라코타도 오대호 주변의 삼림지대에 살다가 평원의 다른 부족을 밀어내고 여기에 터를 잡았지 않았느냐?"라고 응수한다.

그렇다. 시팅불의 말도 맞고 마일스의 말도 맞다. 둘 다 맞을 땐 누가 통합 챔피언이 돼야 하나? 역사에서는 전쟁이라는 수단을 이용하여 이 문제를 해결해 왔다. 한때 마이클 샌델 하버드대학 교수의 저서와 강의 「정의란 무엇인가」가 대단한 인기를 얻었다. 정의의 최종 심판자가 우주 만물을 만든 절대자일진대 사람들이 자기가 믿는 절대자만이 절대적으로 옳다고 주장하니 타협이 될 수가 없다. 그릇된 목적을 달성하기 위하여 정의와 진리는 힘 있는 자에 의하여 끊임없이 왜곡돼 왔다.

나는 역사상 가장 비극적인 사건은 6백만 유대인 학살과 아메리카 인디언의 패망이라고 생각한다. 전자의 경우에는 가해자가 패전국이 되면서 그 죄상이 백일하에 드러나고 머리 숙여 사죄할 수밖에 없어서 죽어간 원혼들이 일정 부분 한을 풀 수 있었을 테지만 후자의 경우에는 사정이 완전히 다르다. 남북 아메리카의 원주민을 내쫓고 땅을 차지하고 들어온 사람들이 지금도 잘나가고 있으니 불편한 진실은 힘을 얻지 못하고 있다. 그래도 지금은 형편이 엄청 좋아졌다. 1960년대 민권투쟁을 통하여 흑인에 대한 인종차별이 일단 표면적으로는 사라졌듯이 인디언의 권익도 홍인종실력운동(Red Power Movement)의 결과로 1970년대 이후 크게 신장되었다. 미국 내무부 인디언국장이 참회의 반성문을 발표하고 미국감리교는 과거의 잘못에 대하여 최대한의 예를 갖추어 인디언 앞에 공식적으로 사과했다. 유엔이 세계원주민인권선언을 결의하고 미국도 마지막으로 이 결의안을 채택했다.

주변 사람들이 나에게 묻는다. 왜 그리 유독 인디언에 관심을 가지느냐고. 나는 대답한다. 인디언들은 남이 아니고 우리 친척이기 때문이라고. 몇 년 전에 KBS에서 '몽골리언 루트'라는 다큐멘터리를 방송한 적이 있었다. 아메리카 인디언들도 몽고반점을 가진 몽골계 인종이라고 알려 주었다. 더욱이 최근에는 배재대 손성태 교수가 아메리카 인디언들 중 상당수는 3세기에서 10세기 사이에 캄차카 반도와 알루샨 열도를 거쳐 미대륙으로 건너간 우리 민족의 후예들이라는 사실을 연구하여 발표하였다. 백인이나 흑인의 일보다 인디언에 더 관심이 끌리는 것은 피가 물보다 진하기 때문일까? 남의 나라 일이라서 그런지는 몰라도 우리나라 사람들은 인디언에 대한 관심과 지식이 별로 없는 것 같다. 사람은 누구나 특별한 일을 알게 되거나 경험하는 경우 남에게 알리고 싶어 한다. 우선 내가 먼저 공부를 한 다음 이 기막힌 역사적 사연을 가능한 한 많은 사람들에게 이야기해 주고 싶어서 이 책을 준비하였다.

이 책을 쓰기 위하여 수많은 관련 서적과 인터넷사이트와 동영상을 참고하였다. 특별히 큰 도움을 받은 자료는 두 권의 책과 인터넷 백과사전 위키피디아와 주요부족의 홈페이지이었다. 하워드 진의 진보적 미국역사서 *A*

*People's History of the United States*는 컬럼버스에 관한 진실을 찾아내는 데에 큰 힘이 되었으며 디 브라운의 명저 *Bury My Heart at Wounded Knee: The Illustrated Edition*에서는 19세기 후반 대평원 인디언 전쟁에 관한 귀한 정보들을 많이 얻을 수 있었다. 디 브라운의 책은 1970년에 초판이 발행되어 현재까지 거의 4백만 부가 팔렸으며 지금도 꾸준히 독자들이 찾고 있는 고전이 되었다. 동 서적은 17개국의 언어로 번역되었는데 우리나라에서도 「나를 운디드니에 묻어 주오」라는 제목으로 번역판(최준석 번역, 한겨레출판사 발행)이 2011년 발행되었다.

인디언의 역사란 워낙 방대한 주제라 내가 감당할 수 있을 만큼으로 한정시켰다. 알래스카를 제외한 미국 본토 내 인디언들이 살아온 과정을 서술대상으로 하였으나 옛 스페인 지배하에 있던 캘리포니아와 태평양 연안지역은 취급하지 못하였다. 미국의 영토 확장이 동부로부터 시작하여 서부로 진행되었기 때문에 인디언 수난의 역사도 동쪽에서 서쪽으로 옮겨 갔다. 백인과 인디언 사이에 땅뺏기 전쟁이 가장 치열했던 지역이 미국의 중원에 해당하는 대평원지대였다. 따라서 19세기 후반에 그곳에서 벌어진 인디언전쟁을 비교적 자세히 다루었다.

인디언의 역사는 길 위의 역사였다. 그 길은 개선장군의 길도 아니고 순례자의 길도 아니며 낭만의 길은 더더욱 아니었다. 노예로의 길, 패잔병의 길, 눈물의 길, 강제이주의 길, 도피의 길을 걸으며 인디언들은 모진 세월을 견뎌 왔다. 미 대륙 그 너른 땅 위에서 제대로 먹지도 못하고 입지도 못하고 또 신지도 못한 채로 수천 km를 걷고 또 걸었다. 길가에는 걷다가 죽어간 수천 명의 인디언들이 묻혀 있다. 인디언의 걷기는 현재까지도 이어지고 있다. 원주민의 권리를 되찾고자 하는 자신들의 주장을 알리기 위하여 1978년부터 지금까지 네 번이나 미대륙을 횡단하는 이른바 '롱기스트 워크(Longest

Walk)'를 벌였다. 이 책은 그들이 걸어온 길을 그들의 시각에서 살펴보았다. 앞으로 인디언들이 또 어떤 길을 걸을지 나는 잘 모르겠으나 다만 간절히 바라건대 그 길이 더 이상 황톳길이 아니고 금잔디 길이었으면 한다.

400년에 가까운 사상 최장기의 전쟁을 치르는 인디언의 역사를 다루면서 한쪽으로 치우치지 않으려고 나름대로 애썼으나 일찍이 하워드 진 전 보스턴대학 교수가 "달리는 열차 속에서 중립을 지키기란 불가능하다"라고 말했듯이 어쩔 수 없이 인디언 편으로 약간은 기울어졌음을 고백한다. 별로 의롭게 살아온 사람은 아니지만 억울하고 약한 사람들에게 도움을 줄 능력은 없더라도 그들의 사연에 귀 기울여 주고 주장에 공감하며 인디언의 관점에서 글을 쓰다 보니 자연히 그렇게 될 수밖에 없었나 보다.

이 책을 준비하는 동안에 메인 주 깊숙이 자리 잡은 페놉스코트 인디언보호구역을 방문하여 인디언 주민의 집에서 2박3일 유숙하면서 피요테 종교의식에도 참석하고 부족의 추장도 만나 보는 등 인디언의 생활을 직접 들여다볼 수 있는 좋은 기회를 얻었다. 놀랍게도 그 인디언의 부인은 한국 사람이었으며 더욱이 필자와 동향출신이었다. 이 기회를 빌려 그날의 후의에 대하여 다시 한 번 감사의 인사를 드리고 싶다. 한국전쟁에도 참전하였다는 그녀의 시삼촌은 아흔이 넘으셨던데 아직도 정정하신지 그리고 외아들 찰리는 건강하게 잘 지내고 있는지 안부를 전하고 싶다.

역사에는 가정법이 통하지 않는다. 그러나 아쉬움을 이야기할 수는 있다. 우리나라 아픈 역사의 산물인 비무장지대가 전 세계적으로 유례를 찾을 수 없을 정도로 60년 이상 완벽하게 잘 보존된 덕분에 오늘날 생태계의 살아 있는 보물로 귀한 대접을 받고 있다. 우리나라 전라북도보다 더 큰 옐로스톤 일대의 땅을 국립공원으로 지정할 만큼 미국인들은 통 큰 사람들이었다. 그 통을 조금만 더 키워 예를 들어 1868년 라라미 조약에서 인정했던 라코타의 영토를 영원한 인디언의 땅으로 그대로 남겨 두었으면 하는 아쉬운 생각이 든다. 가칭 라코타 자치지구야말로 아프리카의 세렝게티나 남미의 마추픽추를 뛰어넘어 세계에서 으뜸가는 자연 및 문화유산이 되었을 텐데….

아직 부족한 점이야 많겠지만 지난 1년간 나의 모든 열정을 쏟아부어 얻어낸 결과물인 만큼 자식만큼이나 애착이 간다. 아무쪼록 읽으시는 여러분들이 인디언의 지나온 삶에 대한 이해를 조금이라도 넓히고 그들에 대한 따뜻한 관심을 갖게 되는 계기가 되기를 염원한다. 아울러 인디언들의 성산인 블랙힐스를 온전히 되돌려 받는 기적 같은 일이 일어나기를 기대한다. 끝으로 초고를 다듬어서 한 권의 번듯한 책으로 꾸며주신 세창미디어의 임길남 상무와 안효희 대리께 깊은 감사를 전하고 본인들이 직접 찍은 귀한 사진들을 이 책의 삽화로 사용할 수 있도록 허락해 주신 박호경 님과 하늘땅끝(superandrew) 님 등 저작권자들에게도 심심한 감사를 드리고자 한다.

2015년 7월

저 자

차례

1_ 인디언의 고대 문명

* 베링 해를 건너온 동북아시아 민족

영화 「늑대와 춤을(Dances with Wolves, 1990)」에서 감독과 주연을 함께 맡아 열연했던 케빈 코스트너(Kevin Costner)는 1995년에 제작된 8부작 TV용 다큐멘터리 영화 「500 나라들(500 Nations)」의 호스트가 되어 인디언의 역사를 찾아간다. 코스트너는 그 영화의 모두에서 아래와 같이 이야기하고 있다.

"진실은, 우리가 말할 가치가 있는 스토리를 가지고 있다는 것이다. 우리는 길이 경축할 만한 역사를 가지고 있다. 유럽인들이 이 땅에 오기 훨씬 전에 북아메리카에는 이미 500개의 나라가 있었다. 그들은 대서양에서 태평양까지 또 북극권에서부터 중앙아메리카까지 북미대륙 전체를 뒤덮고 있었다. 그들은 300개가 넘는 종류의 언어를 사용하였으며 인구는 수천만 명에 달하였다. 이들 중 대다수는 최고로 발달한 대도시에 살았다. 이 다큐멘터리에서는 그들이 어떻게 살아 왔으며 또 어떻게 지금껏 살아남을 수 있었는가에 관하여 살펴보고자 한다. 과거 역사에는 유쾌하지 못한 부분도 많다. 우리는 그 역사를 고칠 수도 없으며 역사의 시계를 되돌릴 수도 없다. 그러나 우리의 눈을 제대로 열게 되면 원래의 이 땅 주인들에게 그들이 당연히 받아야 할 가치가 있는 정당한 역사적 인식과 존경심을 돌려줄 수는 있을 것이다."

아직까지 논란은 계속되고 있지만 대체로 아메리카 대륙에 사람이 살기 시작한 시기를 지금부터 약 1만 8천 년 전으로 보고 있다. 1970년대에 펜실베이니아 주의 메도크로프트 록셀터(Meadowcroft Rockshelter)에서 고대 주거 흔적이 발견되기 전까지는 뉴멕시코 주의 클로비스(Clovis)에서 발견된 석기시대 유물에 근거하여 그 시기를 1만 3천 년 전 정도로 추정하였는데, 이 유적의 발견으로 최초의 인류 출현 시기가 1만 8천 년 전으로 앞당겨졌다.

지구의 장구한 역사에는 몇 차례의 빙하기가 있었는데 이 중 제일 마지막 빙하기는 11만 년 전부터 1만 5천 년 전 사이에 있었으며 1만 8천 년 전 무렵에 그 절정을 이루었다. 빙하시대에는 해수면이 낮아져 유라시아 대륙과 아메리카 대륙은 육지로 연결되어 있었다. 지금은 베링해협에 막혀서 쉽게 건너갈 수 없으나 당시에는 교량처럼 연결된 육지 통로를 이용하여 자유롭게 대륙 사이를 오갈 수 있었다. 이 시기에 유라시아 대륙의 북동부에 살고 있던 몽골계 민족들이 대거 아메리카 대륙으로 건너와서 아메리카 대륙 전역으로 퍼져 나가게 되었다고 한다.

일부 고고인류학자들은 또 다른 유적지 발굴을 근거로 최초의 인디언 출현 시기를 5만 년 전까지로 앞당겨야 한다고 주장하기도 하고 최초의 인디언들 중 일부는 태평양의 폴리네시아에서 이주해 왔거나 그린란드를 경유하여 유럽 쪽에서 건너왔을 가능성도 제기하고 있다. 한편, 배재대의 손성태 교수는 2014년 발간된 저서 「우리 민족의 대이동(아메리카 인디언은 우리 민족이다 : 멕시코 편)」에서 상당수의 아메리카 인디언들은 3세기에서 10세기 사이에 건너간 우리민족의 후예들이라는 엄청난 사실을 주장하고 있다. 손 교수에 의하면 멕시코의 아즈텍 문명은 이들 한민족의 후손들이 건설하였다고 한다.

유럽인들의 이주 이전의 인디언 인구수에 관하여도 다양한 주장이 있는데, 전체 아메리카 대륙의 인디언 인구를 1억 명 이상이었다고 주장하는 학자가 있는 반면, 또 다른 사람들은 북아메리카의 인구는 2~3백만 명 수준이었다고 이야기하고 있다. 이 시점에서 당시의 정확한 인구수를 파악하는 일은 불가능한 실정이다.

* 옥수수 문명

최초의 북미대륙 문명은 중앙아메리카(Mesoamerica)에서 시작되었다. 문명 출현 배경에는 이른바 '세 자매(three sisters)'가 자리하고 있다. 세 자매란 호박(squash, pumpkin), 옥수수(maize, corn)와 콩(bean)을 일컫는 말로서, 고대 인디언들은 이 세 종류의 작물을 함께 조화롭게 재배하는 독특한 기술을 개발함으로써 농경지를 최대한 효율적으로 이용하여 농산물 생산을 극대화하는 지혜를 발휘하였다. 세 자매 중 특히 옥수수는 인디언의 생존과 문명에 절대적인 위치를 차지한다. 옥수수를 포함한 세 자매 작물 농업은 중앙아메리카에서 북아메리카와 남아메리카로 퍼져 나가면서 이를 바탕으로 한 다양한 종류의 문명 건설에 필요한 경제적 기반을 제공하게 되었다. 이 옥수수가 유럽인들의 아메리카 침입 이후로는 전 세계로 퍼져 나가 오늘날 가장 많이 생산되는 곡물이 되었다. 거의 모든 인디언 부족들의 기원에 관한 신화에는 옥수수와 관련된 이야기가 담겨 있다. 옥수수는 멕시코의 테우칸(Tehucan) 계곡에서 최초로 재배되기 시작하였는데, 올멕(Olmec) 문명과 마야(Maya) 문명에서 본격적으로 경작 기술이 발전하였으며 지금부터 약 4500년 전부터 여타 지역으로 확산된 것으로 보고 있다.

고대 중앙아메리카와 북아메리카와 남아메리카에는 시대와 지역에 따라 여러 종류의 문명이 흥망성쇠를 거듭하였다. 이러한 문명들은 역사적으로나 지리적으로 단절된 것들이 아니라 서로 영향을 주고받아 온 거대 아메리카 문명권으로 보는 편이 옳을 것 같다. 그 한 예로 마야(Maya)와 아즈텍(Aztec)과 체로키(Cherokee)가 1년이 260일인 종교 월력을 사용하고 있다는 점을 들 수 있다. 또한 체로키 부족의 신화에 의하면 그들의 조상은 오늘날 뉴멕시코 주 인근 지역에서 번성하던 고대 아나사지(Anasazi) 문명에서 왔다고 한다.

* 올멕(Olmec) 문명과 마야(Maya) 문명

중앙아메리카(Mesoamerica)에서 처음 발생한 주요 문명은 올멕 문명이다. 올멕은 멕시코 만에 가까운 지역에서 BC 1500년경부터 BC 300년 무렵까지 번성하였는데, 이들이 살았던 지역은 홍수가 자주 발생하는 까닭에 농업 기반은 매우 취약했다. 따라서 그들은 필요한 물품을 다른 지역에서 들여오고 또 자신들의 생산물을 파는 무역이 발달하였다. 이러한 교류를 통해서 자신들의 문화와 종교를 다른 민족에게 전하기도 했다. 올멕 문명은 천문학, 역법, 종교, 건축, 조형예술 등이 고도로 발달하여 올멕 문명 이후에 나타난 여러 문명에 큰 영향을 끼쳤다. 따라서 올멕 문명을 메소아메리카 문명의 원조라 부른다. 특히 이들은 세계 최초의 문자 중의 하나인 올멕 문자를 만들어냈다.

올멕 문명의 뒤를 잇는 새로운 문명으로 마야 문명이 등장하였다. 기원전 수세기 전부터 마야인들은 메소아메리카의 다른 문명을 받아들여 독자적인 문명으로 발전시키면서 지금의 멕시코와 과테말라와 벨리즈가 있는 유카탄 반도 일대에 마야제국을 건설하였다. 이들은 기원후 5세기경에 최고의 전성기를 구가하였다. 그러나 10세기경에 이르러 식량부족과 이민족의 침략으로 내륙으로 이동하면서 쇠망의 길을 걸었다.

마야 문명은 가장 뛰어난 아메리카의 고대 문명으로 평가받고 있다. 마야족은 지구가 둥글고, 태양의 주위를 돌고 있다는 사실을 알고 있었으며, 위도와 경도의 개념, 일식과 월식 그리고 금성을 포함한 행성들의 이동 법칙을 이해하고 있었다. 특히 마야의 달력은 일식과 월식을 정확하게 예측할 수 있을 정도로 정교하여 어떤 면에서는 우리가 현재 쓰고 있는 역법보다 더 훌륭하다는 평가를 받고 있다. 또한 마야인들은 영(zero)의 개념을 최초로 사용하였다. 마야 문명의 우수성은 특히 티칼(Tical)과 치첸 이트자(Chichen Itza) 등 여러 도시에 걸쳐 건설된 피라미드와 신전을 통해서 볼 수 있다.

* 테오티우아칸(Teotihuacan) 문명

멕시코의 수도인 멕시코시티에서 북동쪽으로 50km쯤 가면 거대한 고대 유적지 테오티우아칸에 도착한다. 치밀하게 계획적으로 만들어진 도시의 중심부에는 태양의 피라미드와 달의 피라미드가 우뚝 솟아 있다. 최전성기 때의 테오티우아칸에는 15만 명 이상이 살았을 것으로 추정되는데, 당시로서는 세계 최대 규모의 도시였다고 할 수 있을 것이다. 이 고대 도시는 기원전 100년경에 건설되기 시작하여 기원후 250년까지 공사가 계속되었으며 500년경에 전성기를 구가하다가 7~8세기 무렵에 멸망한 것으로 알려져 있

〈테오티우아칸에 있는 달의 피라미드〉

다. 그러나 이 도시를 어떤 민족이 건설하였으며 또 왜 멸망하였고 패망 후에는 어디로 사라졌는가 등에 관하여는 여전히 미스터리로 남아 있다. 11세기경에 아즈텍(Aztec) 문명의 주역이 된 톨텍(Toltec)족이 테오티우아칸을 발견했을 때에는 벌써 폐허 상태였는데 그들은 이 도시를 자신들의 묘지로 사용하였다.

* 톨텍(Toltec) 문명

톨텍족들은 8세기경에 테오티우아칸이 몰락하자 멕시코 밸리(Mexico Valley)로 이주해 왔다. 이들은 10세기부터 12세기까지 멕시코 중부를 지배했으며 수도를 툴라(Tula)로 정했는데, 툴라는 중앙아메리카 민족이 세운 도시로서는 가장 북쪽에 위치하고 있다. 12세기에 들어 기상재해 등으로 국력이 많이 약해져 있을 무렵 북방 수렵민족의 침입으로 톨텍 문명도 멸망의 길을 걷게 된다. 톨텍족 중 일부는 멕시코 밸리에 있는 텍스코코(Texcoco) 호수 주변으로 옮겨갔는데, 그들의 후손들이 후일 아즈텍 문명을 일구게 된다. 톨텍 문명은 역법, 천문학, 종교 등 모든 면에서 마야 문명을 많이 닮아 있었다.

* 아즈텍(Aztec) 문명

톨텍족들이 12세기 북쪽의 수도 툴라에서 텍스코코 호반으로 옮겨올 무렵 멕시코 지역에 많은 도시국가가 형성되었다. 그중에 가장 강력했던 세력은 텍스코코(Texcoco)와 틀란코판(Tlancopan)이었다. 한편 13세기부터 북멕시코에서 이동해온 수렵민족인 아즈텍(Aztec)족이 1325년에 텍스코코호의 작은 섬에서 신의 계시를 받아 테노치티틀란(Tenochtitlan)이라는 도시를 건설하고 아즈텍 대신 멕시카(Mexica)라는 이름을 사용하였다.

〈스페인 코르테스 군대에 의한 Cholula지역 아즈텍족 대량 학살 장면〉

배재대 손성태 교수의 연구에 의하면 기원후 820년경 요동·요서지역에 살고 있던 고조선의 후예 맥이족이 아사달(중국 요녕성의 의무려산 자락에 위치한 북진으로 추정)을 출발하여 부여·고구려계 우리 선조인 고리족이 거주하던 만주 지방을 거쳐 알류샨열도를 통하여 미대륙으로 건너온 후 약 500년 동안 북미 대륙을 떠돌아 다니다가 1325년에 국가를 건설하였다고 한다. 그의 언어학적 분석에 따르면 아즈텍은 아사달을 뜻하며 멕시카의 원어인 맥이곳은 맥이족이 세운 곳(땅)을 뜻한다고 한다. 멕시카는 점차 강력한 세력으로 발전해 나갔는데 1428년에는 텍스코코와 틀란코판과 더불어 3자간 군사동맹을 맺게 된다. 군사동맹으로 더욱 강력해진 이들 도시국가들은 멕시코밸리를 포함한 중부 멕시코와 중앙아메리카까지도 점령하여 이른바 아즈텍제국을 건설하게 된다. 15세기 후반에 이르러서는 멕시카가 나머지 두 동맹국마저 제압하여 절대 권력으로 군림하게 된다. 아즈텍제국은 정복한 도시들을 직접 통치하는 대신 조공을 받는 형식으로 간접적인 통치 방식을 택하였다. 전성기를 구가하던 아즈텍 문명은 1520년 갑자기 나타난 스페인의 코르테스(Cortez) 군대의 침입으로 멸망하고 말았다.

아즈텍족은 수렵민 출신이어서 문화수준이 낮았다. 그들은 주변의 여러 문화에서 많은 것을 배워 왔다. 특히 톨텍족 유민들이 건설한 텍스코코로부터 역법, 천문학, 종교 등 많은 문물을 받아들였다. 아즈텍 문명에는 독특한 인신공양제도가 있었다. 전쟁으로 정복한 지역의 사람들을 포로로 잡아다가 살아 있는 사람의 가슴을 절개하여 심장을 꺼내고 살아 있는 심장을 신을 위한 제물로 바쳤는데 1년에 약 2만 명의 포로가 제물로 희생되었다고 한다.

* 아나사지(Anasazi) 문명

아나사지란 나바호족이 현재 살고 있는 이른바 포-코너즈(Four-Corners: 유

〈포-코너즈(Four-Corners) 주변 고대 인디언 유적지〉

〈푸에블로 보니토(Pueblo Bonito)의 기도소(kiva)〉

타, 콜로라도, 애리조나, 뉴멕시코 주가 만나는 지역) 주위에서 기원전 12세기 무렵부터 살기 시작한 고대 종족 또는 그들이 일군 문명을 일컫는 말이다. 아나사지라는 말은 나바호어에서 나왔는데 '옛 사람들', '옛 푸에블로 사람들' 또는 '옛 적들'을 뜻한다. 아나사지족은 후일 푸에블로(Pueblo), 호피(Hopi), 주니(Zuni)족의 선조가 되는 것으로 알려져 있다. 아나사지 지역의 남쪽과 서쪽으로 멕시코 북부에 이르는 지역에서도 뒤에 모골론(Mogollon)과 호호캄(Hohokam) 등을 포함하여 또 다른 문명들이 건설되었는데, 이들 문명권을 멕시코 고고학자들은 오아시스아메리카(Oasisamerica)라고 부르고 있다.

아나사지 문명의 유적으로는 차코 캐니언(Chaco Canyon)과 메사 버드(Mesa Verde) 등이 남아 있다. 이들 유적지 두 곳은 모두 미국의 국립공원으로 지정돼 있으며 유네스코 세계문화유산에도 등재돼 있다. 차코 캐니언의 대표적인 유적으로는 푸에블로 보니토(Pueblo Bonito)가 있다. 푸에블로 보니토는 오늘날의 대규모 아파트 주택단지와 비슷하게 세대별 거주 공간은 물론이고 종교의식과 부족 집회 등을 위한 시설을 모두 갖춘 잘 계획된 주거단지로 볼 수 있다. D자 형태로 이루어진 이 시설은 그 면적이 8천 평방미터에 이르고 약 8백 개의 방을 가지고 있으며 최고 5층 높이로 건설되었다. 여기에는 키바(kiva)라고 불리는 기도 장소가 있었다. 수백 명을 수용할 수 있는 원형으로 생긴 한 개의 대형 종교적 집회시설과 30개의 소형 키바가 있었으며 중앙에는 대형 광장을 갖추고 있었다. 이 유적지의 사용 기간은 기원후 828년부터 1126년까지로 밝혀졌다. 이러한 형태의 시설을 '큰 집(great house)'이라고 부르는데 이 일대에 이런 유적지가 100개도 넘는 것으로 조사되었다.

차코 캐니언의 파자다 뷰트(Fajada Butte)에는 하지, 동지, 춘분, 추분을 가리키는 태양 단검(Sun Dagger)이 그려진 암석선화(petroglyphs)가 유명한데, 훼손 가능성을 우려하여 현재는 일반인의 접근을 금하고 있다.

차코 캐니언에는 방사선 형태의 직선 도로망이 잘 건설돼 있었는데, 총길이는 100km에 달하고 그 폭은 거의 10미터나 되었다. 야간에는 횃불 가로등까지 갖추었다고 한다. 모든 도로는 캐니언의 중심부로 향하고 있으며 장애물이 있는 경우에도 우회하지 않고 거의 직선을 유지하고 있는데, 상업적 용도는 물론이고 종교적 목적에 많이 이용된 것으로 추정하고 있다.

아나사지 사람들은 그 지역에서 생산되는 터키옥(turquoise)을 보석으로 가공한 후 남쪽의 멕시코에 팔아 큰 부를 축적하였다고 한다. 이들은 12세기 중 갑자기 이 지역을 떠나 뿔뿔이 흩어졌는데, 그 배경에 관하여는 여러 가지 가설이 있다. 가장 설득력 있는 주장은 가뭄 등 기상재해와 삼림자원 고갈로 인한 환경파괴 때문에 당시의 수많은 인구가 생존할 수 있는 경제적 기반이 무너졌다는 것이다.

콜로라도 주(Colorado) 남서부 해발 2600m의 고원지대에 자리한 메사 버드(Mesa Verde)에는 기원후 450년 무렵부터 1300년까지 살았던 아나사지족들이 남긴 4천여 개의 유적이 모여 있다. 메사 버드는 미국 내에 있는 고대

〈메사 버드(Mesa Verde)의 절벽궁전(Cliff Palace)〉

〈메사 버드(Mesa Verde)의 가문비나무집(Spruce Tree House)〉

〈신문 바위(Newspaper Rock)〉

문명 유적지 중 규모가 가장 큰 곳이다. 이곳 문명 역시 차코 캐니언과 마찬가지로 13세기 말엽에 환경파괴로 인한 자연재해로 종말을 고하게 되고 종족들은 여러 곳으로 이주하였는데, 이들 중 일부는 동쪽으로 이동하여 미시시피 강을 건너와 크리크족(Creek; Muskogee족이라고도 불림)과 체로키족(Cherokee)의 시조가 되었을 가능성이 있다는 주장도 있다.

이 지역의 대표적인 주거 유적으로는 절벽궁전(Cliff Palace)을 들 수 있는데, 이곳 벼랑의 후미진 곳에서 최고 4층 높이로 지어진 150개의 방과 15개의 지하 기도시설인 키바를 발굴하였다. 또한 차핀 메사(Chapin Mesa)에 있는 가문비나무집(Spruce Tree House)도 관광객들이 많이 방문하는 주거유적이다. 여기서 메사란 주변 지형이 침식과 풍화로 인하여 깎여 나감에 따라 홀로 남게 된 꼭대기가 평평한 수직 형태의 산들을 일컫는 말인데 높이 보다 꼭대기 마당의 길이가 더 짧을 경우에는 특별히 뷰트(butte)라고 부른다. 이 밖에도 스퀘어 타워 하우스(Square Tower House), 롱 하우스(Long House) 그리고

〈푸에블로 타오스(Pueblo Taos)〉

발코니 하우스(Balcony House) 등 다양한 형태의 주거 시설들이 확인되었다.

메사 버드에서 북서쪽으로 100여 킬로미터 떨어진 캐니언랜드 국립공원의 니들즈 구역(Needles District of Canyonlands National Park)에는 신문 바위(Newspaper Rock)라 불리는 암석선화가 있다. 정확한 연대는 알 수 없으나 대체로 약 2천년 전부터 아나사지와 푸에블로 인디언들이 그림을 그렸던 것으로 추정하고 있다. 여기다가 유럽인들은 낙서까지 남겼다고 한다. 이 바위에는 온갖 종류의 동물과 사람과 사건들이 그려져 있어서 마치 선사시대와 역사시대를 넘다드는 신문을 보는 듯하여 그런 이름이 붙여진 것 같다.

지금의 애리조나 주와 뉴멕시코 주에 걸쳐 있는 리오그란데(Rio Grande) 강 지류에는 13~14세기에 옛 아나사지를 떠난 민족들이 이주하여 새로운 주거지를 많이 건설하였다. 이 중 한 곳인 푸에블로 타오스(Pueblo Taos)에는 현재까지도 옛 모습이 잘 보존되어 있으며, 이 지역 사람들은 오늘날까지도 아나사지 문명의 전통을 이어가고 있다. 이 지역 또한 1992년에 유네스코에 의하여 세계문화유산으로 지정되었다. 여기에 살고 있는 민족이 1680년 스페인 점령군에 대항하여 대반란을 일으켰던 민족의 후손들이다. 또한 아코마 푸에블로(Acoma Pueblo)에는 이들 문명의 후예들이 메사(mesa)의 꼭대기 평지에 집을 지어 지금까지 800년 이상을 계속적으로 살아오고 있다. 이 지역은 미국의 국가기념유적지로 지정돼 있다.

* 흙둔덕 건설 문명(Mound Builders)

미시시피 강과 오하이오 강 유역 등 현재의 미국 땅의 동쪽 절반에 걸친 광범위한 지역에 오랜 기간 동안 흙둔덕(피라미드와 유사한 언덕)을 건설하는 독특한 문명이 존재해 왔다. 종래에는 루이지애나 주에서 발견된 기원전 1500년경에 건설된 것으로 추정되는 파버티 포인트(Poverty Point)가 가장 오래된 것으로 알고 있었는데, 파버티 포인트에서 그리 멀지 않은 곳에서 이보다 2천년이나 앞서 건설된 왓슨 브레이크(Watson Brake) 유적이 발견됨으로써 흙둔덕 건설문명의 시작은 지금으로부터 5400년 전으로 거슬러 올라가게 되었다. 특히 미시시피 강 유역에는 유럽인들이 아메리카 대륙을 침입하던 시기까지도 흙둔덕 문명을 유지하고 있었다고 한다. 이러한 사실은 1539년에서 1542년까지 미국 남동부를 침략한 스페인 정복자 에르난도 데소토(Hernando de Soto)를 비롯하여 이 지역을 찾아왔던 유럽인들의 기록에 잘 나타나 있다.

흙둔덕 건설 문명은 시대와 장소에 따라서 다음과 분류된다.

Archaic era

Woodland period(Adena culture, Hopewell culture, Baytown culture)

〈파버티 포인트(Poverty Point)〉

Coles Creek culture

Mississippian cultures

Fort Ancient culture

Plaquemine culture

흙둔덕 건설 문명 유적지 중 대표적인 것으로는 파버티 포인트와 일리노이 주 미시시피 강가에 있는 카호키아 마운드 주립사적지(Cahokia Mounds State Historic Site) 등이 있는데 둘 다 유네스코 세계문화유산에 등재되어 있다. 이 사적지에는 약 80개의 흙둔덕이 있는데 이 중 몽크스 마운드(Monks Mound)가 가장 크다. 대체로 10세기 중에 건설된 것으로 추정하고 있는 몽크스 마운드는 중앙아메리카 북쪽에서는 규모가 제일 큰 피라미드로서 1988년 측정 자료에 의하면 가로 291m, 세로 236m, 높이 30m이다. 밑면적의 넓이는 이집트 피라미드와 비슷하며 테오티우아칸에 있는 태양의 피라미드보다 더 크다고 한다. 피라미드 위에는 부족 추장의 거처로 보이는 높이 15m의 대형 목제 구조물이 더 있었던 것으로 추정하고 있다.

미시시피 문명을 가장 늦게까지 보전해 온 부족은 나체스족(Natchez)이다. 그러나 1730년 무렵 프랑스인들과의 여러 차례 전쟁에서 나체스족이 패함으로써 뿔뿔이 흩어져 미시시피문명은 더 이상 유지될 수 없었다. 전쟁 중 프랑스군에 잡힌 나체스족은 서인도제도에 노예로 팔렸다. 살아남은 인디언들은 크리크족, 치카소족, 그리고 체로키족의 영역으로 들어가 피난처를 구하였다. 다음에 다루게 될 체로키족을 포함한 소위 문명화된 5개 부족들도 모두 과거에 미시시피 문명권에 속했다고 한다.

2_ 원주민과 유럽인의 첫 만남

* 발견의 영웅인가? 날강도인가?

미국 어느 한 초등학교 학생들이 콜럼버스를 재판하기 위한 모의법정을 열었는데 여기서 그는 무기징역을 선고 받았다고 한다. 남미의 볼리비아에서는 그의 동상이 동유럽의 레닌 동상이나 이라크의 후세인 동상이 당했던 것처럼 성난 민중들에 의하여 끌어내려져 내동댕이쳐졌다. 콜럼버스 데이를 제일 먼저 법정 공휴일로 지정한 미국 콜로라도 주의 덴버 시에서는 반(反) 컬럼버스데이 행동주의자들의 반대 시위가 거의 매년 계속되고 있다. 어떤 해에는 시가행진 코스를 따라가며 원주민의 피를 상징하는 붉은 액체를 뿌리기도 하였다.

학교의 교과서에서는 아메리카 신대륙을 발견한 영웅적 항해가로 소개되고 소년 소녀들을 위한 위인전에도 빠지지 않고 등장하는 인물이 어쩌다가 이렇게까지 추락하고 있을까? 양심 있고 용감한 사람들이 과거 콜럼버스에 관한 기록을 찾아서 공개함에 따라 일반 사람들의 인식이 달라지기 시작한 것이다. 이런 면에서 촘스키(Avram Noam Chomsky) 교수와 더불어 오늘날 대표적인 행동하는 지식인인 진(Howard Zinn: 1922-2010) 보스턴대학 교수가 저술한 「미국민중사(A People's History of the United States)」는 콜럼버스에 대한 인식전환에 크게 기여하였다. 그는 그 책에서 라스 카사스(Bartolome de las Casas)의 기록에 근거하여 콜럼버스에 관한 불편한 진실을 많이 밝히면서 이러한 사실들에 대하여 침묵하거나 가볍게 다루고 지나쳐 버리는 사학자들을 나무라고 있다.

라스 카사스는 1502년 서인도제도로 이주하여 가톨릭사제로서 오랜 기간 동안 현지에 살면서 원주민들의 비참한 모습을 생생한 기록으로 남겨 후대에 전하였다. 라스 카사스는 교황청 앞으로 원주민에 대한 비인간적인 취급을 금지시켜 줄 것을 청원하는 등 원주민의 인권보호를 위하여 일생을 바쳤다. 말하자면 그는 최초의 인디언 인권운동가인 셈이다. 한편 라스 카사스와 비슷한 시대에 살았던 드 브라이(Theodorus de Bry)는 라스 카사스가 기술한 인디언의 참혹한 모습을 금속조각(engraving)으로 그려 세상에 널리 알렸다. 이런 사람들의 노력 덕분에 콜럼버스의 잔혹행위가 점차 세상에 알려짐에 따라 콜럼버스데이의 의미가 종전과는 다르게 변질되어 가고 있다

콜럼버스 휘하의 선원 한 명이 1492년 10월 12일 긴 대서양 항해 끝에 바하마제도의 한 섬을 발견하였다. 정확한 기록은 없으나 항해일지 등의 자료에 근거해서 아마도 산살바도르(San Salvador)섬이 첫 상륙 지점이었을 것으로 추정하고 있다. 콜럼버스 일행은 바하마제도와 쿠바에 잠깐 들렀다가 히스파뇰라섬(Hispagnola: 지금의 아이티와 도미니카가 있는 섬)에 상륙하여 본격적으로 탐험을 시작했다. 콜럼버스는 그가 도착한 육지가 인도의 동쪽 끝 카타이(Catai, Cathay: 당시 유럽인들이 중국을 지칭하던 말) 아니면 지팡구(당시 일본을

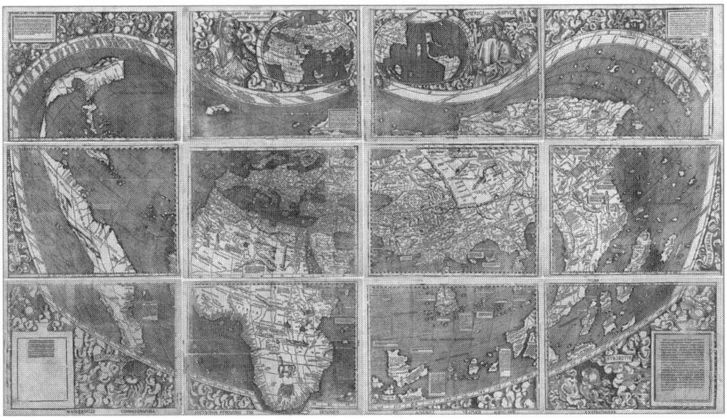

〈1507년에 제작된 Waldseemüller 벽지도(미국 의회 소장)〉

부르던 말)쯤으로 착각했다. 그는 죽을 때까지도 그곳이 아메리카 대륙이 아니라 유라시아 대륙의 일부라고 생각했다. 그래서 서인도제도, 인디오, 또는 인디언이라는 말이 쓰이게 된 것이다. 훗날 이탈리아의 탐험가 아메리고 베스푸치(Amerigo Vespuci)가 서인도제도와 브라질을 탐험한 뒤 이 대륙은 유라시아 대륙과는 전혀 관계없는 별개의 대륙임을 주장하고 이를 바탕으로 지금의 세계지도와 매우 흡사한 지도(Universalis Cosmographia, the Waldseemüller wall map)가 1507년에 처음 발행되었다. 이 지도에서 아메리카라는 용어가 처음 사용되었는데 베스푸치의 이름에서 유래한 것으로 보고 있다.

* 대서양 직항로 개척을 위한 벤처사업

오래전부터 동서양 간에는 이른바 실크로드를 통해 문물교류가 활발하였는데, 15세기 오스만 터키가 소아시아와 인근지역을 장악하면서 종래의 무역로가 막히거나 아니면 거래가 이루어지더라도 높은 통과세 등이 붙어 사실상 교역이 불가능해질 정도로 사정이 악화되었다. 비단과 향신료 등 유럽인들의 필수품이 되다시피 한 물품들의 새로운 교역로를 찾기 위하여 육지길 대신 바닷길에 관심을 기울이기 시작하였다. 포르투갈의 엔리케(Henrique) 왕자가 주도하여 포르투갈이 제일 먼저 대항해시대의 서막을 올렸다. 유럽의 중심이 지중해로부터 대서양으로 옮겨오기 시작한 것이다. 포르투갈은 1488년에 바톨로뮤 디아스가 아프리카의 최남단 희망봉을 발견하는 등 동방 무역로 개척을 선점해 나갔다. 당시의 영국이나 프랑스의 해군력은 포르투갈에 크게 뒤지고 있었다. 포르투갈의 바로 이웃인 스페인은 700년간 스페인을 지배해 온 북아프리카 출신의 무어인들을 쫓아내기 위한 이른바 국토회복전쟁에 비용이 많이 지출되었기 때문에 재정능력이 크게 약화되어 있었다.

한편 콜럼버스는 대서양을 가로질러 곧바로 인도로 가겠다는 당시로서는 엄청난 모험적인 계획을 세우고 경제적 스폰서를 구하기 위하여 포르투갈은 물론이고 이 밖에 이탈리아, 영국, 프랑스 등 여러 나라를 찾아다녔지만 후원자를 얻지 못하고 있었다. 이때 스페인은 1492년 1월에 그라나다까지 되찾으면서 무어인들을 북아프리카로 쫓아내고 스페인의 통일을 완성하고 대서양 항로에 관심을 갖기 시작하는데, 이미 크게 앞서 나가고 있는 포르투갈을 단번에 따라잡기 위해서는 모험적인 접근의 필요성을 느끼고 있었다. 이런 점에서 스페인 이사벨 여왕과 콜럼버스의 이해가 맞아 떨어진 셈이다. 이 역사적인 벤처사업에 담긴 계약내용에는, 콜럼버스는 해군제독의 계급을 달고 귀족으로 신분이 상승하며 건설될 새 식민지의 총독이 되어 스페인이 들여오는 경제적 부의 10%를 콜럼버스가 갖도록 되어 있었다.

콜럼버스의 악행은 첫 항해 때부터 시작되었다. 히스파뇰라섬의 원주민인 아라와크족(Arawak) 한 명을 매우 사소한 일을 트집 잡아 죽였으며 귀국

〈아라와크 원주민의 손을 자르는 콜럼버스 부하들〉

길에는 여러 명의 원주민을 스페인으로 잡아와 노예로 팔아넘겼다. 1차 항해를 끝내고 스페인으로 돌아온 콜럼버스는 그가 도착한 땅에는 금은 물론이고 그 밖에 진귀한 물건들이 넘쳐난다는 식으로 크게 과장된 보고를 하여 국가적 영웅으로 성대한 대접을 받았다. 그래서 스페인 왕실은 더 크게 지원하여 2차 항해 시에는 17척의 배에 1200명의 대규모 인원을 파견하여 식민지건설을 시작하면서 콜럼버스와 그의 부하들의 인디언에 대한 만행도 본격적으로 시작되었다. 라스 카사스 사제도 이때에 동행하였다.

아라와크족들이 보유하던 금 장식품들은 멕시코로부터 유입된 것일 뿐 히스파뇰라섬에는 금이 별로 없었다. 그럼에도 불구하고 스페인 침입자들은 원주민들에게 일정량의 금을 주기적으로 갖다 바칠 것을 강요하였다. 초기에는 자신들이 보유하고 있던 금들을 갖다 바쳤지만 더 이상 금을 구할 수 없게 된 원주민들에게는 잔인하기 짝이 없는 형벌이 가해졌다. 원주민들의 손목을 잘라 버렸고, 손목이 잘린 인디언들은 서서히 죽어갈 수밖에 없는 상황이 벌어졌던 것이다. 콜럼버스와 그의 부하들의 만행이 두려워 카사바라는 독성식물을 먹고 자살을 선택하는 원주민들도 많았다. 용케 살아남은 사람들도 노예로 끌려가서 혹독한 노동에 시달리다가 사망하는 경우가 허다하였다. 스페인인들의 상상을 초월하는 수준의 만행은 2차 항해에 이어 콜럼버스의 3차와 4차 항해를 포함하여 초기 식민지 건설 기간 동안 내내 계속되었다. 이러한 만행들에 관하여 라스 카사스는 생생한 기록을 남겼으며 드 브라이는 매우 사실적인 그림을 그려서 후세에 전하였다. 라스 카사스의 기록에는 콜럼버스가 예쁜 원주민 여자들을 납치하여 선원들에게 성노리개로 선물하였다는 사실도 포함돼 있다. 스페인인들은 자신의 칼의 성능을 시험한다면서 살아 있는 인디언의 몸을 토막 내는 잔인하기 짝이 없는 짓까지 서슴치 않았다고 기록은 전하고 있다. 1494년에 라스 카사스가 처음 왔을 때에는 300만 명이 넘던 아라와크족의 인구가 1508년에 다시 왔을 때에는 6만 명 정도밖에 남아 있지 않았다고 한다.

* 미국 본토 원주민과 유럽인의 첫 만남

영국 왕 헨리7세의 후원으로 이탈리아 출신 탐험가 캐봇(John Cabot)이 1497년 캐나다 뉴펀들랜드(Newfoundland) 지역을 탐험한 것을 유럽인이 북아메리카대륙 본토에 처음 도착한 시점으로 보고 있다. 물론 최근의 고고학적 발견에 의하면 이보다 약 500년 앞서서 바이킹족인 에릭슨(Leif Ericson)이 아이슬란드와 그린란드를 발판으로 하여 유럽인으로서는 최초로 정착촌을 건설한 사실이 밝혀지기는 하였으나, 이곳에서의 거주가 그 후에 계속되지 못하였기 때문에 역사 속으로 묻히고 말았다. L'Anse aux Meadows라는 이름의 이 고고학 발굴 유적지는 1978년 세계문화유산으로 지정되었다.

미국 본토에 처음 발을 들여놓은 사람은 스페인 탐험가 폰스 데 레온(Ponce de León)이다. 그는 세 척의 배와 200명 이상의 부하들을 거느리고 1513년 푸에르토리코(Puerto Rico)를 떠나 플로리다에 도착한 적이 있다. 본격적인 본토 침입은 그로부터 15년이 지난 1528년부터 시작되었다. 그해 4월 12일 히스파놀라(Hispanola)섬의 산토도밍고(Santo Domingo)를 출발한 나르바에즈(Pánfilo de Narváez) 원정부대가 플로리다의 탬파베이에 도착하였다. 원정대는 육로로 9월에 아팔라치 만(Apalachee Bay)까지 북진한 후 다시 배를 타고 해안선을 따라 서쪽으로 진행하여 미시시피 강 입구를 지나쳐 11월에 텍사스의 갈베스턴(Galveston)에 이르렀다. 원정부대와 원주민 간에 몇 차례 무력충돌이 발생하였는데 이는 미국 본토에서의 첫 교전이 되는 셈이다. 원정대의 원래 규모는 약 600명이었으나 식량부족, 전염병, 인디언의 공격 등으로 아팔라치 만을 떠날 무렵에 그 숫자는 242명으로 줄어들었고 갈베스턴 인근에서는 허리케인을 만나서 거의 다 사망하고 단지 80명만 살아남았다. 살아남은 사람들은 텍사스 내륙을 통과하여 멕시코로 출발하였다. 천신만고 끝에 단지 네 사람만 살아남아서 1536년에 멕시코시티로 돌아왔다고 한다. 그런데 이들은 내륙 깊숙이 7개의 황금의 도시가 있다는 이야기를 원주민으로부터 들었다고 황당한 보고를 하였다. 이 허황된 말에 현혹되어 몇 년 뒤 스페인의 두 정복자(conquistador)가 대규모 병력을 이끌고 미국 남부를 다시 침입하게 된다.

원주민에 대한 가혹행위는 미국 본토 사정도 서인도제도와 크게 다르지 않았다. 스페인 탐험가 에르난도 데소토(Hernando de Soto)가 1539년 5월 9척의 배를 이끌고 오늘날 플로리다 주 탬파베이에 도착하였다. 이때 600여 명

〈데소토의 원정 루트(1539-1542)〉

의 사람과 200여 두의 말도 함께 왔다. 그의 일행은 플로리다와 조지아를 지나 북쪽으로 사우스캐롤라이나와 노스캐롤라이나까지 가서 서쪽으로 방향을 틀어 테네시 주를 거쳐 앨라배마 주로 남하했다. 앨라배마 남부의 마빌라(Mabila)에서 원주민과 큰 전투를 벌였다. 9시간 정도의 싸움에서 스페인군은 약 200명이 사망하고 장비의 대부분을 상실했다. 말하자면 스페인 부대는 상처뿐인 승리를 얻은 셈이 됐다. 원주민은 스페인보다 훨씬 피해가 커 2000~6000명이 목숨을 잃고 마을은 불에 타 없어져 버렸다. 단일 전투의 사상자 규모만을 기준으로 할 경우에는 마빌라 전투가 북미대륙 최대의 전투가 된다.

1541년 봄 미시시피의 치카소족(Chickasaw) 원주민에게 200명의 짐꾼을 요구하면서 또다시 큰 전투가 발생하여 스페인군은 약 40명의 인력과 남아있던 장비 대부분을 잃었다. 데소토 부대는 그래도 탐험을 계속하였는데 북서진하여 미시시피 강에 도달하고 한 달 간에 걸쳐 뗏목 등을 준비하여 오늘날 테네시 주의 멤피스에서 미시시피 강을 힘들게 건넜다. 1519년에 피네다(Alonso Álvarez de Pineda)가 유럽인으로서는 처음으로 미시시피 강을 봤으나 이 강을 건너가기는 데소토가 최초였다. 멤피스에서는 이들의 도강을 기념하여 미시시피 강을 가로지르는 한 교량의 이름을 데소토교(Hernando de Soto Bridge)라고 부르고 있다. 1541년 10월에는 아칸소 주 서부지역을 탐험하던 동안 이곳 원주민인 툴라족(Tula)과 또 충돌하게 된다. 스페인 원정대는

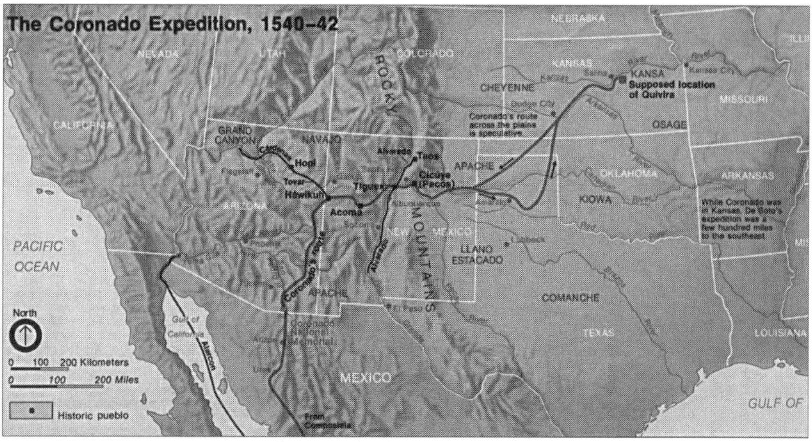

〈코로나도의 원정 루트(1540–1542)〉

툴라족 전사들이 매우 용맹스럽고 지혜로웠다고 기록을 남기고 있다.

이들 원정대는 오클라호마까지 서쪽으로 깊숙이 들어갔다가 다시 남동으로 방향을 틀어 미시시피 강으로 돌아왔다. 한편 1542년 5월에는 데소토가 강 서안 어디쯤에서 열병으로 사망하게 된다. 그의 뒤를 이어 탐험대장이 된 알바라도(Luis de Moscoso Alvarado)는 멕시코에 있는 스페인 군대의 본대로 돌아가기 위하여 서쪽으로 탐험을 계속하여 텍사스의 동쪽 지역까지 갔다. 그러나 그쪽 지역은 날씨도 건조하고 농사짓는 원주민들도 별로 없는 등 탐험여건이 더욱 열악해져서 더 이상 진군이 어려울 것으로 판단하여 마음을 바꿔 미시시피 강으로 되돌아왔다. 그들은 마구와 노예용 쇠고랑 등 남은 쇠붙이들을 모두 녹여 못으로 만드는 등 힘들게 배를 만들어서 미시시피 강을 따라 내려가 멕시코 만에서 서진하여 멕시코로 돌아갔다. 이렇게 해서 당초 기대했던 금은 보화 노다지를 찾으려 했던 3년에 걸친 긴 여정이 끝나게 된다. 이 탐험으로 인하여 스페인 측으로서도 탐험대원의 절반이 사망하는 등 큰 대가를 치렀으며 원주민들은 훨씬 더 많은 인명과 재산상의 손실을 입게 되었다. 데소토의 탐험은 엄청난 상처만 남기게 된 실패한 탐험으로 평가되고 있다.

데소토 탐험대는 앞서 잠시 살펴보았던 흙둔덕 문명의 한 갈래인 미시시피 문명을 처음으로 발견함과 동시에 마지막으로 본 사람들이 되었다. 이들이 원주민에게 안긴 가장 큰 재앙은 전염병이었다. 데소토 일행과 만났던 원주민들 중 많은 사람들이 유럽인들이 가져온 홍역, 천연두 등 질병에 대한 면역력이 전혀 없었기 때문에 속수무책으로 감염되어 많은 경우 사망할 수밖에 없었다.

* 코로나도의 침입

데소토가 플로리다를 침입한 해로부터 1년 뒤인 1540년 2월에는 정복자 코로나도(Vasquez de Coronado)가 약 2천 명의 대부대를 이끌고 역시 황금의 도시를 찾아 미국 내륙 깊숙이 원정길에 오른다. 원정대는 2년간에 걸쳐 애리조나와 뉴멕시코를 거쳐 캔사스까지 갔다 왔으나 금은 구경도 못하고 고생만 실컷 하였다. 원정 중에 식량을 뺏기 위한 전투를 벌여 푸에블로 인디언 수백 명을 죽였는데 이 시점을 인디언 살육전쟁의 본격적인 시발로 보고 있다.

3 _ 유럽인들의 정착촌 건설

* 스페인의 정착마을 건설

미국 본토 내 최초의 정착촌은 1565년 스페인에 의하여 세인트 어거스틴(St. Augustine)에 건설되었다. 이 무렵 프랑스도 이 지역에 교두보 확보를 위

〈Castillo de San Marcos(훗날 Fort Marion으로 이름을 바꿈)〉

하여 애썼으나 스페인의 방해로 실현되지 못하였다. 스페인은 이 지역의 식민지를 영국과 프랑스 등 유럽 경쟁국들로부터 보호하기 위하여 1672년부터 20년 이상의 기간에 걸쳐 대규모 군사 요새를 건설하였다. 산마르코스 성채(Castillo de San Marcos: 1821년 미국이 플로리다를 인수한 후 Fort Marion으로 이름을 바꿈)라는 이름의 이 성채는 미국 내 가장 오래된 석조 요새로 알려져 있는데, 한 가지 흥미로운 사실은, 뒤에 살펴볼 제로니모를 포함한 전설적 아파치족 게릴라들의 가족들이 이 성채에 1886년 10월에 감금된다.

* 영국의 식민지 건설 추진

영국인들의 첫 식민지 건설은 1585년 지금의 노스캐롤라이나 주 해안에서 시작되었다. 식민지 건설을 위하여 근방의 후보지를 탐색하는 과정에서 원주민과의 마찰이 발생하고 이 과정에서 원주민 마을을 불태우는 일도 발생하였다. 이에 앙심을 품은 인디언들은 훗날 정착촌을 공격하게 된다. 1585년 8월 17일 107명의 영국인들이 로아노크(Roanoke)라는 작은 섬에 상륙하여 정착촌 건설을 시작하였다. 그러나 1587년 7월에 화이트(John White) 선장이 새로운 이민자들과 함께 로아노크를 다시 찾아와 보니 정착촌은 완전히 파괴되어 있었다. 이 배에 탔던 신규 이민자들을 로아노크 섬에 남겨두고 곧 다시 보급품을 싣고 오겠다는 약속과 함께 화이트 선장은 로아노크 섬을 떠났다.

그런데 당시 바다길 사정이 녹록치 않았다. 영국과 스페인은 전쟁 중이었으며 해적들이 활개를 치고 있어서 보급품을 싣고 항해하는 일은 매우 어려워져 있었다. 화이트 선장은 몇 차례 로아노크로의 항해를 시도하였으나 모두 실패하고 떠나온 지 3년이 지나 1590년 8월에야 겨우 로아노크로 돌아올 수 있었다. 그런데 돌아와 보니 현지에 남았던 90명의 남자, 17명의 여자, 11명의 어린이들은 아무런 흔적도 없이 사라져 버린 것이다. 정착지 울타리 기둥에 'Croatan'이라는 글자만을 남겨두고 없어져 버린 이들의 행방은 오늘날까지도 풀리지 않는 미스터리로 남아 있다. '사라진 식민지(Lost Colony)'라는 이름을 얻게 된 최초의 식민지 마을이 왜 사라졌는가에 대하여는 추측만 무성할 뿐 아직까지도 확실한 이유를 찾지 못하고 있다. 로아노크 정착촌 건설이 실패로 끝난 후 영국인들의 본격적인 정착촌 건설은 1607년 버지니아 주의 제임스타운(Jamestown)에서 다시 시작되었다. 한편 뉴잉글랜드 지역에서도 몇 개월 뒤에는 메인 주 폽햄(Popham)에서 또 다른 식민지가 건설되기 시작하였다.

1607년 5월 영국은 버지니아 주 체사피크만 제임스 강어귀에서 식민지 건설을 시작하였다. 103명의 첫 이주민들은 여기서도 로아노크에서와 마찬가지로 엄청 큰 어려움을 겪게 된다. 특히 1609년부터 1610년까지의 대기근의 시기에 당시 인구 214명 중 60명만 살아남았는데, 과학적 분석에 의하면 이들은 인육까지 먹었던 것으로 밝혀졌다. 영국인들이 당초 정착지 위치를 정하면서 그곳 원주민과의 마찰을 피하기 위한 목적에서 원주민들의 거주지에서 멀고 식수나 농경 여건 등 비교적 조건이 좋지 않은 지역을 택하였다. 그러나 정착민의 수가 늘어나고 담배 경작 등에 사용할 더 넓은 농경지를 개발하기 위하여 인디언의 영역을 계속적으로 침범하게 됨에 따라 양측 간의 충돌은 피할 수 없게 되었다.

* 영국 버지니아 식민지 이주민과의 충돌

제임스타운 인근에는 포하탄(Powhatan) 연맹에 속한 원주민이 약 1만 4천 명이 이미 살고 있었다. 1609년에 영국인이 인디언에게 식량을 강제로 요구함에 따라 양측 간의 갈등이 고조되어 전쟁으로 확대되었다. 영국 정착민은 1609년부터 가뭄으로 인한 흉작과 본국으로부터의 보급두절에 따른 식량부족으로 큰 고통을 겪게 되어 원주민들과의 식량교역이 절실하였으나 인디언 역시 그해 작황 부진으로 영국인들에게 식량을 내어줄 형편이 못되었다. 영국인들이 무력으로 식량 강탈을 시도함에 따라 양측 간의 긴장은 더욱 고조되었고 급기야는 1610년 8월 9일 70명의 영국군이 인디언 마을을 급습하여 약 70명의 원주민을 살해하고 가옥을 불태움에 따라 양측의 갈등은 전쟁국면으로 확대되었다. 역사에서는 이 전쟁을 '앵글로 포하탄(Anglo Powhatan) 전쟁'이라고 이름 붙이는데, 앞으로 치르게 될 수많은 인디언 전쟁의 시작으로 볼 수 있다. 이 전쟁은 1614년 추장의 딸인 포카혼타스(Pocahontas)가 영국인들에게 납치되면서 양측 간의 적대행위가 끝나게 된다. 포카혼타스는 이미 결혼한 여자였음에도 불구하고 롤프(John Rolfe)라는 영국인과 다시 결혼하여 런던으로 갔었는데, 거기서 1617년에 폐렴으로 사망하였다. 당시 그녀의 나이는 22세에 불과하였다. 그녀와 롤프 사이에 난 후손들은 아직 살아 있는 것으로 알려져 있다. 이 전쟁의 결과로 영국인들은 더 많은 땅을 차지하게 되었으며 포하탄 연맹에 속했던 일부 부족들은 역사에서 사라져 버렸다.

포하탄 연맹과 영국 정착민과의 두 번째 전쟁은 1622년부터 1632년까지 10년간 계속되었다. 인디언들은 영국인들을 완전히 내쫓을 목적으로 대규모 학살사건을 일으켰다. 모피 등의 물품을 교역하기 위한 모임으로 위장하여 많은 영국인들을 한 자리에 모이게 만든 다음에 어른 아이 할 것 없이 무차별적으로 살해함으로써 긴 전쟁이 본격적으로 시작되었다. 그날의 기습공격으로 당시 정착민 인구의 3분의 1에 해당하는 347명이 목숨을 잃었다.

인디언으로부터의 공격에 대한 보복으로 영국인들도 인디언 마을과 옥수수 밭을 파괴하였으며 1623년에는 평화회담을 열기 위하여 많은 원주민들을 초청한 자리에서 건배용 술잔에 독약을 타서 한꺼번에 200명을 독살시키기도 하였다. 1624년에는 활로 무장한 800명의 인디언들과 총검으로 무장한 60명의 영국인들이 맞붙었었는데 수적으로는 원주민이 월등 앞섰으나 활과 총칼의 대결에서는 총칼이 이길 수밖에 없는 법이다. 원주민들의 옥수수 밭이 크게 파괴된 뒤에 인디언들은 뒤로 물러설 수밖에 없었다. 그때로부터 1632년 9월 양 진영 간에 다시 평화가 찾아오기 전까지 크고 작은 전투가 산발적으로 이어졌다. 그 전쟁 와중에 영국 정착민들은 그들의 영역을 크게 확장하였으며 1634년에는 그들이 확보한 정착지를 인디언의 공격으로부터 방어하기 위하여 버지니아반도를 가로질러 약 10km에 달하는 방책을 설치하기도 하였다.

2차 전쟁이 끝난 지 12년이 지난 1644년 3월 세 번째 전쟁이 시작되었다. 포하탄 연맹은 남아 있는 전사들을 모두 규합하여 유럽인들의 정착 마을을 공격하여 약 500명을 죽였다. 이에 대한 보복으로 정착민들은 본격적인 인디언 소탕작전을 전개하여 포하탄 연맹소속의 부족은 물론이고 인근 노스캐롤라이나 지역에 거주하던 부족까지 공격하여 주변에 거주하던 인디언 세력을 궤멸시켰다. 이로써 수십 년에 걸쳐 지속되었던 영국인과 포하탄 인디언과의 전쟁은 끝났다.

* 북동부 해안지역에 나타난 유럽인들

영국인들이 최초로 미국 남동부의 버지니아에서 정착촌을 개척하기 시작한 1600년대 초에 북동부 지역인 뉴잉글랜드와 뉴욕 지역에서도 유럽인들이 현지의 인디언들과 접촉하기 시작했다. 네덜란드 사람들은 뉴욕 지역으로 진출하여 인디언들과 야생동물 모피 교역을 계속 확대해 나갔다. 한편 영국인들은 뉴욕의 북쪽에 위치한 코네티컷과 매사추세츠 지역을 탐험하면서 여러 가지 필요한 정보를 수집하고 물물교환 형식으로 인디언들과 교역을 해왔는데 때로는 인디언들을 납치하여 노예로 서인도제도나 유럽으로 팔아넘김으로써 항해 이윤을 불리기도 했다.

1614년에 영국 탐험가 존 스미스의 대원인 토마스 헌트에게 매사추세츠 플리머스 인근에서 납치되어 스페인으로 노예로 팔려 갔던 스콴토가 구사일생 끝에 1619년 고향으로 돌아왔는데 훗날 그 지역에서 정착촌 건설을 시작한 영국인들에게 생명의 은인과 같은 중요한 역할을 하게 된 일화는 미국 건국 초기 역사에서 빠지지 않고 소개되고 있다. 스콴토가 플리머스로 돌아와 보니 자기네 부족민의 대부분이 유럽인들이 전염시킨 천연두(small pox) 또는 렙토스피로시스(leptospirosis)와 같은 질병으로 인하여 죽고 없었다. 1610년대에 유럽인들과 접촉하였던 북동부 해안 마을의 인디언들은 유럽에서 건너온 새로운 전염병에 대하여는 아무런 면역력이 없었기에 속수무책으로 죽음으로 내몰렸다. 한 마을의 인구가 전멸하는 경우도 속출하여 북동부 해안에는 버려진 마을이 즐비하였으며 수습되지 못한 시신들이 널브러져 있었다. 아이러니컬하게도 플리머스 인근의 원주민들의 세력이 극도로 약해져 있었던 점이 훗날 이곳에 원주민들로부터 큰 저항을 받지 않고 백인들이 정착촌 건설을 추진할 수 있었던 요인으로 작용하였다.

* 스콴토 일화

많은 경우 미국 건국 역사의 시발을 1620년 말에 플리머스에 도착한 102

명의 이민자에게서 찾고 있다. 영국 성공회의 가르침에 따르지 않고 독자적인 신앙을 지키기 위하여 홀랜드로 이민 갔던 무리들 중 일부가 홀랜드에서 다시 미국으로 이민 길에 올랐던 것이다. 자신의 신앙에 철저하였던 분리주의자들(Separatists)은 스스로를 성자(Saints)라 불렀으며 나머지 사람들을 이방인(Strangers)이라고 불렀다. 102명이 모두 분리주의자는 아니었으며 경제적 이유 등 다른 목적으로 신대륙으로 향하는 사람들도 상당수 끼어 있었다. 이들 102명을 태운 메이플라워호는 1620년 9월 6일 영국 플리머스(Plymouth)를 출발했다. 메이플라워(Mayflower)호는 길이 30미터의 목조 범선이었다. 청교도들은 66일 간의 길고 위험한 항해 끝에 1620년 11월 11일 케이프코드(Cape Cod) 해안을 발견했다. 그곳은 그들의 당초 목적지인 버지니아 식민지는 아니었지만 더 이상 항해하기에는 너무 늦은 계절이라 거기에 정착하기로 결정했다. 그들은 인근 지역을 탐사한 뒤 12월 20일 보스턴에서 동남쪽으로 40마일쯤 떨어진 플리머스록(Plymouth Rock) 해안에 내렸다.

메이플라워호를 타고 온 이주민들은 첫해 겨울에 영양실조와 질병 등으로 반이 죽었다. 고기잡이에 큰 기대를 걸고 왔으나 필요한 도구도 제대로 챙겨오지 않았을 뿐만 아니라 고기를 잡는 방법도 몰라서 생존 자체가 위태로울 정도로 어려운 세월을 보내고 있었다. 그런데 1621년 3월 16일 이들에게 기적과 같은 행운이 일어났다. 이전에 영국 선원들로부터 영어를 배운 덕분에 비록 서툴기는 하나 영어로 의사소통이 가능한 인디언 사모세트(Samoset: 1590-1653)가 나타난 것이다. 그리고 21일에는 영국의 런던에도 살았던 스콴토(Squanto: 1585-1622)라는 인디언을 데리고 다시 찾아왔다. 이들은 청교도들이 부근 왐파노아그(Wampanoags) 인디언들과 우호적인 관계를 맺는 데에 결정적인 역할을 했다. 이후 인디언들이 물고기를 잡고 옥수수를 기르는 법을 가르쳐 준 덕분에 백인들은 연명할 수 있었다고 한다. 10월 첫 번째 추수

〈화가 Jean Leon Gerome Ferris가 그린 '첫 추수감사절'〉

후 정착민들은 추수감사절 파티를 열고 원주민들을 초대했다. 이게 바로 오늘날 미국의 최대 명절인 추수감사절의 기원이 된다고 한다. 그러나 일부 학자들은 이러한 낭만적 일화는 전혀 역사적 근거가 없는 만들어진 동화에 불과하다고 주장하고 있다. 인디언들이 1621년부터 청교도의 생존에 결정적인 도움을 준 사실은 맞으나 백인과 인디언들이 어울려서 가을 추수에 대한 감사의 축제를 열었다는 기록은 1637년에야 처음으로 나타난다고 한다.

그러나 오늘날 많은 원주민들은 추수감사절의 의미를 완전히 반대로 해석하고 있다. 그들은 스콴토가 베풀었던 은혜가 재앙의 씨앗이 되었다고 믿기 때문에 스콴토가 했던 일들은 명백한 실수였다고 주장하고 있다. 그들은 1975년부터 매년 추수감사절 때마다 '반(反)추수감사절(Unthanksgiving Day)' 행사를 열어 억울하게 죽은 조상들을 추모하고 있다. 뉴욕이 화려한 추수감사절 퍼레이드로 흥청이는 날이면 북아메리카 원주민들은 인디언 권리운동의 성지인 샌프란시스코의 앨커트래즈 섬을 찾아 추수감사절을 애도하면서 '추수감사절(Thanksgiving Day)'이 아니라 '추수강탈절(Thankstaking Day)'을 기념하고 있다. 이들은 "식량을 나눠주며 백인들이 겨울을 날 수 있도록 도와준 것은 명백한 실수였다"면서 "기력을 차린 백인들은 원주민을 배반하고 땅을 빼앗았다"고 말하고 있다. 관점을 달리하면 누구의 축제일은 또 다른 누구에게는 애도일이 될 수 있다는 점에서 역사의 아이러니를 보게 된다.

스콴토는 한 편의 드라마와 같은 삶을 살았다. 스콴토는 1605년에 영국의 탐험대에게 납치되어 영국으로 건너가 영어 등을 익힌 후 1614년에 탐험대의 가이드가 되어 미국으로 다시 오게 된다. 그런데 일부 영국의 탐험대원들에 의하여 스페인 말라가로 노예로 팔려갈 뻔하다가 수도사들의 도움으로 영국으로 다시 가게 된다. 그 후로 탐험대의 일원이 돼서 몇 차례나 미국을 더 다녀온 뒤 1619년에 원래의 고향으로 돌아왔다고 한다. 38년 생애 중 대서양을 여섯 번 건넜다고 전해지고 있다. 그는 최초의 이주민과 원주민 간의 중간 조정자 역할을 수행하였는데 스콴토의 동족으로부터는 신뢰를 얻지 못했던 것으로 알려져 있다. 일부 역사가들은 그의 갑작스런 죽음은 동족에 의한 독살이었을 것으로 추정하고 있다. 스콴토 또는 스콴텀(Squantum)이라는 이름은 플리머스나 퀸시(Quincy) 지역에서 길 이름으로 널리 쓰이고 있다.

* 북동부 식민지 정착민과의 첫 전쟁

미국 북동부지역 인디언과 유럽인과의 첫 전쟁은 1634년에 발생한 퍼쿠어트(Pequot)전쟁으로 기록되고 있다. 퍼쿠어트 부족은 뉴욕과 코네티컷에 걸쳐 허드슨 강과 코네티컷 강 유역에 거주하면서 네덜란드인들과의 모피

교역에서 상당한 재미를 보고 있었다. 한편 매사추세츠 플리머스에서 1620년에 최초로 식민지를 개척한 영국인들은 1628년에는 보스턴지역에 매사추세츠만 식민지(Massachusetts Bay Colony)를 건설하고 이후에도 코네티컷 지역에 계속적으로 식민지를 추가하였다. 1630년대에만 수만 명의 영국인들이 이 지역으로 이주해 왔다. 영국인들이 그들의 식민지 활동을 퍼쿠어트 부족의 영역까지 확장함에 따라 그 지역에서 네덜란드인과의 모피교역 등 경제적 기득권을 지키려는 퍼쿠어트 부족과의 갈등은 불가피하였다.

퍼쿠어트 부족과 영국 식민지 간의 세력 갈등은 1634년 전쟁으로 확대되어 1638년까지 지속되었으며 퍼쿠어트 부족의 참패로 끝을 맺었다. 이 전쟁에서 영국 식민지 인근에 거주하던 퍼쿠어트의 앙숙인 모히건(Mohegan) 부족과 나라간세트(Narragansett) 부족은 영국 식민지 세력과 연맹을 맺고 퍼쿠어트 부족과 맞서 싸웠다. 패전의 결과로 퍼쿠어트 부족의 정치적 존재는 역사에서 완전히 사라지게 되고 생존자들은 서인도제도 등지로 노예로 팔려 나갔다. 전쟁 중 가장 비극적인 사건은 1637년 5월 26일 발생한 미스틱 대학살사건(Mystyc massacre)이다. 이날 새벽 코네티컷강 어귀에 위치한 퍼쿠어트 부족 마을을 급습한 영국 측 연합군은 주민들을 무차별적으로 살해하였다. 전체 약 400명의 인구 중 살아남은 사람은 채 다섯 명이 안 되었다고 한다. 대학살을 주도했던 사람 중 하나인 언더힐(John Underhill) 민병대장은 신이 주신 말씀에 따라 했을 뿐이라고 변명하면서 그들의 만행을 정당화하기도 하였다. 훗날 양심 있는 사학자들은 이 사건을 인종청소 성격의 제노사이드(genocide)로 규정하였다.

1970년대 초 코네티컷 주의 레드야드(Ledyard) 인디언 보호구역에 퍼쿠어트족 출신 인디언이 딱 한 명 살고 있었다. Elizabeth George라는 이름을 가진 할머니였는데 1973년에 돌아가시는 바람에 연방정부에 의한 부족국가

지위 인정이 취소되었는데 그녀의 손자인 헤이워드(Richard Arthur Hayward)의 노력으로 1983년에 다시 연방정부인정을 받아냈다. 그는 대단한 사업수완을 발휘하여 1992년에 인디언보호구역 안에 서반구에서 가장 큰 카지노(Foxwood Casino Resort)를 건설하였다.

* 필립왕 전쟁

필립왕(King Philip)이라고도 불리는 왐파노아그 부족의 추장 메타코멧(Metacomet)은 유럽으로부터 정착민들이 계속적으로 밀려들어오고 이들 유럽인들이 더 많은 토지를 요구해 옴에 따라 인디언 부족의 생존이 위협받을 수 있다고 생각하여 1675년 한 백인 농가 약탈을 시작으로 하여 전쟁을 일으켰다. 당시 유럽으로부터의 이주민은 8만 명에 달한 반면에 왐파노아그 부족의 인구는 전염병 등의 원인으로 만 명 수준으로 크게 줄어든 상태였다. 이렇게 시작된 전쟁은 수년간 지속되었으며 수적으로나 질적으로나 유럽인들에게는 적수가 될 수 없었던 왐파노아그 부족의 완패로 끝맺었다. 이 전쟁에서도 모히건 부족 등 일부 인디언 부족은 영국군과 연합하여 왐파노아그 부족과 싸웠다. 이 전쟁 중 추장인 필립왕은 기도하는 인디언(Praying Indian: 기독교로 개종하여 유럽식 생활방식을 받아들인 인디언)인 앨더만(John Alderman)에 의하여 살해되었으며 그의 시신 중 머리 부분은 따로 잘려져서 20년간 전시되었다고 한다. 1678년에 끝난 이 전쟁으로 영국 연합군 측은 약 600명, 왐파노아그 부족은 약 3000명이 목숨을 잃었으며 전쟁에서 진 왐파노아그 부족 생존자 중 수백 명은 전쟁이 끝난 뒤에 처형되었고 추장의 부인과 아들을 포함하여 나머지 왐파노아그 인디언들은 버뮤다 섬의 노예로 팔려갔다.

* 뉴 네덜란드와의 전쟁

현재 미국의 뉴욕, 뉴저지 및 코네티컷을 아우르는 뉴욕권역은 네덜란드인들이 1600년대 유럽인으로서는 최초로 진출하였다. 초기의 20여 년 동안에는 큰 충돌 없이 네덜란드인들과 그 지역의 레나페(lenape) 인디언들은 비교적 우호적인 분위기 속에서 모피 교역 등을 수행해 왔다. 그런데 키프트(Willem Kieft)가 정착촌 책임자로 부임하면서 양측의 긴장이 갑자기 고조되었다. 키프트 는 주민대표들의 반대에도 불구하고 1643년 파보니아(Pavonia) 인디언 마을을 급습하여 대학살을 자행하였다. 2년 이상 지속된 키프트 전쟁으로 불리는 이 전쟁으로 인하여 약 2000명의 인디언들이 목숨을 잃었는데 당시의 뉴 암스테르담(New Amsterdam: 영국이 인수한 후 New York으로 이름 바꿈) 인구가 채 1000명이 안 되었던 점을 감안하면 엄청난 규모가 아닐 수 없다.

1645년 인디언들과 네덜란드인들 간에 회복된 평화는 다시 깨져 1659년부터 1663년까지 레나페부족의 한 지파인 에소푸스(Esopus)와 네덜란드 식민지 간에 다시 전쟁이 발생하게 된다. 네덜란드 식민지는 인근의 원주민과의 불편한 관계 때문에 많은 고통을 받아 온데다 수십 년간 지속된 영국과 네덜란드 간의 세계무역의 패권을 놓고 벌어진 경쟁에서 네덜란드가 영국에 밀림에 따라 1664년에는 뉴암스테르담을 영국 측에 양도하는 등 북미 대륙에서의 식민지 경영에서 물러서게 되었다.

* 스웨덴도 식민지 건설 시도

북미 대륙에 식민지 건설을 추진한 나라는 스페인, 영국, 프랑스, 네덜란드 외에 스웨덴도 있었다. 스웨덴은 1638년 오늘날 델라웨어 주 최대 도시인 윌밍턴(Wilmington)이 서 있는 자리에 당시 스웨덴 여왕의 이름을 딴 크리스티나(Christina) 요새 건설을 시작으로 델라웨어 강을 따라 뉴 스웨덴으로 불리는 식민지 개척 사업을 벌였다. 그들의 활동 범위는 북쪽으로 펜실베이니아까지 이르기도 하였으나 인근 뉴저지와 뉴욕에 이미 상당한 세력을 구축한 뉴 네덜란드와의 경쟁에 밀려 1655년에 뉴 네덜란드에게 흡수 통합되었다.

4 _ 영국과 프랑스의 식민지 경쟁

* 비버 전쟁(1640–1701)

흔히 이로쿼이연합(Iroquois Confederacy)으로 불리는 부족은 1600년대 초부터 허드슨 강을 따라 뉴욕 내륙으로 진출한 네덜란드인과의 야생동물 모피교역으로 상당한 경제적 이익을 얻어 왔다. 그런데 총을 이용하여 사냥을 하다 보니 야생동물의 개체수가 급격히 줄어들어 이로쿼이 인디언들은 전통적인 자신의 사냥터를 벗어나 오대호 주변 깊숙이 다른 인디언들의 사냥터를 침범하게 됨으로써 부족 간 충돌이 발생하였다. 교역 대상 모피 중에는 비버 모피가 주종을 이루었기 때문에 이 역사적 갈등을 '비버전쟁(Beaver Wars)'이라고 부른다. 이로쿼이 연합은 그들의 교역파트너인 네덜란드로부터 총포 등을 지원받은 반면에 주로 알곤퀴언어족(Algonquian)에 속하는 상대 인디언들은 그들의 교역 파트너인 프랑스로부터 지원을 받고 있었기에 '프랑스 이로쿼이 전쟁(French and Iroquoi Wars)'이라고 부르기도 한다.

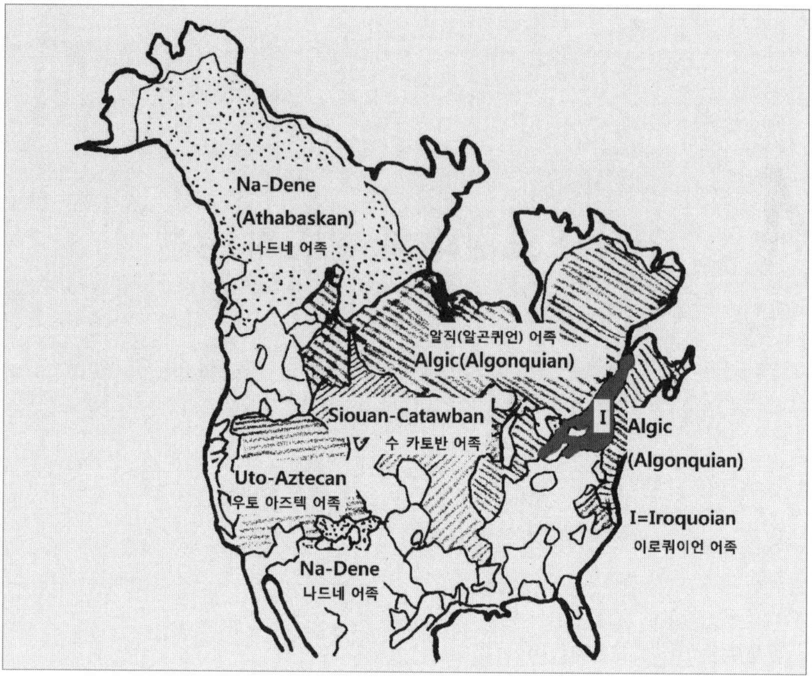

〈인디언의 주요어족〉

이 전쟁은 1638년에 시작되어 60년 이상 지속되다가 1701년 몬트리올 평화협정 체결로 끝났다. 이 전쟁은 북미 원주민 간의 다툼 중에서 시간과 공간적으로 최대 규모로서 이로쿼이 연합은 이 정복 전쟁을 통해서 오늘날 오하이오 주 등 8개 주를 아우르는 본래의 영토의 열배 이상의 땅을 차지하여 지역 맹주의 자리를 확고히 다졌다. 전쟁에서 패한 인디언들 중 상당수는 고향을 떠나 타 지역으로 이주하였는데 한 예로 훗날 대평원의 전투부족으로 이름을 날리게 되는 수족도 이때에 이로쿼이 연합에 밀려 미시시피 강 서쪽으로 옮겨갔다.

* 이로쿼이 연맹

동부 지역에서 시작된 영국의 식민지 개척이 점차 서쪽의 삼림지역으로 확대되면서 인디언들의 삶은 붕괴되기 시작했다. 인디언 부족들은 사냥감들이 점차 고갈되어 가자, 굶주림을 참아야 할지 아니면 전쟁을 벌여야 할지 또 아니면 서쪽으로 이주해서 그곳의 다른 부족과 갈등을 빚어야 할지 어려운 선택을 해야만 했다.

펜실베이니아와 뉴욕 북부 지역에 살던 이로쿼이족은 다른 부족에 비해 유럽인들의 진출에 효과적으로 대응하며 그들의 침범을 막았다. 1570년에 이로쿼이의 다섯 개 부족(Mohawk, Onondaga, Oneida, Cayuga, Seneca 부족이 참가하였는데 1722년에 노스캐롤라이나에 살던 Tuscarora 부족이 그곳 영국식민지와의 전쟁에 패한 후 옛 고향으로 돌아와 이로쿼이 연합에 합류하였다)이 연합해서 동맹을 맺고 일종의 민주적인 형태의 연방국가를 형성했다. 이 동맹에는 최고의사결정기구로서 각 부족의 대표자로 구성된 50인 협의회가 운영되었다. 연맹 소속 부족의 공동 관심사는 반드시 이 협의회를 거치도록 했으며 살인 등의 중대사를 다루는 공동의 법도 제정했다.

동맹은 17세기와 18세기에 막강한 힘을 발휘하였다. 비버 전쟁을 통하여 그들의 경제적 영토를 크게 넓힘으로써 네덜란드와 영국과의 모피 무역을 주도했으며, 18세기 중엽 영국과 프랑스가 북미대륙 식민지 지배권을 두고 전쟁을 벌일 때는 영국 편을 들기도 했다. 그 후로 영국과 굳건한 동맹관계를 유지해 왔다. 폰티악 전쟁에서도 인근 인디언 부족 대부분이 영국군에 맞서 싸웠으나 이로쿼이 연합은 영국 편에 서 있었기 때문에 전쟁에 가담하지 않았다. 이로쿼이 연합은 미국의 독립전쟁 전까지는 단단히 유지되었지만, 독립전쟁이 발발하면서 내부 균열이 발생하였다. 부족별 입장이 서

〈이로쿼이 부족의 전통가옥 롱하우스(longhouse)〉

로 달랐기 때문에 각 부족들은 독자적으로 행동하기로 했고, 결국 모호크, 오논다가, 카유가, 세네카는 영국 편을 들었고 오네이다, 투스카로라는 독립전쟁을 벌린 식민지 편을 들었다.

이로쿼이연맹은 지금도 자신의 정체성과 독립성을 유지해 오고 있는 부족으로 잘 알려져 있다. 그들은 미국과는 별개로 인디언의 전통 구기종목인 라크로스(lacrosse) 국제 경기에 독자적으로 선수를 파견하기도 하고, 미국 정부 여권과는 별도로 그들 부족명의의 여권을 발급하기도 한다. 또한 1, 2차 세계대전 중에는 독일에 대하여 주권국가 자격으로 선전포고를 한 적도 있다.

* 남동부지역 원주민과 유럽 정착민과의 갈등

버지니아의 남쪽에 위치한 캐롤라이나 지역에서의 식민지 건설은 1600년대 중반 이후에 본격화되었다. 이 지역에는 투스카로라(Tuscarora) 부족들이 살고 있었는데 초기에는 50년 이상 유럽 이주민들과 큰 충돌 없이 비교적 사이좋게 지내 왔다. 그러나 1700년대에 들어와서는 유럽으로부터의 이민자들이 크게 늘어나고 결과적으로 원주민들의 땅을 더 많이 요구하게 되고 심지어 원주민을 상대로 노예 사냥까지 일삼게 되면서 원주민들이 정착민을 상대로 전쟁을 일으켰다.

투스카로라 전쟁이라 불리는 이 전쟁은 1711년부터 1715년까지 지속되었는데 이 전쟁으로 인하여 투스카로라 부족 중 많은 수가 사망하거나 노예로 팔렸다. 운 좋게 살아남은 사람들은 그들과 같은 이로쿼이어족인 이로쿼이 연합 부족이 살고 있던 뉴욕 북부로 옮겨 가 기존의 다섯 개 연합국가에 이어 여섯 번째 연합국가로 인정받게 되었다.

사우스캐롤라이나 지역에서는 1715년부터 1717년까지 야마시(Yamasee) 전쟁으로 불리는 전쟁이 발생하였다. 이 전쟁은 당시 영국의 식민지였던 사우스캐롤라이나에서 사우스캐롤라이나 식민지와 야마시족을 비롯한 여러 인디언 부족 사이에 발생한 전쟁이다. 이 전쟁으로 1715년에는 사우스캐롤라이나 식민지의 생존 자체가 위기에 처해 있었다. 1716년에는 체로키족이 사우스캐롤라이나 식민지 편으로 돌아서서 크리크족을 공격했다. 처음에는 다른 여러 원주민 부족들과 같은 편에 서서 영국 정착민을 상대로 싸우던 체로키 부족은 전쟁 도중에 마음을 바꾸어 영국 편으로 돌아섰는데 영국 측으로서는 체로키의 변심이 전쟁의 승기를 잡는 데에 큰 힘이 되었다고 한다.

야마시 전쟁은 미국 식민지에서 가장 피를 많이 흘린 전쟁이라는 '필립 왕 전쟁'보다 더 참혹했다는 평가도 있다. 전쟁의 원인은 여러 가지가 얽혀 있었으며, 전쟁에 가담한 인디언 부족들도 부족별로 서로 다른 이유를 가지고 있었다. 전쟁의 원인 중에는 유럽인들에 의한 토지 잠식, 무역상들의 횡포, 인디언 노예무역, 사슴의 고갈, 부유해지는 유럽 출신 개척민들과는 대조적으로 더 가난해지고 있는 인디언들, 쌀 재배면적의 확대, 인디언 부족 사이의 권력 투쟁 등이 있었다.

* 세위(Sewee) 부족의 비극

영국인 탐험가 로슨(John Lawson)은 1709년 런던에서 「A New Voyage to

Carolina」를 발행하였다. 그는 1700년 말부터 1709년에 런던으로 돌아갈 때까지 캐롤라이나 내륙 깊숙이 탐험하여 두 개의 식민지를 건설하고 그곳에서 고위 공직을 직접 맡아 생활하기도 하였다. 그는 그 책에서 자신이 직접 경험하지는 않았으나 전해 들은 매우 슬픈 인디언 이야기를 소개하였다.

> 산티 강어귀에 살고 있던 세위 인디언 부족은 유럽인들과 모피 등을 교역해 왔는데, 어느 날 그들은 그들이 헐값에 넘기고 있는 모피가 유럽에서는 몇십 배의 가격으로 팔린다는 것을 알게 되었다. 그들은 그들의 모피를 캐롤라이나에서 모피 중개상에게 팔지 않고 유럽으로 가서 직접 팔게 되면 큰돈을 받을 수 있을 것으로 생각하였다. 그들은 은밀히 대형 카누를 만들어 유럽의 배들이 나타났던 방향으로 대서양 바다를 나섰다. 아무리 튼튼하게 만들어진 카누도 먼 바다의 파도를 당해 내기에는 역부족이었고 허리케인이 자주 발생하는 시기에 떠났기 때문에 오래 지나지 않아 조난 사고를 당하게 되었을 것이다. 대부분은 바다에 빠져 사망하였는데, 더욱 불행스러웠던 것은 일부 인디언들은 유럽인의 선박에 의하여 가까스로 구조되었으나 이들은 모두 서인도제도로 노예로 팔렸다. 캐롤라이나에 남아 있던 많지 않은 세위족들도 전염병 등으로 인구가 크게 줄어들어 다른 부족으로 흡수됨으로써 세위족의 역사는 끝나게 되었다고 한다.

* 노예 사냥

캐롤라이나 식민지의 경제적 기반은 담배농업, 벼 재배, 모피 교역 등이었지만 여기에 한 가지 중요한 사실이 숨어 있다. 원주민을 잡아서 노예시장에 내다 파는 사업 또한 크게 성행하였다. 사탕수수 등을 생산하는 재식

농업이 크게 발달하였던 서인도제도에서 특히 노예 수요가 많았으며 캐롤라이나 남부지역에서 쌀 농사를 본격적으로 시작하게 됨에 따라 노동집약적인 벼농사의 특성상 많은 노예가 필요하게 되었다. 백인 노예 사냥꾼의 앞잡이 역할을 담당한 일부 인디언 부족은 다른 약한 부족을 공격하여 노예로 잡는 일에 가담하기도 하였다. 노예 사냥 초기에는 해안가에서 이루어졌으나, 점차 자원이 고갈되면서 내륙으로 더 깊숙이 들어가서 인디언들을 노예로 잡아 노예시장에 내다 팔았다. 캐롤라이나 식민지 총독이자 노예 무역상이던 무어(James Moore)는 1704년에 대규모 병력을 동원하여 당시 스페인 영토였던 플로리다를 침략하여 한꺼번에 6000명 이상의 인디언을 포로로 잡아와 노예시장에 내다 팔았다. 1730년쯤부터는 더 이상의 인디언 노예공급이 어려워지자 아프리카 흑인노예가 그 공백을 메우게 된다. 그때부터 노동집약적인 농업이 중심이 된 남부 지역에서는 흑인 노예가 급격히 늘어났는데 특히 사우스캐롤라이나의 경우가 심해서 1860년의 통계에 의하면 백인 인구는 29만 명이었던 반면 흑인은 41만 명에 달하였다고 한다.

* 영국과 프랑스의 패권 경쟁으로 갈라선 원주민들

프랑스도 영국과 비슷한 시기인 1600년대 초부터 북미 대륙에 식민지 건설을 추진하였다. 영국이 보스턴을 중심으로 한 뉴잉글랜드 지역부터 개척해서 북쪽과 서쪽으로 식민지 영역을 확장해 나간 반면에 프랑스는 캐나다의 세인트로렌스 강 어귀로부터 시작하여 강을 거슬러 서쪽으로 진출하여 오대호에 이르렀고 다시 미시시피 강을 따라 남하하여 멕시코 만까지 이르게 되었다. 프랑스의 북미 식민지는 뉴 프랑스 또는 루이지애나(Louisiana)로 불리었다. 유럽의 두 열강이 동시에 영역확장을 추진하다 보니 양측 간의 충돌은 불가피하였다. 분쟁은 주로 양 세력이 부딪쳤던 메인 주, 뉴욕 주 북부, 오대호 인근과 펜실베이니아 및 버지니아 서부에서 발생하였다.

〈북미대륙의 지역 구분〉

1689년부터 1763년까지 두 세력 간에 모두 네 차례의 전쟁이 발생하였는데 미국에서는 '프랑스·인디언 전쟁(French and Indian Wars)'이라고 부르는 반면 캐나다의 퀘벡 등 옛 프랑스 식민지에서는 '식민지 간 전쟁(Intercolonial Wars)'이라고 부르고 있다. 여기서 'French and Indian War'라고 단수로 쓸 경우에는 1754년부터 1763년까지 9년간 계속되었던 마지막 전쟁을 일컫는다. 프랑스는 이 전쟁에서 짐으로써 미시시피 강 동쪽의 모든 땅을 영국에 넘겨주고 미시시피 강 서쪽의 모든 땅은 스페인에게 양보하게 된다. 그러나 미시시피 강의 동쪽에 있는 뉴올리언즈를 포함한 강 하구지역 이른바 미시시피강 회랑(Mississippi River Corridor)은 프랑스가 계속 지배하다가 1803년에 미국에 매각하게 된다. 스페인은 넘겨받은 루이지애나를 1800년에 은밀히 프랑스로 다시 양도하였는데 나폴레옹은 1803년 이 땅을 미시시피강 회랑과 함께 미국에 매각하였다. 또한 이 전쟁에서 프랑스 편에 섰던 스페인은 그들이 지배해 온 플로리다를 영국에 넘겼다. 이로써 뉴프랑스는 역사에서 사라지게 된다. 다만 뉴펀들랜드(Newfoundland) 섬 남쪽에 위치한 어업 전진기지인 생피에르 미클롱(Saint-Pierre Miquelon) 섬들(242km², 인구 7

〈유럽인의 침입 이전 주요 인디언부족의 거주지역〉

천 명)은 오늘날까지도 프랑스령으로 남아있다. 네 차례의 전쟁을 시기별로 살펴보면 다음과 같다. 1688-1697년에 있었던 킹윌리엄 전쟁(King William's War), 1702-1713년에 발생한 퀸앤 전쟁(Queen Anne's War), 1744-1748년에 일어난 킹조지 전쟁(King George's War) 그리고 1754-1763년 사이에 발생했던 프랑스·인디언 전쟁(French and Indian War)이다.

네 번의 전쟁 중 앞의 세 개의 전쟁은 유럽에서 시작되어 북미대륙으로 확대되었으나 마지막 전쟁은 북미대륙 자체에서 시작되었다. 프랑스가 이 전쟁에서 패한 요인 중 하나는 프랑스의 점령지역은 영국의 점령지보다 더 넓었으나 인구수에서는 영국의 정착민이 프랑스 정착민보다 몇십 배나 많았다는 점이다.

영국의 식민지에서 살던 원주민들은 영국 정착민과 비교적 긴밀한 경제적 교류를 해 온 탓에 영국 친화적이 되고, 반면에 프랑스 정착민들과 자주 접촉하던 인디언들은 자연스레 프랑스 친화적 분위기가 만들어지게 마련이다. 따라서 오랫동안 프랑스와의 교역을 활발히 수행해 왔던 메인 주 북쪽의 와바나키연합(Wabanaki Confederacy) 부족들은 프랑스 편에 서고 뉴욕 주 북쪽에 살던 이로쿼이 연합 소속 인디언 부족들은 반대로 영국 편에 서서 싸웠다. 「모히칸족의 최후(The Last of Mohicans)」라는 영화는 영불 간의 마지막 식민지 전쟁을 배경으로 하고 있는데, 이 영화는 오대호 인근에 살던 휴런부족은 프랑스 편에 서고 뉴욕 중부에 살던 모히칸부족은 영국 편에 서서 서로 싸우는 모습을 잘 그려냈다.

한편 야마시 전쟁 도중에 영국 편으로 돌아선 이후 계속하여 영국 식민지 세력과 연합해 오던 체로키족은 그간에 쌓였던 영국에 대한 불만 때문에 영불간 식민지 쟁탈 전쟁이 한창이던 1759년에 프랑스와의 동맹과는 아무런 관련 없이 독자적으로 영국에 대하여 전쟁을 일으켰다. 영국 측에서는 체로키족으로부터 받은 충격 때문에 인디언들은 믿기 어려운 종족이라는 인식을 갖게 되었고 이러한 편견은 전쟁이 끝난 후 점령지 안의 인디언들을 다루어 나가는 데에 좋지 못한 영향을 주게 된다.

5 _ 조상의 땅을 사수하라

* 폰티악 전쟁

사실 북미 원주민의 역사를 정리하다 보면 유럽인과의 접촉 후부터는 줄곧 전쟁에서 지는 이야기만 있을 뿐 흔히 다른 나라 역사에서 볼 수 있는 흥망성쇠의 스토리는 전혀 찾을 수 없다. 전쟁이라야 약자의 몸부림에 지나지 않는 수준이라 자신의 영역으로 파고드는 유럽인들의 대륙진출을 멈추게 할 수는 없고 다만 동부 해안으로부터 서부 내륙으로 진출하려는 유럽인들에게 약간의 대가를 치르게 하는 정도에 그칠 수밖에 없었다. '폰티악 전쟁(Pontiac's War)'으로 흔히 알려져 있는 영국의 부당한 대우에 항거하여 여러 부족이 연합하여 영국군과 싸운 전쟁도 그러한 성격의 전쟁 중 하나일 것이다. 그런데 이 전쟁은 영국인의 고압적인 통치로부터 해방되려는 독립운동 성격이 내포되어 있기에 수없이 많이 치른 원주민과 유럽인과의 전쟁 중 비교적 전쟁다운 전쟁이었다고 평가할 수 있다. 당시 오타와 부족의 전투 추

〈폰티악〉

장의 이름이 폰티악이었는데 역사학자 파크만(Francis Parkman)이 그의 이름을 따와서 전쟁의 이름을 붙였다.

수십 년간 지속되었던 북미 대륙에서의 식민지 쟁탈전에서 영국이 프랑스를 물리치고 그 지역의 지배권을 완전히 장악한 게 1763년이다. 전리품으로 뉴 프랑스 영토 중 미시시피 강 동쪽의 땅 모두를 할양받은 영국은 옛 프랑스 요새를 접수하고 새로운 식민지 개척을 서두르게 된다. 이 과정에서 영국인들은 프랑스 식민지 지역에 살던 인디언들에 대하여 지나치게 고압적인 자세를 취했다. 프랑스 지배 시절 비교적 평화롭게 살아 왔던 인디언들은 영국군의 침입으로 그들의 생존이 크게 위협받는다고 생각하여 영국군을 자신의 땅으로부터 몰아내기 위하여 대대적인 봉기를 일으켰다. 유럽인들이 미대륙 원주민을 대하는 태도는 나라에 따라 크게 달랐다. 사학자 파크만은 그 차이를 이렇게 설명한 바 있다. 스페인은 인디언을 분쇄하였고(crush) 영국은 경멸하고 무시하였고(scorn and neglect) 프랑스는 인디언을 포옹하고 품었다고(embrace and cherish) 한다.

1763년부터 1766년까지 계속되었던 폰티악 전쟁에 참가한 부족 대부분은 '1763년도의 파리 조약'까지 프랑스가 소유권을 주장했던 '윗 나라(pays d' en haut)'에 살던 인디언들이었다. '윗 나라'에 속하지 않는 민족 중 강력한 힘을 가지고 있던 이로쿼이 연맹은 영국군과 동맹을 맺고 있었기 때문에, 폰티악 전쟁에 참가하지 않았다. 그러나 가장 서쪽에 위치한 이로쿼이 연맹 소속 부족인 세네카족은 동맹에 불만을 품고 폰티악전쟁에 참가했다.

새로운 점령군으로 등장한 영국군의 태도와 정책들에 대하여 인디언들은 위기와 모욕을 느끼게 된 것이 근본적인 전쟁의 원인이었지만 1760년대 초 확산된 민족적 신앙운동도 한몫을 한 것으로 훗날 사학자들은 분석하고 있다. 이 운동은 영국에 대한 불만과 함께 식량 부족과 전염병으로 더욱 가속화되었다. 이 운동에서 가장 영향력이 있었던 사람은 '델라웨어의 예언자(Delaware Prophet)'로 알려진 네올린(Neolin)이었다. 네올린은 인디언들에게 백인들의 상품이나 술 그리고 무기를 멀리하도록 권했다. 네올린은 전통적인 인디언 신앙에 기독교적 요소를 결합시켜, 백인의 악습에 물들게 되면 영국이 인디언의 존재 자체에 위협이 될 것이라고 인디언들에게 설파하였다.

영국군 최고 책임자였던 애머스트(Jeffrey Amherst) 장군은 인디언들에게 잔인하기로 유명하였다. 애머스트는 포로가 된 인디언들을 "즉각 사살하라"고 지시를 내렸으며 현대전에서나 있을 법한 생물 무기까지 동원하였다. 그는 인디언들을 죽이기 위해서는 쓸 수 있는 모든 전략을 사용해야 한다면서 부하들에게 여러 장의 담요에 천연두 균을 오염시켜 인디언들의 손에 들어가게 하라고 지시하기도 하였다. 민병대 지휘관이었던 트렌트(William Trent)는 그 담요를 전달한 목적이 인디언들에게 천연두를 감염시키기 위해서임을 밝혀주는 기록을 남겼다.

폰티악전쟁의 실질적인 전투는 1764년에 사실상 종결되었지만, 일리노이에서는 인디언들이 끈질기게 저항을 계속하고 있었다. 이 지역에서는 쇼니(Shawnee)족의 캐스케(Charlot Kaské) 추장이 가장 집요한 반영국파 전사로 두각을 나타냈다. 캐스케는 영국에 대항하기 위해 프랑스의 도움을 받고자 뉴올리언스까지 여행하기도 했다.

1765년 영국은 일리노이 점령이 외교적인 수단에 의해서만 가능하다고 결론지었다. 따라서 영국 측은 폰티악에 초점을 맞췄다. 폰티악은 오하이오 영토에서 싸우던 인디언이 이미 영국과 정전협정을 맺은 것을 듣고, 전투 수위를 조절했다. 폰티악은 1766년 7월 25일에 온타리오 요새에서 영국 측과 정식 정전협정을 체결했다. 폰티악 전쟁은 영국계 정착민들의 식민지 확대에 대해 많은 인디언 부족이 공동 협력하여 저항할 수 있는 가능성을 보여주었다. 캐스케는 영국의 통치를 받아들이지 못하겠다고 선언하고 다른 프랑스인과 인디언 도망자와 함께 미시시피 강을 건너 영국의 영토를 떠났다.

폰티악 전쟁은 흔히 인디언 측의 패배로 평가되어 왔지만, 현대의 사학자들은 무승부로 보고 있다. 인디언은 영국군을 몰아내는 데에 실패했지만, 영국도 인디언을 정복하지는 못했다. 전투에서의 승리가 아닌 협상과 중재로 전쟁이 끝난 것이다. 인디언은 영국 정부에 애머스트의 인디언 정책을 포기시켰기 때문에 일정 부분 승리를 얻었다고 말할 수도 있다. 영국 정부는 이 전쟁을 통해서 이주민과 인디언을 분리해 두지 않으면 안 된다는 결론에 도달했다. 1763년 10월 7일 영국령 북아메리카를 재구성하기 위해 국왕의 칙령으로 「1763년 선언(Proclamation of 1763)」이 공포되었다. 이 선언은 폰티악 전쟁이 시작되었을 때 이미 발효되어 있었지만, 폰티악 전쟁이 확대되자 서둘러 발표되었다. 영국 정부는 이 선언을 통하여 동부지역의 백인 식민지와 애팔래치아 산맥의 서쪽에 있는 인디언 땅 사이에 경계선을 그었다. 이 결과 애팔래치아 산맥에서부터 미시시피 강에 이르는 거대한 인디언의 영토가 완성되었다. 영국 정부는 이주민이 인디언의 땅을 침범하는 것을 금지시키면 '폰티악 전쟁'과 같은 분쟁이 더 일어나지 않을 것으로 기대하였다.

인디언 입장에서는 「1763년 선언」을 '인디언의 권리장전'이라고 부를 만큼 크게 환영하였지만 영국 정착민과 토지 투기가들에게 이 선언은 프랑스와의 전쟁에서 얻어낸 전리품인 애팔래치아 산맥 너머 서부의 땅을 부정하고 있는 것과 같았다. 이로 인한 불만은 식민지들의 영국에 대한 충성심을 약해지게 만들어, 훗날 미국 독립 전쟁의 한 원인으로 작용하게 되었다.

* 쇼니족과 밍고족의 던모어 전쟁

1774년 5월에는 식민지 시대의 마지막 인디언 전쟁인 '던모어 전쟁(Lord Dunmore's War)'이 또 일어났다. 이 전쟁은 오하이오 강 남쪽까지도 자기 부족의 사냥터로 여기는 쇼니족(Shawnee) 및 밍고족(Mingo)과 이로쿼이 연맹으로부터 1768년에 정식 조약(Treaty of Fort Stanwix) 체결에 의하여 할양받아 이 지역에 정착지 개척을 추진하던 버지니아 식민지 간에 일어난 분쟁이다. 이 전쟁에서 인디언이 패함으로써 분쟁지역에서 인디언들은 사냥터를 완전히 잃고 오하이오 강 북쪽으로 후퇴하게 되었다.

* 독립전쟁으로 또다시 갈라선 인디언 부족

인디언의 땅에서 또 한 차례 전쟁의 회오리가 몰아쳤다. 동부의 13개 식민지가 영국의 지배로부터 벗어나 독립국가를 세우겠다고 전쟁을 일으켰다. 역사에서는 이 독립전쟁을 'Revolutionary War'라고 부른다. 영국과 프랑스 사이에 전쟁이 벌어졌을 때와 마찬가지로 인디언 부족들은 누구 편에 서야 할지에 대하여 고민에 빠진다. 「1763년 선언」 이후 간신히 고향에서 생존을 유지해 오던 오대호 인근과 오하이오 주변에 살고 있던 부족의 경우에는 심각한 갈등을 겪었다. 과연 어느 편이 자신들의 삶의 터전을 지켜줄 것인가의 판단에 따라 의사결정을 해야 될 텐데 이게 매우 어려운 일이었다. 영국은 인디언들에게 자신의 편에 서야 미래를 보장받을 수 있을 거라고 설득한 반면 식민지 반군은 인디언들에게 중립을 지킬 것을 요구하였다.

오랜 기간 동안 단단한 결속력을 유지해 오던 이로쿼이 연맹 부족들의 경우 이 문제에 대한 의견이 갈라져 연맹조직이 와해되었다. 영국 편에 설 것을 가장 강력히 주장한 사람은 모호크족(Mohawk) 추장 브란트(Joseph Brant)이었다. 모호크족 외에 오논다가, 카유가, 세네카 부족도 브란트의 논리에 동조하여 영국 편을 들기로 하였다. 반면에 오네이다와 투스카로라 부족은 식민지 세력에 합류하였다. 결과적으로 오랜 동지가 이제는 서로의 적이 되어 총부리를 겨누는 사태가 일어났다. 체로키족의 상당수도 영국군을 지원하는 등 미시시피 강과 애팔래치아 산맥 사이에 거주하던 대부분의 인디언들은 영국 편에 서는 쪽이 자신의 생존을 보전하는 데에 더 유리하다고 판단하여 식민지 반란군에 대항하여 전쟁을 치렀다. 미국 독립전쟁에는 두 개의 큰 전선이 있었다고 할 수 있다. 동부 13개 주에서는 식민지군이 영국군과 싸운 반면 애팔래치아 산맥 너머에서는 인디언 세력과의 전쟁을 치르고 있었다.

1775년에 시작된 독립전쟁은 1783년에 끝났다. 전쟁을 마무리 짓는 「파리조약」에 의거 미국은 신생 주권 국가로 인정받고 영국은 오대호와 세인트로렌스 강 이남과 미시시피 강 동쪽의 땅을 미국에 넘겨주었다. 이때에 1763년부터 영국이 지배해 왔던 옛 스페인 식민지 플로리다는 프랑스와 함께 미국 편을 들어 영국과 맞서 싸웠던 스페인에게 되돌려 주었다. 그러나 종전 처리 과정에서 인디언에 관하여는 아무런 언급이 없었다. 영국 편에서서 식민지군과 맞서 싸웠던 이로쿼이 연합 소속 4개 부족들은 영국의 패전으로 고향에서의 계속적인 생존이 위협받게 되자 미국을 떠나 캐나다로 넘어갔다. 영국은 그들에게 참전에 대한 보답으로 오대호 너머 그랜드 강(Grand River) 주변에 새로운 삶의 터전을 넉넉히 제공하였다.

독립전쟁 후부터 미국은 애팔래치아 산맥을 넘어 빠른 속도로 변경(fronrier)

을 서쪽으로 이동시켜 나갔다. 형식상으로는 수많은 조약을 체결함으로써 인디언들의 땅을 양보받았으나, 누구나 다 알고 있는 바와 같이 강제로 빼앗은 것과 그저 오십보백보의 차이에 불과하였다. 1784년에 체결된 「스탠윅스요새 조약(Treaty of Fort Stanwix)」에 이어 거의 매년 인디언의 땅을 양보받기 위한 조약들이 다음과 같이 줄줄이 체결되었다.

1785년, Treaty of Fort McIntosh with Wyandotte, Delaware, Chippewa and Ottawa leaders for lands in Ohio

1786년, Treaty of Fort Finney with Shawnee leaders for portions of Ohio

1788년, Phelps and Gorham Purchase with the Iroquois for lands in New York State east of the Genesee River

1789년, Treaty of Fort Harmar reiterating claims in Ohio

1794년, Treaty of Canandaigua establishing peace with the Iroquois and affirming lands rights in New York State east of the Genesee River

1797년, Treaty of Big Tree with the Iroquois for lands in New York State west of the Genesee River

조상 대대로 물려받은 자신들의 생존의 터전을 지키기 위하여 인디언들은 유럽으로부터 온 정착민에 대하여 격렬하게 저항했다. 오늘날 켄터키와 테네시 지역에서는 체로키족을 중심으로 머스코기와 촉토 등 인근의 여러 부족이 힘을 합쳐 체로키족 지도자 드래깅 카누(Dragging Canoe)의 지휘하에 독립전쟁 중 영국군에 합세하여 식민지군과 싸웠는데, 1783년 독립전쟁이 끝난 뒤에도 체로키 연합세력은 자신들의 또 다른 독립을 위하여 1795년까지 끈질기게 신생 독립국 미국과 전쟁을 벌였다.

* 오대호 지역의 Northwest Indian War

북쪽의 오대호와 오하이오 강 지역에서도 인디언의 저항은 계속되었다. 1787년 미국은 「서북영토법(Northwestern Territory Oridinance)」를 제정하여 오대호와 오하이오 강을 아우르는 넓은 땅을 본격적으로 개척하기 시작하였다. 자신의 생활터전이 백인 정착민에 의하여 에워싸이고 있는 데에 대하여 인디언들이 저항하는 과정에서 전쟁은 피할 수 없었다. 당시 대통령이었던 조지 워싱턴은 인디언들의 반란을 제압하기 위하여 하마(Josiah Harmar)와 생클레어(Arthur St. Clair) 장군의 지휘하에 많은 병력을 투입하였다. 그러나 Blue Jacket(Shawnee족), Little Turtle(Miami족), Buckongahelas(Lenape족), 그리고 Egushawa(Ottawa족)가 이끄는 인디언 연합세력에 크게 패하였다. 특히 1791년 생클레어 장군이 지휘하던 미국군은 인디언과의 전투 사상 가장 많은 사상자를 내었다. 이 전투에서 미국 측은 623명이 전사하고 258명이 부상을 입었다. 이 밖에도 군대를 따라왔던 민간인 200명도 살해당했다. 워싱턴 대통령은 세 번째로 웨인(Anthony Wayne) 장군을 다시 분쟁지역으로 파견하여 진압을 시도하였다. 웨인 장군이 이끄는 미국군이 '폴런팀버스 전투(Battle of Fallen Timbers)'에서 승리를 거둠으로써 전쟁은 끝이 났다. 전후 처리를 위하여 1795년 체결된 「그린빌 조약(Treaty of Greenville)」에 의하여 인디언들은 오늘날 오하이오 주 일대에 있던 옛 영토의 대부분을 잃게 되었다. 인디언이 미국으로부터 대가로 받은 것은 2만 불 어치의 담요, 생활용품, 가축 등이 전부였다. 역사에서는 이 전쟁을 '서북인디언 전쟁(Northwest Indian War)' 또는 '리틀터틀 전쟁(Little Turtle's War)'이라고 부른다.

* 테쿰세 전쟁

〈테쿰세〉

1768년 3월 오하이오에서 태어난 쇼니(Shawnee)족 지도자인 테쿰세(Tecumseh)는 테쿰세 전쟁과 미영 전쟁 기간 동안 광범위한 인디언 부족 연합을 이끌고 1813년 10월 5일 온타리오 테임즈 전투에서 45세로 전사할 때까지 미국에 대항하여 싸웠다. 테쿰세의 동생인 텐스콰타와(Tenskwatawa)는 인디언들에게 음주와 유럽식의 옷과 총기와 같은 백인들의 생활 방식을 배척하고 인디언 고유의 삶으로 회귀할 것을 주창했던 종교적 지도자였으며, 그의 가르침을 따른 많은 사람들이 모여들어 테쿰세의 연합은 더욱 성장하였다. 테쿰세는 북아메리카 토착민에게 속한 땅을 어떤 소수 부족이 처분한다는 것은 있을 수 없으며, 미국과 각 부족들이 맺은 모든 조약은 무효라고 주장하였다. 또한 백인의 침략을 막을 수 있는 길은 오직 모든 원주민 부족들이 한데 뭉치는 일밖에 없다고 생각하여 부족연합을 성사시키고 연맹의 지도자가 되었다. 테쿰세는 주지사였던 해리슨(William Henry Harrison)을 상대로 영토 양도조약의 부당성을 지적하고 그 폐지를 강력히 주장하였다. 두 사람은 '서북인디언 전쟁'에서 청년 미국 장교와 젊은 인디언 전사로서 서로 만난 적이 있었다. 1810년 8월 12일 빈센느(Vincennes)에서 테쿰세가 미국 정부가 사기를 쳐서 그들의 사냥터를 빼앗은 것을 비난하며 주지사 해리슨에게 한 연설은 세계적 명연설문으로 평가되어 후세 사람들에 의하여 널리 회자되고 있다. 그 연설의 요지를 소개하면 다음과 같다.

> "나는 쇼니족이다. 나의 선조들은 용맹스런 전사들이었다. 그들의 자손들 역시 용맹스런 전사들이다. 나는 내 스스로의 운명을 개척한 사람이다. 옛날에 그리고 최근까지도 이 대륙에 백인은 없었다. 이 땅은 인디언들에게 속한 땅이다. 우리는 행복한 종족이었다. 그러나 결코 만족할 줄 모르고 계속 우리 땅을 잠식해 오는 백인들에 의해 불행해지고 말았다. 이런 악한 일을 저지해 중단시키는 방법, 그 유일한 방법은 모든 인디언이 일치단결하여 이 땅에 대한 동등한 권리를 주장하는 것이다. 이 땅은 처음부터 각 부족이 사용하도록 모두에게 속한 것이기 때문에 어느 쪽도 땅을 팔 권리가 없다. 인디언끼리도 서로 팔 권리가 없다. 이방인에게는 더더욱 팔 수 없다. 인디언들이 처음 이 땅을 소유했고 이 땅이 우리 것이기 때문에 백인들은 인디언에게서 이 땅을 뺏을 아무런 권리도 없다. 인디언들이 그 땅을 판다 하더라도 그것은 모두가 승인한 것이어야 한다. 근래의 거래는 옳지 않다. 그것은 백인에게 유리한 일방적인 거래이다. 인디언들은 땅을 어떻게 팔아야 하는지를 잘 모른다. 모든 사람을 위한 거래는 모든 사람이 관여해야 한다. 모든 인디언은 점유되지 않은 땅에 대해 동등한 권리가 있다."

테쿰세는 남부지역까지 연합의 확장을 시도했다. 비록 남부 인디언 모두를 동맹에 끌어들이지는 못했지만 크리크족 중 레드스틱(Red Stick) 지파는 연합군으로 확실하게 편입시켰다. 하지만 그가 남부로 떠난 사이에 1811년 텐스콰타와가 '티피카누 전투(Battle of Tippecanoe)'에서 패하였다. 테쿰세는 돌아와서 미국에 대항하기 위해 1812년에 캐나다에 있던 영국군과 동맹하였다. 이로써 테쿰세 전쟁으로 시작된 영토 회복 전쟁은 영미전쟁으로 확대되었고 남부지역에서는 뒤에 크리크 전쟁으로 연장되어 나갔다. 영미전쟁에서 테쿰세는 디트로이트 요새의 포위에 적극적으로 참가하여 요새의 함락에 크게 기여했다. 1813년 미국인들은 해리슨 주지사의 지휘하에 캐나다 테임즈(Thames)를 침공하였으며, 테임즈에서 벌어진 전투에서 테쿰세는 전사하였다. 원한에 죽어간 테쿰세는 '테쿰세의 저주'라는 유명한 전설을 남겼다. 이 저주는 테쿰세의 죽음 후 20의 배수 해에 당선되는 대통령은 재임 중에 암살되거나 병사한다는 내용인데, 과거를 돌아보면 매우 흥미로운 사실을 발견하게 된다. 1840년에 당선된 윌리엄 헨리 해리슨(테쿰세를 죽인 장본인)은 1841년에 폐렴으로 죽었다. 1860년에 당선된 에이브러햄 링컨은 1865년에 존 윌크스 부스에게 암살당했다. 1880년에 당선된 제임스 가필드는 1881년에 찰스 기토에게 암살당했다. 1900년에 재선된 윌리엄 맥킨리는 1901년에 레온 촐고츠에게 암살당했다. 1920년에 당선된 워런 하딩은 1923년에 심장마비로 죽었다. 1940년에 재선된 프랭클린 루스벨트는 1945년에 뇌출혈로 죽었다. 1960년에 당선된 존 F. 케네디는 1963년에 오스월드에게 암살당했다.

해리슨도 테쿰세를 '흔히 볼 수 없는 천재들 중의 하나'라고 칭찬을 아끼지 않았다. 역사에서는 흔히 난세에 영웅이 태어난다고들 하는데 테쿰세야말로 인디언들의 생존을 백인들의 위협으로부터 지켜내기 위하여 몸부림치던 힘든 시기에 조직적인 저항운동을 혼신의 힘으로 지휘하였던 인디언의 큰 지도자로 평가받고 있다. 미군의 최고 사령관에 올랐던 셔먼(William Tecumseh Sherman) 대전사의 중간 이름에 테쿰세가 포함되어 있는데, 셔먼의 아버지가 테쿰세를 흠모하여 아들의 이름에 넣었다고 한다.

* 영미전쟁

테쿰세의 항쟁으로부터 촉발된 영미전쟁('War of 1812'라고도 부름)은 공식적으로는 1812년 6월 18일 미국이 영국에 선전 포고를 하면서 전쟁이 시작되었다. 영국은 캐나다 식민지를 안전하게 유지하기 위하여 오대호 주변지역 이른바 '서북(Northwest)' 지역을 인디언의 영토로 인정하여 중립적 완충지역으로 삼고자 한 반면에, 미국 측으로서는 이번 기회에 영국으로부터 진정한 독립을 재확인하고 분쟁지역에서 인디언들이 유럽인들을 더 이상 괴롭히지 않도록 쐐기를 박고, 내친 김에 캐나다까지 미국 땅으로 편입시키려는 욕심도 가지고 있었다. 2년 넘게 지속된 이 전쟁은 어느 한쪽의 일방적인 승리가 없이 무승부로 끝나고 모든 조건은 전쟁 이전 상태로 돌아갈 것을 「겐트 종전협정(Treaty of Ghent, 1814년 12월 24일)」에서 규정하였다.

테쿰세 전쟁의 연장선상에서 발생한 크리크 전쟁은 1813년 부족 간 정치적 노선 차이로 인한 내전에서 시작되었다. 크리크족은 소위 문명화된 5개 인디언 부족 중 하나로 일찍이 유럽인의 생활방식을 받아들여 왔었는데 레드 스틱(Red Stick) 지파는 이와는 달리 자신들의 정체성을 지켜 나가는 길을 주장하면서 갈등을 빚게 되어 전쟁에까지 이르게 된다. 영국 측이 레드 스틱 지파를 적극적으로 지원하고 미국의 민병대가 가담함으로써 이 전쟁은 영미전쟁의 한 전선을 이루게 되었다. 레드스틱 인디언들이 '호스슈벤드 전투(Battle of Horseshoe Bend)'에서 패함으로써 전쟁은 끝났다. 1814년 8월에 종전협정으로 맺어진 「잭슨요새 조약(Treaty of Fort Jackson)」에 의하여 미국은 인디언으로부터 조지아와 앨라배마에 걸쳐 남한 전체 면적에 가까운 2천 1백만 에이커 이상의 땅을 할양받았다. 당시 미국군의 총책임자였던 잭슨(Andrew Jackson)은 영미전쟁과 크리크 전쟁에서 대승하여 큰 전리품을 챙기고 또 뒤에 발생한 세미놀 전쟁에서도 미국을 승리로 이끎으로써 일약 전쟁 스타로 부상하였으며 이 인기는 1828년의 대통령 당선으로 이어졌다. 그는 1830년대에 들어와서는 인디언격리정책을 본격적으로 추진한 탓에 인디언들에게는 악명이 높은 사람으로 기억되고 있다.

* 60년 전쟁의 종말

역사학자인 스캇스(David Skaggs)는 1754년에 시작된 영국과 프랑스간의 식민지 전쟁부터 1814년에 끝난 '1812년 전쟁(War of 1812)'까지 있었던 6개의 전쟁을 모두 같은 유형의 전쟁으로 파악하여 '60년 전쟁'으로 불렀다. 60년간에 걸쳐 오대호 주변 땅에서 벌어진 인디언들의 생존을 유지하기 위한 처절한 항쟁은 사실상 끝났다. 앞에 맺어진 조약의 잉크가 채 마르기도 전에 다음 조약이 맺어질 정도로 외형상으로만 보면 합법적으로 보이지만 강압에 못 이겨 어쩔 수 없이 맺어진 수많은 조약에 의하여 정착민들은 옛 인디언의 안방을 차지하게 되었다. 그곳에 살던 인디언들은 고향을 떠나 미국이 내어준 인디언 보호구역으로 수용되거나 미시시피 강을 건너 서쪽으로 이주하였다.

* 블랙호크 전쟁(Black Hawk War)

그러나 '1812년 전쟁' 후에 이 지역에서 인디언의 저항이 전혀 없었던 것은 아니다. 1827년에는 미시시피 강 상류 오늘날 위스콘신 주에서 '위네바고 전쟁(Winnebago War)'이라고 불리는 비교적 작은 규모의 충돌이 있었고, 다시 5년 뒤인 1832년에는 '블랙호크 전쟁'이 발발하였다. 블랙호크가 이끄는 소크(Sauk) 부족이 아이오와로부터 미시시피 강 건너 옛 고향인 일리노이로 들어와 재정착을 시도하면서 미국인들과 충돌이 발생하였다. 당연한 결과로 미국은 비교적 쉽게 소크족을 제압하였다. 이 전쟁으로 미국 측의 피해는 미미하였지만 소크족은 수백 명이 사망하였다. 블랙호크 전쟁은 곧 이어 인디언 격리를 실행에 옮기게 되는 하나의 빌미를 제공했다는 평가를 받고 있다.

미국 역사상 가장 훌륭한 대통령으로 평가받고 있는 링컨(Abraham Lincoln)은 약 석 달 동안 민병대 지휘관으로 블랙호크 전투에 참전하였다. 그는 참전 공로로 미국정부로부터 땅을 증여받기도 하였다. 그는 한 중대를 지휘했는데, 이전에 아무런 전투경험이 없었음에도 불구하고 매우 능력 있는 지휘관으로 평가받았다고 한다.

* 플로리다 세미놀 부족의 수난

플로리다는 처음 스페인의 식민지로 개척되었다. 1754년부터 1763년까지 지속되었던 영국과 프랑스와의 7년 전쟁에서 스페인은 프랑스 편에 서서 영국과 싸웠는데 프랑스 연합군이 패배함으로써 플로리다의 지배권이 영국으로 넘어왔었다. 그러나 미국의 독립전쟁에서 영국이 식민지세력에 패배함으로써 전쟁에서 식민지 편을 들었던 스페인이 1783년 베르사이유조약에 의거 플로리다를 되찾게 된다.

플로리다 지역의 중심 부족은 세미놀(Seminole)족으로 그들은 매우 개방적이어서 크리크 전쟁에서 후퇴한 붉은 막대기(Red Stick) 지파를 비롯하여 도망쳐 나온 아프리카 출신 흑인 노예들이 자유를 찾아 미국을 빠져나와 플로리다 세미놀 부족의 영역으로 많이 모여 들었다. 세미놀 부족의 품으로 들어온 흑인들은 블랙 세미놀이라 불렀는데 이들과 인디언 간에 결혼하는 경우도 많았다. 플로리다 지역 인디언들이 이따금 국경을 넘어 조지아나 캐롤라이나 정착민을 공격하자 미국은 플로리다를 침범하여 세미놀 족과 전쟁을 벌였다. 이 전쟁은 1814년부터 1819년까지 계속되었는데 흔히 제1차 세미놀전쟁으로 불린다. 이 전쟁의 결과로 스페인은 텍사스에서의 기득권을 보장받는 대가로 플로리다의 지배권을 미국에 넘기게 된다.

1835년 말부터 1842년까지 세미놀족은 미국과 두 번째 전쟁을 치렀다. 앤드루 잭슨이 대통령이 된 후 본격적으로 밀어붙인 인디언 격리정책에 따라 플로리다의 세미놀족도 미시시피 강 서쪽으로 강제 이주시킬 것을 추진하였다. 그러나 세미놀은 이 정책에 순순히 응하지 않았다. 인디언들의 격렬한 저항은 전쟁으로 이어질 수밖에 없었다. 제2차 세미놀전쟁에서 미국은 엄청난 대가를 치렀다. 7년간 쓰인 전쟁비용은 2천만 내지 4천만 달러로서 당시로서는 천문학적인 규모였다고 한다. 이 시기에 약 3천 명의 세미놀 인디언과 약 8백 명의 흑인 세미놀이 강제 이주를 당했다고 한다. 끝까지 저항한 수백 명의 인디언들은 남서부에 마련된 비공식 인디언보호구역으로 수용되었다.

1855년 말에는 제3차 세미놀전쟁으로 불리는 충돌이 또 발생하였다. 이 전쟁은 1858년까지 비교적 작은 규모로 진행되었는데 전쟁의 결과로 163명이 뉴올리언스행 배를 타고 강제 이주의 길에 올랐다.

6 _ 눈물의 길

* 체로키족의 수난

전쟁영웅으로 이름을 날렸던 앤드루 잭슨이 1828년에 대통령에 당선되면서 인디언들은 혹독한 시련의 계절을 만나게 된다. 잭슨 재임 시절의 미국은 인디언과 흑인을 희생양으로 삼아 영토 확장과 국력증강에만 골몰하는 백인 정착민들의 전쟁국가와 크게 다르지 않았다. 이런 분위기에 편승하여 조지아 주가 체로키족의 존재를 원천적으로 지우기를 추진하고 나섰다. 조지아 주 방위군의 지원하에 금을 채굴하려는 백인들이 마음대로 체로키 영토를 침범해 들어왔다. 1830년에 앤드루 잭슨의 「인디언 강제이주법(Indian Removal Act)」이 북부 출신 양심 있는 의원들의 반대에도 불구하고 연방의회에서 근소한 표차로 통과되었다.

체로키 부족은 촉토, 치카소, 크리크, 세미놀족과 함께 소위 '5개의 문명화된 인디언 부족' 중 하나이다. 연방정부에 의하여 인디언 강제이주가 추진되자 체로키족을 제외한 나머지 4개 인디언 부족들의 대부분은 어쩔 수 없는 운명으로 받아들여 1830년에서 1832년에 걸쳐 그들의 고향을 떠나 오늘날 오클라호마(오클라는 붉은색을 뜻하고 호마는 사람을 뜻하는 인디언 말)에 있는 인디언의 땅(Indian Territory)으로 이주하였지만 체로키족은 평화적인 방법으로 북부에서 온 헌신적인 우스터(Worcester) 선교사 등의 지원을 받으며 또 법률적으로 대항하면서 항복하지 않고 끝까지 버텼다. 1828년에 대추장으로 뽑힌 존 로스(John Ross: 스코틀랜드계 아버지와 체로키족 어머니 사이에서 태어남)는 강제 이주에 끝까지 맞서 싸우기로 다짐하고 워싱턴으로 달려가 연방 대법원에 소송을 제기했다.

연방 대법원장 마셜(John Marshall)은 역사적인 두 재판, 곧 1831년의 '체로키족 대 조지아 주 사건'과 1832년의 '우스터 선교사 대 조지아 주 사건'에서 오늘날까지 미국 원주민의 정치적 지위를 결정짓는 유명한 판결을 내렸다. 첫 번째 판결에서 그는 인디언은 외국인과는 다른 내국 속민이라고 판결했는데 인디언과 그들의 영토는 연방 정부 하에서 연방 소속의 개별적인 주들과 병렬적으로 존재하는 준독립보호령이라는 뜻으로 해석된다. 두 번째 사건에서는 조지아 주의 법률은 체로키족의 영토에서는 효력이 없다고 판결했다. 이때 앤드루 잭슨 대통령은 "어허 마셜이 그런 판결을 내렸다고? 그럼 자기가 그렇게 집행해 보라지!(John Marshall has made his decision; now let him enforce it!)" 이쯤 되면 오늘날의 잣대로 보면 탄핵감이 될 텐데, 당시의 시대 상황에서는 별로 문제 삼는 사람이 없었던 것 같다.

체로키족도 백인들의 폭력과 협박에 못 이겨 1836년 말까지 약 6천 명의 체로키족이 인디언의 땅으로 이주하였으나 나머지 1만 7천 명의 체로키족은 끝까지 버텼다. 많은 미국의 양심적인 백인들은 일부 강제이주에 찬성하는 소수의 체로키족 대표들만이 서명한 「뉴에코타 조약(Treaty of New Echota)」

〈눈물의 길(Trail of Tears) 안내판〉

에 문제가 있다고 생각하여 의회에 대하여 체로키족의 강제이주를 집행하지 말 것을 촉구했다. 예를 들면, 1838년 4월 23일, 당시 미국의 대표적인 지식인이었던 매사추세츠 콩코드 출신의 랄프 왈도 에머슨(Ralph Waldo Emerson)은 잭슨 대통령의 후계자인 마틴 밴 뷰런(Martin Van Buren) 대통령에게 편지를 써서 체로키족에 대한 엄청난 불법 행위를 행사하지 말 것을 호소했다. 그럼에도 불구하고, 뷰런 대통령은 윈필드 스콧(Winfield Scott) 장군에게 강제 이주 작전을 지휘하게 했다. 스콧은 약 7000명의 병력을 이끌고 5월 17일 뉴에코타에 도착했다. 약 17,000명의 체로키 인디언과 체로키족이 소유하고 있던 약 2000명의 흑인 노예들은 살던 집에서 끌려나와 캠프에 수용되었다. 대부분은 짐도 제대로 챙겨오지 못했다. 캠프로 끌려온 인디언들은 몇 개의 무리로 나누어 수천 킬로미터에 이르는 강제이주의 길에 올랐는데, 특히 전염병이 창궐하는 한여름과 겨울 추위 속에 이동했던 인디언들이 큰 어려움을 겪었다. 강제이주의 험난했던 길을 훗날 사람들은 '눈물의 길(Trail of Tears)'이라고 이름을 붙였다. 이 '눈물의 길'은 앞으로 계속될 인디언들의 고난의 '길'의 시작이었다.

눈물의 길에서 사망한 사람의 숫자에 대해서는 여러 가지 추측이 있다. 눈물의 길에 동행했던 미국인 의사이자 선교사였던 엘리저 버틀러(Elizur Butler)는 캠프에서 2000명, 이주 도중에 2000명이 죽었다고 추정했다. 그래서 총 4000명이라는 숫자가 자주 인용되게 되었다. 눈물의 길은 미국 역사상 가장 불행한 이야기 중 하나로 일반적으로 알려져 있다. 이 사건을 기념하기 위해 미국 의회는 1987년에 '눈물의 길 국립 역사의 길(Trail of Tears National Historic Trail)'을 지정했다. 이 도로는 9개의 주에 걸쳐 있으며, 길이는 총 3540km에 달한다. 2009년에 미국 의회는 과거의 '인디언 부족에 대한 미국 정부의 잘못된 정책'에 대해 "미국을 대신하여 원주민에게 사죄한다"라는 결의안을 통과시켰고, 오바마 대통령도 이 결의안에 서명했다.

일등병 계급의 한 젊은 미군 병사로서 눈물의 길을 따라갔던 버네트(John G. Burnett)는 1890년 12월 11일에 그의 80회 생일을 맞아 그의 자손들에게 눈물의 길에 관한 회고담을 들려주었다. 그 회고담에는 눈물 없이는 읽기 어려울 정도의 슬프고 슬픈 이야기들로 가득 차 있다. 그가 들려준 사연을 요약하면 다음과 같다.

> 나는 테네시 주에서 태어나 숲에서 짐승을 사냥하고 개울에서 낚시하면서 원시 자연의 품속에서 젊은 시절을 보냈다. 인근의 체로키 인디언들과 어울리면서 체로키 말도 익혔다.
>
> 세월이 흘러 말단 군인이 된 나는 체로키 말을 할 줄 알았기에 1838년 5월 인디언 강제이주작전에 통역병 보직으로 명령을 받아 역사적인 끔찍한 눈물의 길 현장을 목격하게 되었다. 나는 아무 죄 없는 체로키족들이 미군의 총검 앞에서 속수무책으로 자기네 집에서 붙잡혀 나와 강제로 우리 속으로 수용되는 것을 보았다. 또한 찬 이슬비가 내리는 10월의 어느 아침에 마치 소나 양처럼 645개의 마차에 실려서 서쪽으로 떠나는 것을 보았다. 체로키족 아이들은 다시는 고향으로 돌아올 수 없다는 것을 알기에 산속에 있는 그들의 집을 향해서 작은 손들을 흔들며 떠났다. 이 불쌍한 인디언들의 많은 숫자는 담요도 없었고 신발도 못 챙긴 채 집에서 쫓겨 나왔었다.
>
> 특히 11월 17일 마지막으로 수용소를 떠나 이듬해인 1839년 3월 26일에 오클

라호마에 도착한 체로키족의 경우 눈 폭풍과 영하의 날씨로 인하여 고통이 더 심했다. 이 강제추방의 길은 바로 죽음의 길이었다. 밤에는 불도 피우지 못하고 마차 위나 땅위에서 자야만 했다. 나는 하룻밤 사이에 추위 등으로 22명이 목숨을 잃는 것도 목격했다. 체로키족 추장인 존 로스의 부인인 엘리자베스(Elizabeth "Quatie" Brown Ross)는 그가 가지고 있던 단 한 장의 담요를 아픈 어린이에게 덮어주고 본인은 밤새 추위에 떨었다. 감기에 걸린 로스 부인은 폐렴으로 악화되어 1839년 2월 1일 세상을 떠났다. 나는 행군 도중에 체로키 부족의 고통을 덜어주기 위하여 일등병으로서 할 수 있는 최선을 다했다. 아픈 아이에게는 내 외투를 덮어주기도 했다. 끔찍한 강제이주는 도중에 4000개의 무덤을 만든 후 1839년 3월 26일에 끝났다.

긴 행군 도중 딱 한 가지 불상사가 발생했다. 맥도날(McDonal)이라는 이름을 가진 마차꾼은 성미가 포악하여 인디언에게 채찍을 휘둘렀다. 그를 제지하는 과정에서 나하고도 싸우게 되었는데 나한테도 채찍질을 해서 얼굴에 생채기를 내기에 내가 가지고 있던 손도끼로 기절을 시켜 버렸다.

스페인의 침략자 데소토가 미국남부지역을 탐험했을 때부터 스모키산(Smoky Mountain) 어딘가에 많은 금이 숨겨져 있다는 전설이 있었는데 그 말은 사실이었다. 1832년 한 소년이 워드크리크(Ward Creek)에서 금조각을 하나 주워 백인 중간상에게 넘긴 사건은 앞으로 체로키족이 당하게 될 길고 힘든 시련의 단초가 되었다. 그 후로 온갖 불한당들이 금을 찾기 위하여 인디언의 집과 땅을 헤집고 다니며 무수히 악행을 저질렀다. 종국에는 체로키족을 아예 스모키산에서 완전히 제거하기를 백인들은 원했다.

동부 체로키족의 추장 주날루스카(Junaluska)는 잭슨 대통령과 개인적으로 아는 사이였다. 1814년 크리크 전쟁 중 '호스슈(Horseshoe) 전투'에서 잭슨이 크리크족에게 죽임을 당할 찰나에 주날루스카 추장이 그의 토마호크 도끼를

휘둘러 극적으로 구출하였다. 주날루스카는 체로키 네이션의 특사자격으로 잭슨을 찾아가서 위기에 처한 체로키를 구해 달라고 읍소했다. 그러나 지난날 생명의 은인에게 이미 결정된 사실이니 자기로서는 여기에 대하여 할 수 있는 것이 아무것도 없다는 싸늘한 대답만 들려주었을 따름이었다. 주날루스카는 체로키족이 겪는 참상을 직접 보면서 눈물을 흘리며 하늘을 올려보면서 절규하였다. "오, 신이시여, 내가 오늘과 같은 비극이 일어날 것을 호스슈전장에서 미리 알았더라면 미국의 역사는 달리 써졌을 텐데……"라고.

오늘 이 시점에서 젊은이들은 그때 있었던 일을 잘 모른다. 우리가 살고 있는 이 땅이 백인들의 탐욕을 채우기 위하여 저항할 수 없는 체로키족으로부터 총검으로 강탈한 것이란 사실을 어린 학생들은 모른다.

강제이주로부터 25년 뒤 남북전쟁에서 남군의 전투복을 입은 체로키병사들을 만났다. 강제이주 당시 어린 소년이었던 그들은 단번에 나를 알아보고는 "우리들에게 잘해주신 군인"이라고 반갑게 맞아주었다. 우리는 체로키말로 한참을 이야기했는데 1863년 당시 로스가 아직까지 추장직을 맡고 있다는 사실도 전해 들었다. 그가 지금까지도 생존해 있는지 궁금하다. 로스야말로 오로지 체로키족의 보호에만 온 몸과 영혼을 바친 참지도자였다고 생각한다.

스콧 장군이 4천 명의 정규군과 3천 명의 지원병을 끌고 체로키의 땅으로 들이닥쳤을 때에도 몇몇 체로키족은 용케도 깊은 산속으로 숨어들어갔다. 나는 그들을 직접 찾아가서 만나고 싶었다. 한 해 두 해 미루다 보니 지금은 기력이 약해져서 그렇게 먼 데까지 갈 수 없게 돼 버렸다. 나는 결코 내 총과 칼로 인디언을 해친 적이 없다고 진실로 말할 수 있다. 가련한 체로키 인디언들이 도움을 필요로 할 때 나는 내가 할 수 있는 모든 것을 다함으로써 '체로키에게 잘해준 병사'가 되려고 노력했다.

불한당이 저질렀든 제복 입은 군인이 행군 나팔소리 속에서 저질렀든 살인은 살인일 뿐이다. 따라서 누군가는 대답해야 한다. 1839년에 흘린 인디언의 피에 대하여 누군가는 설명해야 한다. 추방의 길에서 죽어간 4천 명의 무덤에 대하여도 누군가는 설명해야 한다. 나는 그때의 악몽을 잊어버리고 싶다. 그러나 내 눈에 지금도 어른거리는 얼어붙은 땅위로 645대의 마차에 태워져 죽음의 길에 오르던 체로키족의 모습을 지울 수가 없다.

후세의 역사가들이 이 슬픈 이야기를 잘 전해 주기 바란다. 위대한 심판자가 우리가 저지른 행동을 엄격히 평가하여 그 대가를 치르게 해 주기를 바란다.

내 자손들이여, 이것이 내가 약속했던 생일 이야기의 끝이다.

1890년 12월 11일.

'레이더스(Paul Revere & the Raiders)'라는 이름을 가진 록밴드는 1971년에 체로키 인디언의 비극적 운명을 노래하는 '인디언보호구역(Indian Reservation)'을 발표하여 큰 히트를 기록하였는데 7월 24일에는 빌보드챠트 1위에까지 올라갔다. 슬픈 사연으로 가득찬 가사 내용을 살펴보면 다음과 같다.

They took the whole Cherokee nation
put us on this reservation
Took away our ways of life, tomahawk
and the bow and knife
Took away our native tongue
taught their English to our young
And all the beads we made by hand
are nowadays made in Japan
Cherokee people, Cherokee tribe

so proud to live, so proud to die

They took the whole Indian nation

locked us on this reservation

Though I wear a shirt and tie

I'm still part redman deep inside

Cherokee people, Cherokee tribe

so proud to live, so proud to die

But maybe someday when they've learned

Cherokee Nation will return

Will return, will return

Will return, will return

그들은 체로키 땅 전부를 가져갔네

우리를 이 보호구역에 집어놓고

우리의 생활 방식, 손도끼

그리고 활과 칼마저 가져가 버렸네

우리 고유의 말도 빼앗고

우리 아이들에게 영어를 가르쳤네

그리고 우리가 손으로 꿴 구슬들은

지금은 일본에서 만들어 내고 있다네

체로키 사람들, 체로키 부족

자랑스럽게 살고 자랑스럽게 죽네

그들은 인디안 나라의 전부를 가져갔네

우리를 이 보호구역에 가둬놓고

내가 셔츠와 타이를 걸치긴 하지만
나는 아직도 가슴 깊은 곳에선 인디안이라네
체로키 사람들, 체로키 부족
자랑스럽게 살고 자랑스럽게 죽네
그러나 아마도 언젠가 그들이 깨닫게 되면
체로키 나라는 다시 살아나리다
다시 살아나리다
다시 살아나리다

* 문명화된 5개 부족

체로키(Cherokee), 치카소(Chickasaw), 촉토(Choctaw), 크리크(Creek; Muscogee), 그리고 세미놀(Seminole)을 흔히 '5개의 문명화된 인디언 부족(Five Civilized Tribes)'으로 부른다. 영국계 이민자들의 잣대로 볼 때 유럽의 문명을 받아들여 백인들의 생활방식을 따르는 인디언이라고 생각했기 때문에 붙여진 이름이다. 말하자면 이들은 시대 조류의 변화를 잘 파악하여 유럽식 문물을 받아들이지 않으면 생존을 계속해 나가기 어려울 것으로 판단한 현실에 충실했던 인디언식 개혁주의자인 셈이다. 반대파 크리크족과는 전쟁을 치르기도 하였지만 대체로 이들 5개 부족은 유럽 이민자들로부터 인간적인 처우를 받았으며 백인과 결혼하는 예도 많았다. 일부 인디언들은 대규모 농장을 운영하면서 흑인노예까지 부리기도 하였다. 그러나 1830년대에 들어와서는 백인들의 끝모르는 탐욕에 희생되어 모두 고향 땅에서 쫓겨나 홍인종의 땅이라는 의미를 갖는 오클라호마로 강제이주를 당하고 만다. 오늘날의 잣대로 보면 이와 같은 강제이주도 일종의 인종청소가 될 수 있을 것이다.

〈세콰이야(Sequoyah)〉

〈체로키 문자〉

5개 부족 중 체로키족이 백인의 생활방식에 가장 가까이 가 있었는데 여기에는 한 걸출한 인재의 역할이 컸다. 세콰이야(Sequoyah)라는 선각자는 체로키 말을 기록할 수 있는 체로키문자를 고안하였다. 체로키 네이션은 1825년에 이 문자체계를 체로키의 공식문자로 지정하였다. 체로키 네이션은 1828년부터 우스터(Worcester) 선교사와 힘을 합쳐 체로키 네이션의 수도였던 에코타(Echota)에서 「체로키 피닉스(Cherokee Phoenix)」라는 신문을 발행하기 시작하였다. 이 신문은 체로키 문자와 영어를 함께 사용하였다. 조지아주 정부는 우스터가 조지아 주법을 어기고 불법적으로 체로키족 영토로 들어와서 인디언들을 돕고 있는 데에 대한 죄를 물어 체포하여 투옥시켰다.

체로키족이 강제추방으로 어려웠던 시기에는 발행이 중단된 적이 있었지만 이 신문은 오늘날까지도 인터넷신문 발행으로 그 맥을 이어가고 있다.

남북전쟁이 발발하였을 때 이들 5개 부족은 과거에 남부 연합소속 세력으로부터 엄청난 박해를 받았음에도 불구하고 미워도 다시 한 번인지는 몰라도 남부군에 가담하여 북군과 싸웠다. 물론 북부에서 거의 백인 문화에 동화되어 살아가던 대부분의 인디언 부족들은 북군 편에 가담하였다.

7_ 대평원 전쟁의 서막

* 미국의 영토 확장 과정

미국의 영토 확장 자체는 본서가 다루고자 하는 범위 밖에 있으나, 미국의 계속되는 팽창으로 인하여 오래전부터 그곳에 살고 있던 원주민들의 생존에 대한 위협이 증대되었기 때문에 이 내용을 잠깐 살펴보기로 한다. 버지니아의 작은 정착마을에서 시작된 미국은 200여 년이 지나자 미국의 동부와 남부는 미국화가 완성되었고 1800년대 중반부터는 미시시피 강을 건너고 평원을 가로질러 서부로 본격적으로 진출하였다. 이 과정에서 지금까지는 유럽에서 건너온 백인들과의 충돌 없이 전통적인 생활방식을 유지해 왔던 평원 인디언 부족과 멕시코로부터 양보받은 구 스페인식민지에 살던 인디언 부족에게도 시련의 계절이 시작되었다.

독립 이전 식민지시절의 미국 땅은 대체로 대서양 연안에서 애팔래치아 산맥까지이었다. 독립전쟁에 승리하면서 「1783년의 파리조약」에 의거 영국으로부터 미시시피 강 동쪽의 땅을 모두 양도받았다. 1803년에는 미시시피 강에서부터 로키 산맥에 이르는 루이지애나를 프랑스로부터 매입하였다. 한때 프랑스는 루이지애나 땅에 강력한 식민지를 건설하려는 큰 꿈이 있었으나 유럽 내에서 계속된 전쟁으로 재정이 매우 어려워진데다가 미국이 빠른 속도로 성장해가는 것을 보고는 그 꿈을 접는 쪽으로 기울고 있었다. 한편 미국은 미시시피 강을 이용한 원활한 수상교통로를 확보하기 위해서 미시시피 강 입구에 위치한 뉴올리언스를 프랑스로부터 매입하기를 원하고 있었다. 뉴올리언스 매입사절이 프랑스를 방문하였을 때에 나폴레옹은 루이지애나 전부를 사갈 것을 미국 측에 제의하였고 우여곡절 끝에 미국이 그 제의를 받아들이면서 루이지애나가 미국의 영토가 되었다.

매입된 토지는 한반도면적의 열 배나 되었는데 매입비용은 1500만 달러에 지나지 않았다. 1km²당 7달러에 해당하는 돈이었다. 그런데 인디언의 시각에서 이 거래를 쳐다보면, 남의 나라와 땅을 사고팔다니 조선 후기 대동강 물을 팔아먹었다는 봉이 김 선달의 행태와 닮았다고 생각하지 않았을까? 아니면 훔친 것이나 진배없는 미시시피 강 서쪽 땅을 헐값에 매매한 장물아비들이라고 생각하지는 않았을까?

1818년 영국과의 협정에 의하여 북쪽의 국경을 북위 49도선으로 직선화시키면서 미국이 내준 땅보다 더 많은 땅을 얻었고 1846년에는 영국과 맺어진 '오리건 조약'에 의거 그동안 서로 자기네 영토라고 주장해 오던 서북부 지역에서도 북위 49도를 기준으로 그 이남의 땅을 미국의 영토로 확정지었다.

텍사스는 스페인의 침입 이래 줄곳 스페인의 지배를 받아왔으며 1821년에 멕시코가 스페인으로부터 독립한 후로는 멕시코 영토 일부가 되었다. 그런데 1820년대 이후 많은 미국인들이 텍사스로 이주해와서 정착마을을 건설하였다. 미국인의 세력이 충분히 커지자 이들은 멕시코와 전쟁을 벌여 승

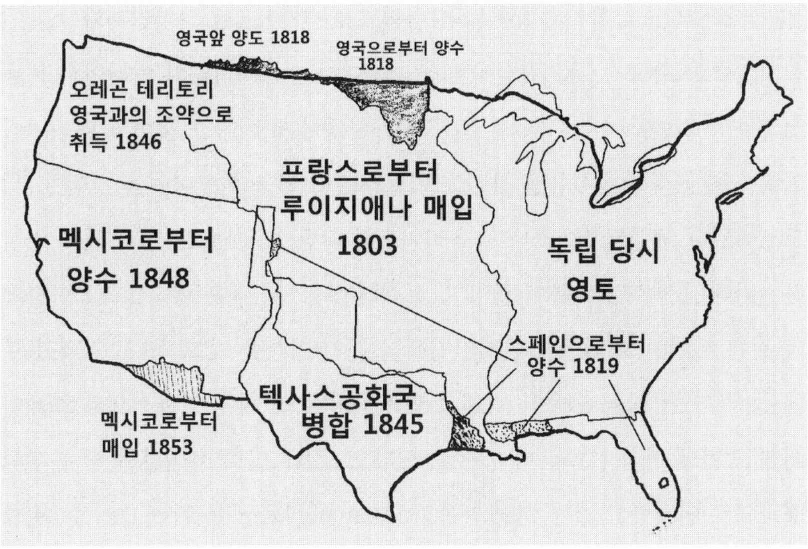

〈미국의 영토 확장 과정〉

리함으로써 텍사스공화국을 건설하였다. 텍사스공화국은 미국의 한 주로 편입되기를 원하였다. 미국의 입장은 찬반이 엇갈렸다. 우여곡절 끝에 1845년 12월 29일 미국은 텍사스공화국을 미합중국에 편입시켰다. 이로써 미국과 멕시코 사이의 외교관계는 파탄 나고 멕시코와 텍사스 주 간의 국경설정 문제를 둘러싼 분쟁은 결국 전쟁으로 이어졌다. 미국은 비교적 쉽게 멕시코를 물리쳤으며, 1848년 2월 2일 체결된 강화조약(Treaty of Guadalupe Hidalgo)에 의거 캘리포니아, 유타, 애리조나, 네바다, 콜로라도와 뉴멕시코 등을 포함한 남서부의 광대한 땅을 차지하게 되었다. 이로써 오늘날과 같은 미국 본토의 영토가 완성되었다.

인디언의 부족이름이나 산이나 강과 같은 지리적인 이름들 중 영어식 이름보다는 스페인어나 프랑스어 식으로 표기되는 경우가 더 흔하다. 그 이

유는 미국의 영토 확장과정에서 본 바와 같이 과거 프랑스 식민지와 스페인 식민지를 미합중국으로 편입시켰기 때문이다. 어떤 지역의 인디언과 처음 접촉한 유럽인들이 자기네 방식대로 그 부족에게 이름을 붙이고 마을이나 지형지물에 대하여 이름을 붙이는 것은 자연스러운 현상이었을 것이다. 디트로이트나 세인트루이스나 뉴올리언스와 같은 도시는 프랑스인들이 건설하였기에 프랑스식 이름이 붙었고, 로스앤젤레스나 샌프란시스코나 산타페와 같은 도시는 스페인 식민지였기에 스페인 이름을 갖고 있다. 인디언 부족 중 가장 큰 땅과 인구를 가지고 있는 나바호의 경우 일반적으로 스페인어식 표기에 따라 Navajo라고 쓰고 있다. 그런데 인디언 역사서 중 불후의 명작으로 인정받고 있는 디 브라운의 「Bury my heart at Wounded Knee」에서는 'Navaho'라고 표기하고 있다.

* 로키 산맥을 넘는 옛길들

일부 탐험가들을 제외하면 1840년대까지는 대평원지역을 가로질러 서부로 향하는 이민자들은 별로 없었다. 1803년에 프랑스로부터 매입한 루이지애나, 곧 미시시피 강부터 로키 산맥에 이르는 땅 중에서 대체로 서경 100도를 기준으로 그 서쪽 지역은 연간 강수량이 500ml 이하의 건조한 초원지대라서 정착하여 농토를 일구기에는 부적합하다고 백인 이민자들은 생각하였다. 백인들은 별로 쓸모없는 땅으로 여겼기 때문에 1830년대부터 불기 시작한 인디언제거정책에 의하여 동부의 고향땅을 백인에게 내줄 수밖에 없었던 인디언들이 그 땅으로 이주해 와서 살도록 허용하였다. 그리하여 광활한 대평원의 거의 전부가 인디언의 땅, 즉 Indian Territory라 불리게 되었다.

그런데 1848년 캘리포니아에서 금광이 발견되면서 사정이 달라졌다. 수

많은 백인 이민자들은 노다지의 꿈을 안고 캘리포니아로 몰려들었다. 동서간의 교통로가 제대로 없던 시절이라 동부에 살던 사람들은 배를 타고 남아메리카를 돌아오거나 대륙의 폭이 좁아지는 파나마까지 배로 가서 거기서 육로로 태평양으로 빠져나와 다시 배를 타고 캘리포니아로 들어가는 경우도 있었다. 육로를 택한 사람들은 포장마차를 타고 로키 산맥을 넘어 이른바 캘리포니아 트레일을 따라 서부로 이주하였다.

여기서 잠깐 로키 산맥을 넘어 대평원과 태평양을 연결하는 서부의 옛길을 살펴보자. 1846년에 지금의 워싱턴 주와 오리건 주가 미국 영토로 확정되기 전까지는 미국과 영국이 서로 자기네 영토라고 주장하고 있는 회색지역이었다. 미시시피 강 동쪽으로 대서양까지는 먼저 온 이민자들이 토지를 선점하고 정착해 버렸기 때문에 뒤늦게 온 이민자들은 새로운 땅을 찾아야 했다. 대평원지역(Great Plains)은 강수량 부족으로 농업에 적합하지 않은 것으로 알려져 있었던 반면에, 로키 산맥을 넘어 오리건 지역으로 가면 자연환경이 사람이 살기에 적합하다는 사실이 알려지면서 조금씩 이민자들이 대평원을 거쳐 이른바 오리건 옛길, 곧 Oregon Trail을 따라 북서부지역으로 이동하였다. Oregon Trail은 1810년대부터 산과 들에서 야생동물을 포획하여 모피를 구하는 산사람(mountain man)들에 의하여 개척되기 시작하였다. 이민자들이 이런 옛길을 걸어서 혹은 말을 타고 서부로 이주하였다. 점차 옛길들이 개량되어 1840년대부터는 마차가 다닐 수 있게 되었다. 우리가 흔히 서부영화에서 보았던 포장마차가 이 시대에 이 지역에서 등장하게 된다. 존 포드가 감독하고 존 웨인이 주연으로 등장하는 「역마차(Stagecoach)」라는 영화에서 보듯이 대중교통수단으로서 오늘날 시외버스와 같은 기능을 담당하는 역마차도 운행되기 시작하고 때로는 포장마차 수십 대가 하나의 행렬로 오가기도 했는데 이를 마차열차(wagon train)라고 불렀다.

이 시대의 옛길은 매우 위험한 길이었다. 험한 지형을 통과해야만 하는 문제 외에도 자기네 영토라고 여기는 지역에 무단으로 횡단하는 백인에 반감을 품은 인디언이 때때로 습격해 오는 일도 있었기 때문이다. 따라서 1857년 9월에 와서야 우편물 수송에 이런 옛길을 이용하기 시작하였는데, 이전까지는 선편으로 파나마까지 보내고 좁은 육로구간을 통과하여 태평양으로 빠져 나오면 다시 배를 이용하여 캘리포니아 등지로 우편물을 수송하였다고 한다.

멀리 미주리 주 세인트루이스로부터 시작되는 옛길은 로키 산맥을 넘어 포트 브리저(Fort Bridger)에 와서 둘로 나누어지는데, 북서쪽으로 방향을 틀어 오리건이나 워싱턴 주로 들어가면 오리건 트레일이 되고 서쪽으로 계속 진행하여 캘리포니아의 새크라멘토나 샌프란시스코에 이르면 캘리포니아 트레일이 된다. 1860년대 들어 오리건 트레일의 로키 산맥 동쪽 구간에서 인디언의 공격이 격화됨에 따라 보다 안전한 루트를 찾아 남쪽으로 내려와 남 플래트 강을 따라오다가 라라미 평원을 관통하는 또 하나의 옛길을 개발하였는데 이 길을 오버랜드 트레일(Overland Trail)이라 부른다. 세인트루이스 또는 멤피스를 출발하여 텍사스와 애리조나를 경유하여 샌프란시스코에 이르는 남쪽 루트를 이용하던 대륙횡단 우편물 수송이 남북전쟁으로 불가능해짐에 따라 1861년 7월부터는 이 길을 따라 우편마차가 지나다녔다고 한다. 한편 몬태나에서도 금광이 발견되자 이 지역으로 가는 지름길이 1864년 보즈만(Bozeman)에 의하여 개척되었는데 이 길은 개척자의 이름을 따서 보즈만 트레일(Bozeman Trail) 또는 보즈만 로드(Bozeman Road)라고 불렀다. 그러나 이 길은 수족의 들소 사냥터의 중심을 통과하는 바람에 수족과의 충돌이 빈번하였는데 1868년에 체결된 라라미 조약에 의거 이 길은 통행이 금지되었다.

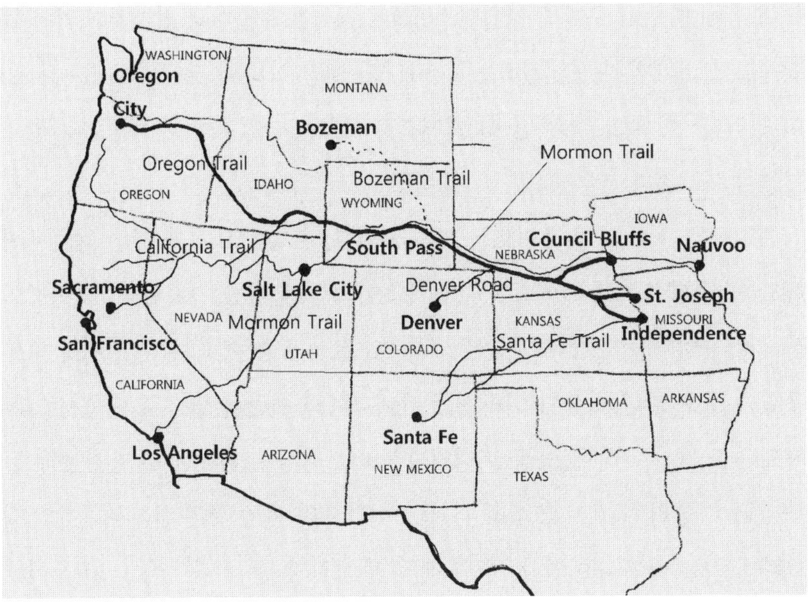

〈서부로 가는 옛길들〉

옛길 중에는 몰몬 트레일(Mormon Trail)이라는 길이 하나 더 있다. 2000여 킬로미터에 달하는 이 길은 말일성도교회(The Church of Jesus Christ of Latter-day Saints) 신자들 중 브리검 영(Brigham Young)을 추종하는 사람들이 1846년부터 1868년에 걸쳐 일리노이 주 노부(Nauvoo)로부터 유타 주의 솔트레이크시티(Salt Lake City)로 집단 이주할 때에 이용된 길이다. 1869년에 대륙횡단철도가 개통됨으로써 옛길들은 더 이상 쓸모가 없어졌으며 오늘날 역사적 기념장소로만 남게 되었다. 이상의 옛길들은 모두 로키 산맥을 넘을 때에 사우스패스(South Pass)를 통과하였다. 마치 우리나라의 백두대간을 가로지르는 고개 중에 문경새재 옛길이 가장 편리하여 많이 이용되었던 것처럼 사우스패스가 대륙분수령 중 가장 완만한 고갯길이었기 때문이다.

이 밖에 미주리 주의 인디펜던스(Independence)에서 미국 남서부지역의 뉴멕시코 산타페까지를 연결하는 또 하나의 옛길 산타페 트레일(Santa Fe Trail)이 있었다. 이 길도 1880년 이 지역으로 대륙횡단철도가 건설됨으로써 그 기능이 사라졌다.

옛길에는 또 하나의 흥미로운 역사가 있다. 오늘날 DHL과 같은 특급우편제도 포니 익스프레스(Pony Express)가 1860년 4월에 도입되었다. 모험적인 선구적 사업가들이 말과 기수를 계속적으로 바꾸어 달리게 함으로써 보통 우편의 경우 20일 이상이 걸리는 동서 우편수송시간을 열흘로 단축시켰다. 루트는 오리건 트레일, 몰몬 트레일과 캘리포니아 트레일을 따라 갔는데 동쪽 끝은 미주리 주 센트 조셉(St. Josheph)이었으며 서쪽 끝은 캘리포니아의 새크라멘토(Sacramento)이었다. 우편 배달 트레일의 총길이는 약 3100km이었으며 중간에 184개의 역(이 중 157개는 말과 기수를 바꿀 수 있는 역)이 있었고 기수 한 사람은 평균적으로 하루에 약 120km를 달렸다고 한다. 1860년 11월 선거에서 링컨대통령이 당선된 소식을 7일 17시간 만에 전달하는 기록을 세우기도 하였는데 이를 특급우편 홍보에 크게 활용하였다고 한다. 그러나 1861년 10월에 대륙횡단 전신망이 연결됨에 따라 포니 익스프레스의 유용성이 크게 떨어져 서비스를 중단하였다.

* 40년 대평원전쟁의 서막

미시시피 강 서쪽에서부터 로키 산맥에 이르는 드넓은 평원에서는 1854년 8월 19일 발생한 그래턴(Gratan) 소위 사건으로부터 시작하여 1890년 12월 29일 벌어진 운디드니 대학살 사건에 이르기까지 거의 40년에 가까운 기간 동안 서부의 땅을 개척해서 정착하려는 백인들과 조상 대대로 살아온 삶터를 끝까지 지키겠다는 인디언 간에 치열한 전쟁이 지속되었다. 이렇게 긴 세월에 걸친 전쟁으로 인하여 양측은 각각 2만 명 정도가 희생당한 것으로 추정된다. 인디언이라는 말을 들을 때 대부분의 사람들은 이 시대에 일어났던 일들을 연상하는 경향이 있다. 셀 수도 없이 많은 전투, 잔인하기 그지없는 대학살, 전설적 인디언 영웅의 탄생, 인디언의 완전한 패망 등이 이 시절에 일어났었고, 이 시대를 배경으로 하여 수많은 문학작품과 영화가 만들어져 대중들에게 인디언에 관한 얘기를 전해주었기 때문일 것이다.

대평원 전쟁이 여태까지 있었던 미시시피 강 동쪽에서 벌어졌던 인디언 전쟁과 크게 다른 점은 대평원 인디언들이 운송이나 수렵은 물론이고 전투에서도 말을 이용하였다는 점이다. 총과 화약이 부족하여 활과 화살을 주무기로 사용할 수밖에 없었지만 기동력 면에서는 오히려 미군을 능가하였기 때문에 주변 지리에 밝은 이점을 활용하여 게릴라 전법을 효과적으로 펼쳐서 백인에 대하여 많은 승리를 거둘 수 있게 되었다. 북미 대륙에는 원래 말이 없었는데 스페인군이 멕시코로 들여온 말들이 1680년에 있었던 '푸에블로 반란(Pueblo revolt)'으로 인하여 스페인군이 떠나게 되면서 사방으로 흩어져 야생마가 되었다고 한다. 그런데 대평원의 풍부한 풀들은 말들에게 훌륭한 먹잇감을 제공하였으므로 말들의 개체수가 크게 늘어났고 인디언들이 이러한 야생마를 잡아 길들여서 활용하게 된 것이라고 한다.

40년 대평원전쟁이 어떻게 시작되었는지 살펴보자. 1851년 체결된 「라라미 조약(Treaty of Laramie)」으로 그동안 백인과 인디언 간에는 큰 충돌 없이 평화가 유지되는 듯했다. 그러나 1854년 8월에 한 젊은 미군이 쏜 총 한 발로 평화의 분위기는 순식간에 무너졌다. 1854년 여름 약 4000명의 브룰레(Brule) 수족이 라라미 요새 주위에 모여 티피 촌을 만들어 살고 있었다. 그런데 미국정부가 인디언에게 지급하기로 돼 있는 물자가 제때에 도착하지 않아서 인디언들은 굶주림으로 힘든 시기를 보내고 있을 무렵에 8월 17일 몰몬교 이주자들이 수많은 소떼를 몰고 인근의 오리건 트레일을 지나고 있었다. 소떼 중 한 마리가 무리에서 멀리 뒤처져 가고 있었는데 이 소를 높은 이마(High Forehead)라는 이름을 가진 미니콘주(Miniconjou) 지파 인디언이 잡아다가 도살하였다. 그는 당시 손님 자격으로 브룰레 지파의 마을을 방문 중에 있었다.

라라미 요새의 선임 장교 플레밍(Hugh Fleming) 중위는 문제해결을 위하여 브룰레족의 추장 정복하는 곰(Conquoring Bear)을 만나서 범인을 잡아 요새로 데려올 것을 요구했다. 그러나 인디언 추장은 손님으로 와 있는 다른 지파의 인디언에 대하여는 그렇게 할 권한도 없을 뿐더러 예의상 그렇게 할 수도 없으니 대신에 자기네가 가지고 있는 말을 몇 마리 주고 문제를 해결할 것을 제의하였다. 이에 대해 죽은 소의 주인은 이 제안을 거절하고 현금으로 당시 돈 25달러를 꼭 받아야 한다고 주장했다. 8월 19일 플레밍은 웨스트포인트 육군사관학교를 갓 졸업하고 라라미 요새로 부임하여 그전에 인디언과 접촉해 본 경험이 전혀 없는 그래턴(John Lawrence Grattan) 소위에게 인디언 캠프로 가서 범인을 체포해서 요새로 끌고 오라고 지시하였다.

그래턴 소위는 지시받은 대로 29명의 병사와 어거스트(Lucienne Auguste)라는 이름의 프랑스계 인디언 혼혈인 통역과 함께 인디언 캠프로 가서 추장을 만났다. 그런데 통역을 맡았던 그 혼혈인은 수족 말도 서툴렀는데다가 미리 겁을 잔뜩 먹고는 가는 도중 계속 술을 들이켰다. 보다 못한 그래턴 소위는 술병을 뺏어 깨버렸다. 술로 제정신이 아닌 통역이 제대로 상대편의 이야기를 전해 줄 리가 없었다. 잘못된 통역은 서로 상대방을 불신하게 만들어 증오심만 더 키웠다. 통역인은 인디언 전사들을 여자로 부르며 인디언들을 조롱하기까지 했다. 심지어는 "여기 미군들이 온 이유는 인디언들과 이야기하기 위해서가 아니라 인디언들을 모두 죽이기 위해서 왔다"는 식으로 얼토당토않는 말을 지어서 통역을 하기도 했다. 분위기가 걷잡을 수 없을 정도로 험악해지자 그래턴이 인디언들과의 대치를 끝내고 자신이 데리고 온 파견부대로 돌아가려는 순간에 미군 병사 한 명이 추장에게 총을 쏘았다. 이에 격분한 인디언들이 한꺼번에 미군들에게 달려들어 그래턴 소위와 통역자와 29명의 병사를 그 자리에서 모두 죽였다.

이 전투 현장에서 벌어지고 있는 상황을 생생히 지켜본 14살의 한 오글라라 지파 인디언 소년이 있었다. 그는 크레이지호스였다. 백인과의 충돌로 인디언 추장이 사망하는 현장을 직접 목격한 이 소년은 그때부터 전사가 되어 인디언들의 생명과 땅을 지키기 위하여 백인들에게 끝까지 맞서 싸울 것을 굳게 결심하였다고 전해지고 있다.

당시의 신문들은 이 사건을 그래턴 학살로 표현했다. 사건의 세세한 경위를 알지 못한 상태에서 이 사건을 보도한다면 그런 표현을 쓸 수 있었겠지만 내용을 파악해 보면 학살보다는 전투로 취급하는 게 옳을 듯싶다. 라라미 조약에 따르면, 인디언이 소를 훔쳐간 케이스와 같은 일들은 라라미 요새의 군인이 개입할 성격이 전혀 아니고 연방정부에서 임명한 인디언 담당관(indian agent)이 처리하도록 돼 있었다. 플레밍 중위나 그래턴 소위는 이런 사실을 전혀 몰랐던 것 같아 보인다. 이와 같이 서부개척시대의 미국은 우리가 흔히 서부활극 영화에서 본 것처럼 질서가 있거나 정돈된 사회가 아니었던 것 같다. 방금 봤듯이 엉터리 통역으로 엄청난 불상사를 불러온다든지, 전쟁 중에 과음하여 취중전투를 하기도 하고, 전사하거나 학살당한 시체를 대상으로 온갖 몹쓸 짓을 해대기도 하고, 일부 광신적인 지도자들 중에는 신의 이름으로 인디언 박멸을 외치기도 한 기록을 여기저기서 발견하게 된다. 또한 병사들의 대부분은 유럽에서 갓 이민 와서 달리 직업을 구하지 못한 젊은이들로서 이들은 제대로 된 군사교육도 받지 못하고 서부의 인디언전쟁 현장으로 투입되었다고 한다.

미국정부의 전쟁부(Department of War)는 이 사건을 인디언들이 계획적으로 꾸민 사건으로 규정하여 이에 대한 응징을 추진하였다. 1855년 4월 파리에 머물고 있던 하니(William S. Harney) 대령을 불러들여 네브라스카에 있는 커니 요새로 보내 인디언들을 징벌할 부대를 구성토록 하였다. 그해 8월 24일 하니는 600명의 병력을 이끌고 커니 요새를 떠나 서쪽으로 인디언 마을을 찾아 나섰다. 떠나면서 그는 "신의 뜻에 따라 전장으로 향한다. 더 이상의 평화는 없다"라고 이야기한 것으로 전해지고 있다. 9월 3일 하니 부대는 약 250명의 브룰레족이 살고 있던 네브래스카의 블루워터크리크(Blue Water Creek) 캠프를 기습하여 86명을 살해하였다. 이 전투를 '애시홀로 전투(The Battle of Ash Hollow)', 또는 '블루워터크리크 전투(The Battle of Blue Water Creek)'라고 부른다. 사망자 중에는 여자와 어린아이가 상당수 포함되어 있었다. 수족 인디언들은 그 후 하니의 별명을 '백정(butcher)'이라고 지어줬다. 명백히 미군의 발포 때문에 시작된 전투에서 미군 측 인원 30명이 사망한 데에 대한 앙갚음으로 아무 관련도 없는 어린아이와 부녀자들을 포함하여 그 세 배에 가까운 인디언들을 죽인 일은 정당한 명분에 따른 보복 전쟁이라기보다는 학살 측면이 더 강한 것 같다. 오늘날 하니라는 이름은 라코타의 성산 블랙힐스의 최고봉(Harney Peak) 이름으로 쓰이고 있다.

* 산티 수족에 대한 사상최대 사형집행(1862년)

이민자들이 19세기 중반부터는 미시시피 강을 건너 서부로 인디언의 땅을 침범하여 농지와 목장을 일구며 정착촌건설을 확대해 나갔다. 인디언의 활동무대는 백인들에 의하여 포위되고 백인들의 무분별한 남획으로 사슴이나 들소 같은 사냥감은 크게 줄어들어 전통적인 생활방식의 유지가 힘들어지고 있었다. 1851년 연방정부는 미네소타 삼림지역에 살던 산티 수(Santee Sioux)족과 두 개의 조약(Treaty of Traverse on July 23, 1851 and Treaty of Mendota on August 5, 1851)을 맺고 거의 남한 면적에 육박하는 비옥한 땅을 가로챘다. 조약에 따라 산티 수족이 미네소타 강 유역의 작은 보호구역으로 쫓겨 가는 대가로 미국 정부로부터 연금과 생활용품을 정기적으로 지급받도록 되어 있었다.

그런데 남북전쟁으로 재정이 어려워진 연방정부는 연금과 생필품을 제때 지급하지 못하는 사태가 생겼다. 그러지 않아도 백인 이민자들이 인디언을 무시하는 경우가 많아서 그동안 불만이 쌓여 오고 있었는데 연금지급 지연으로 갈등 수준이 급격히 높아져 급기야는 양측 간의 전면적인 전쟁에까지 이르렀다. 연금과 기타의 보급품 지급과 관련하여서는 지급시기의 지연 말고도 부패한 연방정부 주재관과 사기를 일삼는 상인들로 인하여 잡음이 끊이지 않았다. 1862년 8월 15일 인디언들이 외상으로라도 식량을 구하기 위하여 연방정부에서 파견된 주재관과 인디언과의 거래를 전문적으로 취급하는 상인들을 만났을 때 상인중 한 명인 머릭(Andrew Jackson Myrick)은 "배가 고프면 풀이나 뜯어 먹고 자기 똥이나 먹으라고 해"라고 심하게 모욕하였다. 실제로 뒤에 일어난 전쟁 중에 인디언의 손에 살해된 그의 입에는 풀이 가득 채워졌다는 일화가 전해지고 있다. 추장인 작은 까마귀(Little Crow)는 원래 평화주의자로서 백인과 평화롭게 함께 살아갈 수 있는 길을 찾기 위하여 노력해 온 사람이다. 그는 성공회 신자가 되었고 백인식 의복을 입고 있었다. 그러나 사태가 이렇게까지 악화되자 백인들에게 완전히 배신당했다고 생각하게 되었고 그들로부터 받은 모멸감으로 인하여 당장이라도 백인을 몰아내야겠다는 적개심을 품게 되었다.

백인과의 전쟁의 발단은 의외로 겁 없는 젊은 인디언 네 명으로부터 시작되었다. 1862년 8월 17일 서로 누가 더 용감한 인디언인가를 보여주기 위하여 깊은 생각 없이 백인 농가를 침입하여 다섯 명의 백인을 살해하는 사건이 벌어졌다. 이때부터 산티 수족과 정착촌 민병대 및 연방정부군 사이에는 뉴 울름(New Ulm) 등지에서 수개월 동안 피비린내 나는 전쟁이 벌어졌다. 역사에서는 이 전쟁을 '1862년의 다코타 전쟁(Dakota War of 1862)' 또는 추장의 이름을 따서 '리틀크로 전쟁(Little Crow's War)'라고 부른다.

처음부터 산티 수는 전투력 면에서 백인과의 전쟁 상대가 될 수 없었다. 드디어 9월 26일 한 달여 계속된 전투에서 지친 산티 수족은 백기를 들고 연방정부군에게 항복하였다. 투항한 인디언 중 약 500명의 전사를 추려서 군사법정에 세웠다. 11월 5일에는 이 중 303명에게 살인 또는 강간혐의로 사형을 선고하였다. 그 때까지만 해도 인디언은 법적으로 시민도 아니고 사람도 아닌 애매한 존재였기 때문에 변호사의 변론기회도 주지 않고 증인도 세우지 않고 일사천리로 불공정하게 재판이 이루어졌음은 두말할 필요가 없다. 비록 사형을 선고하였지만 그토록 많은 인디언들을 사형시키는 데에는 큰 부담이 되었을 것이다. 그래서 시블리(Henry Hopkins Sibley) 대령은 연방군 북서부사령관이었던 존 포프(John Pope)에게 공을 넘기고 포프는 다시 공을 링컨 대통령에게 넘겼다. 미국 역사상 가장 존경받는 대통령이었던 만큼 그는 이 사안을 직접 꼼꼼히 살펴본 후 살인과 강간 등의 범죄에 적극적으로 가담한 38명만 사형을 허락하고 나머지 단순 참가자에 대하여는 감형시켰다. 38명의 사형집행은 미국 역사상 최대 규모로 기록되었다. 12월 26일 38명의 사형이 집행된 만카토(Mankato)라는 소읍에서는 마치 백인들의 축제일이나 되는 것처럼 수많은 백인들이 사형장에 몰려들어 이 광경을 지켜보았다.

〈티톤 산맥(Teton Range)〉

감형으로 다행히도 목숨을 건진 인디언 전사들은 아이오와 대븐포트(Davenport)에 있는 감옥에 수감되었다. 살아남은 나머지 산티 수족은 미네소타의 인디언보호구역에서도 쫓겨 나와 네브래스카와 사우스다코타의 더욱 열악한 땅으로 추방당했다. 사우스다코타에 마련된 크로크리크(Crow Creek) 인디언보호구역으로 흔히 라코타(Lakota)라 불리는 티톤(Teton) 수족의 한 젊은 인디언이 찾아왔다. 그의 이름은 '앉아 있는 소(Sitting Bull)'로서 훗날 라코타족의 대추장이 되어 자신들의 영토를 지키기 위하여 연방정부와 당당히 맞서 싸우는 막중한 역할을 맡게 된다. 앉아 있는 소는 자기 부족과는 친척이 되는 산티 수족이 겪은 수난에 대하여 이야기를 들으며 슬픔을 함께하는 한편, 다음으로 시련을 겪게 될 라코타의 앞날을 걱정하기 시작했다.

참고로, 수족은 크게 세 종족으로 나누어지는데 이미 소개된 산티 수족(Eastern Dakota로도 부름)과 티톤 수족 외에 양크톤 수족(Yankton-Yanktonai 또는 Western Dakota)이 있다. 이들 세 부족은 다시 몇 개의 지파로 나누어진다. 앞

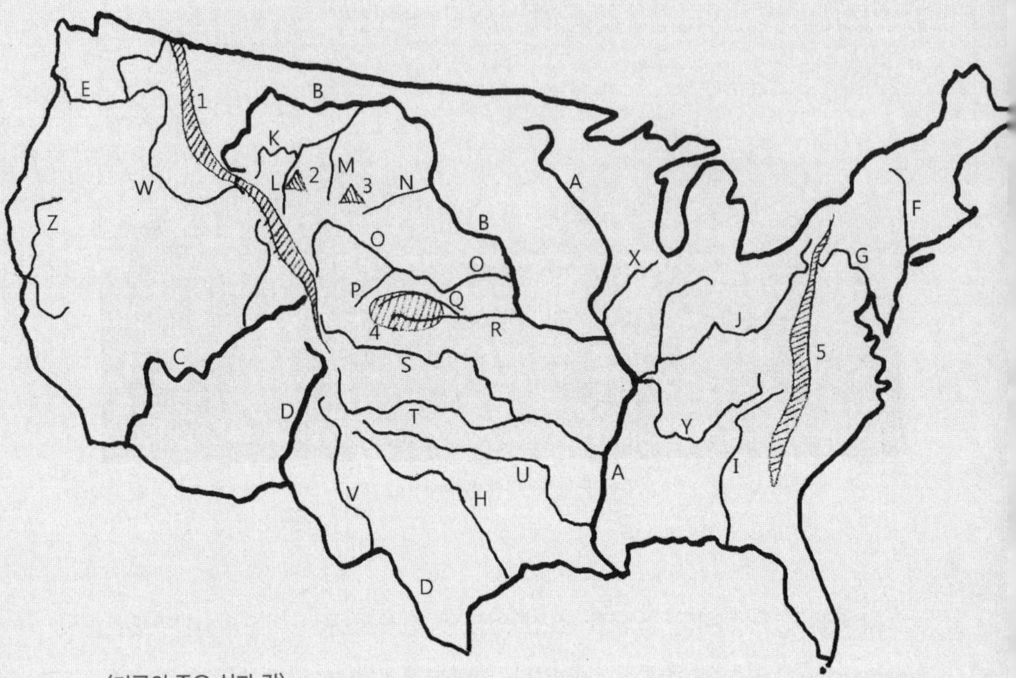

〈미국의 주요 산과 강〉

1 로키산맥 · 2 빅혼산맥 · 3 블랙힐스 · 4 스모키힐즈 · 5 애팔래치아산맥

A 미시시피 강	B 미주리 강	C 콜로라도 강	D 리오그란데 강
E 콜럼비아 강	F 허드슨 강	G 서스쿼해나 강 (Susquehanna River)	H 브라조스(Brazos) 강
I 차타후치(Chattahoochee) 강	J 오하이오 강	K 옐로스톤 강	L 빅혼(Bighorn) 강
M 파우더(Powder) 강	N 화이트 강	O 플래트(Platte) 강	P 사우스 플래트 강
Q 리퍼블리컨(Republican) 강	R 캔사스 강	S 아칸소 강	T 캐나디안 강
U 레드 강	V 페토스(Petos) 강	W 스네이크(Snake) 강	X 일리노이 강
Y 테네시 강	Z 새크라멘토(Sacramento) 강		

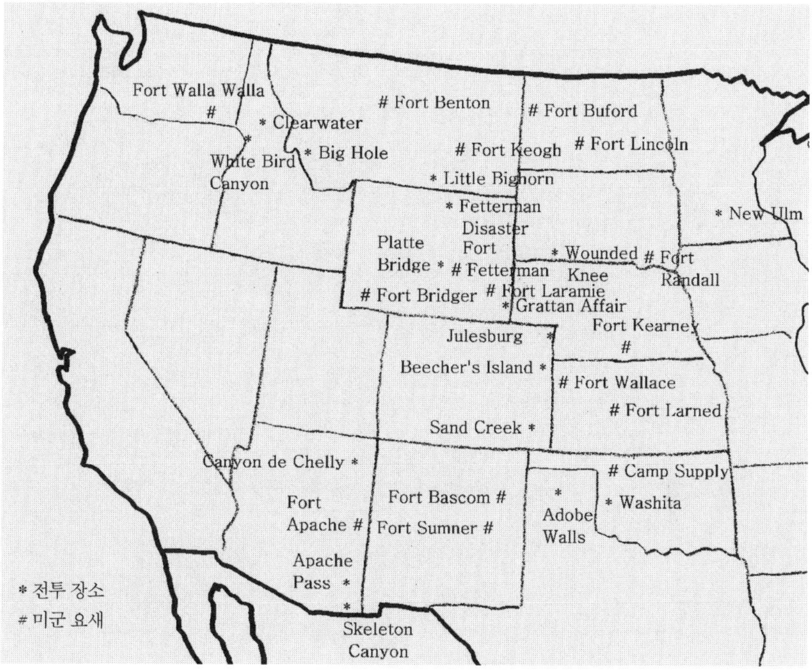

〈주요 인디언 전투장소와 미군 요새〉

에서 잠깐 본 시팅불은 티톤 수족 중 홍크파파 지파에 속하고 다음에 소개할 전설적 전쟁영웅인 크레이지 호스와 대추장 레드 클라우드는 티톤 수족의 오글라라 지파에 속한다. 티톤이라는 이름은 옐로스톤 국립공원 바로 아래에 있는 티톤 국립공원의 이름으로 쓰이고 있다. 첨부한 사진은 필자가 2014년 9월 4일 방문하여 촬영한 티톤 산맥의 모습이다. 최고봉의 해발고도는 4200m이며 산 중턱에는 빙하가 아직 남아 있다.

8 _ 샌드크리크 대학살

* 샤이엔족과 아라파호족에 대한 샌드크리크 대학살

미국정부는 서부로 이동하는 이민자들의 안전을 보장하기 위하여 1851년 9월 17일 수족, 샤이엔족, 아라파호족, 크로족 등 평원인디언들과 라라미조약을 체결하였다. 인디언들이 사냥터로 오랫동안 이용해 온 대평원의 땅은 백인들에게 조금도 양보하지 않고 다만 백인들이 서부로 가는 통로를 개설하거나 군사 요새를 건설하는 것을 인정하는 수준의 조약이었다.

그런데 1858년 콜로라도 로키산맥에 있는 파이크스 피크(Pikes Peak)에서 금이 발견되면서 문제가 생기기 시작하였다. 캘리포니아의 골드 러시(Gold Rush) 당시에 '49ers'라는 말이 생겨났듯이 '59ers'라는 말로 불리었던 금을 캐러 몰려든 사람들로 인하여 콜로라도에서는 덴버(Denver)와 보울더시티(Boulder City)와 같은 붐타운이 생겨났다. 여태까지 인디언의 땅으로 인정받아 온 땅에 백인들이 무단으로 침범하여 금을 캐고 집을 짓기 시작한 것이다. 연방정부는 애초부터 이민자들이 인디언영역을 침범하는 것을 막을 생각이 없었다. 대신 백인들의 무단 점유를 기정사실화할 뿐만 아니라 인디언들로 하여금 콜로라도의 땅 모두를 내놓고 옛 영토의 13분의 1밖에 되지 않는 좁은 땅으로 몰아넣기 위한 조약을 준비하였다.

1861년 초에 정부 관리들이 이 문제를 협의하기 위하여 와이즈 요새(Fort Wise)로 샤이엔족과 아라파호족 추장들을 불러 모았다. 2월 18일 양측 간에 조약이 체결되긴 하였으나 여기서 맺어진 조약에 대하여 서로 전혀 다른 입장에 있었다. 인디언 측은 조약체결 당시 상대방에게서 충분한 주거지역과 함께 사냥에 필요한 충분한 이동의 자유가 보장되는 것으로 들었다고 주장하였다. 또한 마흔 명이 넘는 샤이엔족 추장 중 단지 여섯 명만 참석하였을 뿐만 아니라 추장들에게 뇌물을 주고 속임수를 써서 이루어졌기 때문에 그 조약은 무효라고 주장하였다. 반면에 미국 측은 조약은 기술된 바대로 아무런 하자가 없으므로 그대로 지켜져야 할 것이며 아직 서명을 하지 않은 추장들도 추후에 서명하면 되기 때문에 아무런 문제가 될 수 없다고 반박하였다. 「포트 와이즈 조약(Treaty of Fort Wise 1861)」에 대한 상반된 입장은 앞으로 양측 간의 갈등의 씨앗으로 작용하게 된다.

미네소타에 있던 산티 수족이 1862년에 미군에 맞서 싸우다 더 큰 낭패를 초래하게 된 일이랑 나바호족이 1864년 봄에 미군에게 당한 이른바 '긴 도보 여정(Long Walk)'이라고 불리는 강제 이주의 수난을 이미 들어서 아는 터이라 미군들을 자극하지 않으려고 백인들이 많이 다니는 지역에서는 들소사냥을 자제하였다. 1863년에는 샤이엔족의 두 추장, 곧 검은 주전자(Black Kettle)와 살 빠진 곰(Lean Bear)은 워싱턴으로 초청되어 링컨 대통령도 만나고 돌아왔다. 그 자리에서 훈장도 받고 미국국기인 대형 성조기도 받았다. 이 성조기 깃발이 휘날리게 걸어두면 어느 누구도 총을 쏘지 않을 것이라는 이야기도 그때 들었다.

1864년에 들어와 양측 간에 몇 차례의 충돌이 발생하였다. 충돌의 원인은 모두 미군들이 제공한 사건이었다. 한편 북쪽에 살던 수족이 이주민과 역마차를 습격하는 사례가 자주 발생하여 남부의 샤이엔족과 아라파호족이 엉뚱하게 미군으로부터 미움을 사게 되었다. 인디언들은 사태가 악화되는 일을 막기 위하여 추장들이 나서서 적극적으로 미군 책임자도 만나고 더 나아가 주지사를 만나 보다 확실한 평화조약을 맺기 위하여 몇 명의 추장들이 덴버까지 갔다. 처음에 에번스(John Evans) 콜로라도 주지사는 인디언 대표를 만나기를 거절했다. 인디언과 동행했던 리용 요새(Fort Lyon: Fort Wise가 1862년에 이름을 바꿈)의 부대장인 윈쿱(Edward Wanshear Wynkoop) 소령이 간청하자 마지못해 주지사는 그들을 만나주었다. 그러나 주지사는 콜로라도 안에 있는 인디언들을 소탕하기로 이미 마음을 먹은 듯 북쪽의 수족이 한 일에 대해서 생트집을 잡는 등 인디언을 대하는 태도가 불손하고 냉랭하기 짝이 없었다. 추장들은 주지사와의 면담으로 화친이 이루어진 것인지 아닌지 도무지 가늠할 수가 없었다. 오래지 않아 윈쿱 소령은 인디언에 대하여 너무 우호적이라는 이유로 앤소니 소령으로 교체되었다. 윈쿱은 캔사스의 라일리 요새(Fort Riley)로 좌천되었다.

한편 인디언에 대한 공격은 시빙턴(John Milton Chivington) 대령이 책임지고 있었다. 그는 이전에 감리교 목사였으며 남북전쟁에서 큰 공을 세우기도 하였다. 그는 공공연히 인디언의 씨를 말려야 한다는 얘기를 하고 다녔으며 샌드크리크 대학살현장으로 떠나기 직전에는 "어떤 수단을 써서라도 인디언을 제거하는 것이 하나님의 뜻이다"라고까지 망언을 해댔다. 그가 과연 전직 목사이었는지를 의심하게 만드는 대목이다. 예나 지금이나 하나님의 선한 뜻을 비뚤어진 자기 목적을 합리화하기 위하여 왜곡시킴으로써 하나님을 욕되게 만드는 일이 벌이지고 있다는 것이 서글픈 현상이 아닐 수 없다. 샌드크리크 학살 이듬해인 1865년에는 그의 아들 토마스가 물에 빠져 죽자 며느리인 사라를 꾀어서 결혼까지 하고 1871년 이혼할 때까지 함께 살았다. 법률적으로나 생물학적으로는 아무런 문제가 없을지 모르나 보통사람의 상식으로는 이해하기 힘든 일임에는 틀림없을 것이다.

시빙턴 대령의 충복인 앤소니(Scott J. Anthony) 소령은 대학살극의 조연 역할을 너무나 훌륭하게 수행하였다. 이 참극의 기획은 에번스 주지사, 그리고 주연은 시빙턴으로 볼 수 있다. 앤소니 소령은 요새에 있던 상인들을 인디언 캠프로 보내는 등 인디언들이 안심하고 한곳에 계속 머물러 있게 하기 위하여 연극을 꾸미기도 하였다.

세상에는 어떤 경우에도 의인이 있기 마련이다. 시빙턴의 말도 안되는 인디언 학살명령에 대하여 정면으로 저항한 세 명의 장교가 있었다. 사일러스 소울(Silas Soule) 대위, 조셉 크레이머(Joseph Cramer) 중위, 그리고 제임스 코너(James Conner) 중위가 그 사람들이다. 그들은 본인들은 물론이고 부하들에게도 사격 명령을 내리지 않겠다고 선언했다. 이들은 후에 학살의 진상을 조사하는 위원회에 출석하여 그날의 참상을 생생하게 증언하였다. 그런데 이 중 소울 대위는 후일 시빙턴을 추종하는 한 백인이 쏜 총에 맞아 숨졌다.

11월 28일 저녁 8시 시빙턴은 리용 요새에 주둔하던 앤소니 소령 부대를 포함하여 약 700명의 병력을 이끌고 학살현장을 향하여 출발하였다. 처음에는 길 안내자로 69세의 혼혈 흑인 노인 벡워스(James Beckwourth)를 데리고 갔으나 도중에 그를 버리고 한 농가에서 백인과 샤이엔추장의 딸 사이에서 태어난 로버트 벤트(Robert Bent)를 붙잡아 강제로 길 안내자로 끌고 갔다. 공격은 이튿날 새벽에 일제히 시작되었다. 깊은 잠에 들어 있던 인디언 캠프는 순식간에 아수라장으로 변했다. 검은 주전자는 그의 천막에 워싱턴 방문

〈사일러스 소울(Silas Soule) 대위〉

〈시빙턴(John Milton Chivington)〉

에서 받아 온 성조기를 매달아 두었다. 그때까지만 해도 워싱턴에서 들었듯이 성조기가 걸려 있는 한 미군이 공격하지 않을 것으로 철석같이 믿고 있었다. 많은 인디언들이 빗발치는 총알 세례를 피하여 검은 주전자의 티피로 몰려들었다. 그러나 시빙턴의 군대는 성조기 깃발 따위에는 아무런 관심도 없이 무차별적으로 총격을 가해왔기 때문에 검은 주전자의 천막으로 피신했던 사람들도 황급히 달아날 수밖에 없었다. 그날 샌드크리크에는 약 600명의 인디언들이 머물고 있었는데 남부샤이엔족이 대부분이었고 니워트(Niwot) 추장을 포함한 아라파호족이 약간 섞여 있었다. 이날 젊은 남자들은 거의 다 사냥을 나갔기 때문에 부녀자와 어린아이가 대부분을 차지하였다. 이 광란의 살인극으로 인하여 남자 28명을 포함하여 133명의 인디언들이 사망하였다. 이런 종류의 대량 학살은 특정인종을 제거할 목적으로 자행되는 제노사이드(genocide)로 보는 게 옳을 것 같다.

참극의 실상이 정확하게 알려지기 전까지는 일시적으로 이번 인디언에 대한 공격은 정당한 전쟁행위로 인식되어 시빙턴을 영웅으로 치켜세우는 분위기였다. 그러나 그날 있었던 대학살에 대하여 여러 사람들이 증언함으

〈남부 샤이엔 전사 울부짖는 늑대(Howling Wolf)가 1874-75년에 경리장부(accounting ledger)에 그린 샌드 크리크 대학살〉

로써 진상이 하나씩 드러났다. 길 안내자로 어쩔 수 없이 현장으로 끌려갔던 혼혈인 로버트 벤트와 역시 프랑스인 아버지와 샤이엔족 어머니를 가진 혼혈인으로 샌드크리크 캠프에 머물고 있다가 구사일생으로 살아난 에드문드 게리에(Edmund Guerrier) 등이 후일 자세하게 그날의 참상에 대하여 설명하였다. 시빙턴에 정면으로 항명했던 세 명의 장교들도 후일 군 조사기구와 연방의회의 진상조사위원회에 세세히 진실들을 증언하였다. 이때 윈큽 소령은 군 조사기구 책임자로 활동하였다. 윈큽은 제대 후 1866년에 남부샤이엔과 아라파호족 인디언 담당 정부 측 주재원(agent)으로 활동하다가 1868년 12월에 와시타 강 전투에서 미군이 검은 주전자(Black Kettle)의 마을을 파괴한 데에 대하여 항의하여 사직해 버렸다.

증언에 의하면, 인디언들을 사살한 후에도 시신에다 몹쓸 짓들을 저질렀다고 한다. 남녀를 가리지 않고 시신에서 성기를 도려내어 무슨 전리품인 양 가져갔다. 어떤 미군은 남자의 성기를 담배쌈지로 쓰겠다고 자랑스럽게 떠들기도 하고 또 다른 미군은 여자의 성기를 막대기에 걸어 전시하겠다고 큰소리치기도 하였다고 한다. 증언자들은 또한 실제로 많은 병사들이 여자의 성기를 도려내어 말안장에 걸치거나 모자에 장식품으로 꼽고 다녔다는 말을 들었다고 이야기하였다. 뿐만 아니라 미군들은 덴버의 아폴로극장이나 그 지역의 술집 같은 곳에 이러한 볼썽사나운 전리품들을 공개적으로 전시해 두었다고 한다. 소울 대위가 윈콥 소령에게 보낸 편지 속에는 "임신한 여자의 배를 갈라서 태아를 끄집어냈다"는 내용도 포함되어 있었다.

700명의 병력이 새벽시간에 무방비상태로 잠에서 덜 깨어난 대부분이 부녀자와 어린아이들로 구성된 600명의 인디언에게 무차별적으로 총격을 가했음에도 불구하고 인디언 측 사망자는 의외로 적은 편이었다. 아마도 잘 훈련된 군인들이었더라면 거의 전멸시킬 수 있었을 것이나 전혀 그렇지 못하였던 모양이다. 사격술도 형편없었을 뿐만 아니라 군기도 제대로 잡히지 않았던 것 같고 심지어 행군 도중에 많은 술을 마신 탓에 술이 채 깨기도 전에 학살극을 시작한 것으로 보인다. 미군 측도 약 50명의 사상자를 냈는데 이는 자기네들끼리의 사격 실수로 일어났을 것으로 추정된다.

대학살의 날로부터 140여 년이 지난 2007년에 와서야 샌드크리크 현장이 국가적 기념유적지로 지정되었고, 1996년에는 미국감리교 총회가 감리교목사였던 시빙턴 대령의 만행에 대하여 인디언들에게 공식적으로 사과한다고 발표하였다. 2014년 12월 3일 대학살 150주기 기념행사에서 콜로라도 주지사 히컨루퍼(John Hickenlooper)는 과거 잘못에 대하여 콜로라도 주를 대신해서 공식적으로 사과한다고 밝혔다.

* 파우더 강 유역의 북부 샤이엔과 합류

광란의 살육 현장에서도 도망치거나 웅덩이에 숨거나 해서 많은 사람들이 목숨을 건졌다. 이들은 입지도 못하고 먹지도 못한 상태에서 200리길을 걸어서 젊은 전사들이 머물고 있던 스모키힐의 사냥터로 갔다. 전사들은 가족 중 일부가 죽었다는 소식을 듣고는 뒤에 반드시 복수하겠다고 굳게 결심하였다. 샌드크리크의 만행은 인디언 상호간의 연락을 통해서 모든 평원 인디언도 다 알게 되었고, 백인들에 대한 적개심은 극에 달하여 하루빨리 보복할 것을 다짐하였다.

백인에 대한 첫 보복으로, 대학살 이듬해인 1865년 1월 7일에 개병대 지파(Dog Soldiers)를 포함한 남북샤이엔족, 북부 아라파호족 그리고 라코타 수족 연합전사들은 남 플래트 강 유역에 있는 콜로라도 주의 줄스버그(Julesburg) 일대에서 백인들을 여러 차례 습격했다. 북부샤이엔족의 전설적 전투영웅인 로만 노즈(Roman Nose)가 이와 같은 대대적인 보복 공격을 지휘하였다. 당시 줄스버그는 서부로 향하는 마차길(Overland Trail)에서 가장 중요한 길목 중의 하나였다. 전선을 끊어 버리고 역마차역과 군 초소를 공격하고 정착마을을 불태워버린 줄스버그 전투(Battle of Julesburg)로 인해서 덴버에서는 외부와의 통신이 마비되고 식량이 부족하여 큰 혼란에 빠졌다고 한다. 그러나 백인들이 가만히 있을 리가 없다. 조만간 그들은 더 큰 대포와 더 많은 병력을 동원하여 인디언에게 공격해올 것이 분명하다. 따라서 이제는 이 지역을 벗어나서 안전한 곳으로 찾아가야만 했다.

주로 노인과 여자들로 구성된 약 400명의 인디언들은 검은 주전자를 따라서 남쪽으로 내려와서 여기보다 따뜻한 아칸소 강 남부지역에 살고 있던 남부 아라파호족, 카이오와족, 그리고 코만치족과 합류했다. 반면, 대부분의 추장과 젊은 전사들이 주축이 된 나머지 약 3000명은 북쪽으로 이동하여 북부 샤이엔족과 합류하였다. 북부 샤이이엔족이 살고 있는 파우더 강(Powder) 유역에는 레드 클라우드가 추장으로 있는 오글라라 라코타 부족도 함께 살고 있었는데 그 일대의 인디언 수는 8000명에 달하였다고 한다.

북부 샤이엔족이 머물고 있던 파우더 강까지는 약 500km의 거리였는데 겨울이 한창인 1월 말에 이동을 시작하였기 때문에 정말 험난한 여정이었다. 그러나 다행스러웠던 것은 오는 도중에 마차열차나 군 요새 등을 습격하여 많은 보급품을 약탈하고 백인 목장에서 수많은 가축들을 확보하였기 때문에 식량 문제는 없었다. 이들은 이동 중에 남 플래트 강 계곡 일대를 지나가면서 2월 2일과 3일에 걸쳐 줄스버그의 정착촌을 불태우고 인근 롯지폴 크리크(Lodgepole Creek)에 있던 전신중계소에도 불을 지르는 등 남아 있는 시설들을 다시 한 번 파괴하였다. 줄스버그를 지나 남 플래트 강을 건너 파우더 강으로 가는 도중에 미군과 머드스프링스(Mud Springs)와 러시크리크(Rush Creek)에서 전투를 벌이기도 했다. 정확한 숫자는 몰라도 줄스버그 전투를 포함하여 그들이 북부 샤이엔족을 찾아가는 도중에 백인을 상대로 벌인 보복 전투에서 샌드크리크에서 희생당한 인디언의 수보다 더 많은 백인을 죽였을 것으로 추정된다. 또한 인디언들의 파괴 행위로 마차길 160km도 완전히 망가졌다고 한다. 미군 측 사망자 가운데는 샌드크리크 학살에 가담한 사람들도 몇 명 있었는데 이들의 시체는 인디언들이 토막 내었다고 한다.

* 아칸소 강 남쪽의 아라파호족과 합류

한편 검은 주전자를 따라 나선 남부샤이엔족은 아칸소 강 남쪽으로 내려와 아라파호족과 합류했다. 그곳에는 들소가 별로 없었지만 이제는 미군들이 무서워 스모키힐 지역으로 사냥하러 나갈 엄두도 낼 수 없는 상태에 있었다. 1865년 늦여름에 백인 정부관리들이 검은 주전자와 아라파호족 추장인 작은 갈까마귀(Little Raven)를 찾아왔다. 그들은 우선 인디언 추장들에게 샌드크리크 학살사건에 대하여 링컨 대통령과 연방의회가 깊은 애도를 표했다고 위로의 말을 전했다. 그들이 인디언마을을 찾아온 이유는 간단했다. 비록 실질적으로는 콜로라도 일대의 넓은 평원지역을 인디언으로부터 가로채 이미 수많은 백인들이 거주하고 있음에도 불구하고 법률적으로는 무단점유 상태이었기 때문에 이 문제를 해결하기 위한 또 하나의 새로운 조약이 필요했던 것이다. 샤이엔과 아라파호가 조상 대대로 삶을 일구어 온 땅을 순순히 내놓을 리가 없었기에 협상은 오랜 시간 지속되었다. 여태까지 늘 그래 왔듯이 백인들은 어떤 수단과 방법을 동원해서라도 목적을 달성하는 법이라 이번에도 그해 10월 14일에 조상으로부터 물려받은 고향 땅 전체에 대한 소유권을 포기하고 아칸소 강 남쪽으로 내려가 카이오와족과 함께 사는 데에 동의하는 이른바 「리틀아칸소 조약(Little Arkansas Treaty)」에 서명해 주었다.

현재의 콜로라도 주 지도를 보면 인디언 보호구역은 애리조나 주 접경에 약간 있을 뿐 거의 보이지 않는다. 이로써 백인들은 샌드크리크 학살의 진정한 목적을 달성하게 되었다. 그러나 이 불평등조약에서 규정했던 인디언 보호구역의 땅 제공은 계속 미루어 오다가 2년이 지난 1867년 10월 28일에 또 하나의 조약(Medicine Lodge Treaty)을 맺고 인디언보호구역의 크기를 당초 약속했던 것의 절반 이하로 줄여버렸다.

9_ 레드 클라우드의 빛나는 승리

* 플래트강 다리 전투

라코타족과 샤이엔족은 샌드크리크 대학살에 대하여 복수하기 위하여 1865년 5월 20일부터 며칠간 오리건 트레일과 보즈만 트레일이 갈라지는 교통의 요충지를 지키고 있던 플래트강 다리 요새를 공격하고, 오리건 트레일의 역마차역인 디어크리크역(Deer Creek Station), 스위트워터역(Sweetwater Station)과 세인트메리역(St. Mary's Station)을 습격하고 지나가는 마차열차를 약탈하는 등 백인의 동서 교통을 심하게 방해하였다. 이에 따라 미국정부는 인디언으로부터의 공격을 예방하기 위한 목적에서 5월 말에는 오리건 트레일의 민간인 통행을 금지시켰다. 오리건 트레일이 통제되자 인디언들의 공격대상은 남쪽에 개설된 또 다른 동서횡단마차길인 '오버랜드 트레일(Overland Trail)'로 옮겨 갔다.

한편 북부 대평원의 거점 요새인 라라미 요새에는 토마스 문라이트

(Thomas Moonlight) 대령이 책임자로 있었는데, 그는 불필요하게 인디언을 자극하는 일을 저질렀다. 약 1년 전 샤이엔족이 유뱅크스(Lucinda Ewbanks)라는 백인 여자와 어린아이 한 명을 납치했었다. 라코타 수족의 한 지파인 오글라라족은 그 백인 두 명을 돈을 주고 사서 함께 살고 있었다. 두 얼굴(Two Face)과 검은 발(Black Foot)이라는 이름을 가진 중간간부급 오글라라족 두 명이 그 백인들을 데리고 라라미 요새로 왔다. 그들은 미군과의 평화를 원한다는 제스처로 백인들을 미군 측에 넘기기 위하여 찾아왔던 것이다. 그런데 문라이트는 그러한 사정에는 아무런 관심도 두지 않고 납치됐던 부인의 분명한 항의와 경험 많은 민간인들의 만류에도 불구하고 이들 두 인디언의 목을 매달아 죽여 버렸다. 죽은 뒤에도 몇 달 동안이나 교수대에 그대로 매달아두어 요새를 찾는 사람들이 모두 볼 수 있도록 하였다.

그 무렵 미군과의 적대행위를 끝내고 미군의 인디언정책에 순응하는 라코타족의 브룰레 지파와 아라파호족 약 1500명은 라라미요새 인근에 살고 있었다. 두 명의 인디언 처형 사건으로 요새 인근의 인디언들이 마음이 변하여 대적해 올 가능성을 두려워해 미군들은 인디언들의 반대에도 불구하고 인디언들을 동쪽으로 약 500km나 떨어진 네브래스카의 커니요새(Fort Kearney)로 6월 11일부터 이주시키기 시작했다. 그런데 6월 13일 오글라라 라코타족의 전설적 전쟁 영웅 크레이지 호스가 이동 중의 인디언을 찾아와 더 이상 미군들과 함께 살지 말고 오글라라족과 함께 살 것을 권유했다. 그리하여 그 다음날 호송 책임자를 포함한 5명의 미군을 죽이고 북 플래트강을 넘어 북쪽으로 이동하여 다른 지파의 인디언들과 합류하였다. 문라이트는 이 사건에 크게 당황하여 도주한 인디언들을 잡으려고 무리하게 작전을 펼쳤지만 오히려 라코타 전사들에게 역습을 당해 타고 갔던 말들도 다 빼앗긴 채 거의 100km나 되는 거리를 걸어서 라라미 요새(Fort Laramie)로 되돌아오는 수모를 당했다. 문라이트는 거듭된 실책으로 7월 7일 요새 사령관직 해임과 동시에 불명예 제대를 당했다.

플래트강 다리는 오리건 트레일과 보즈만 트레일의 갈림길에 놓여 있는 동서 교통로의 가장 중요한 길목이다. 세인트루이스나 캔자스시티 지역으로부터 오리건 트레일을 따라 서쪽으로 오다가 이 다리를 건너가면 보즈만 트레일이 시작된다. 1863년부터 시작된 백인들의 통행 본격화로 라코타 인디언들은 들소 사냥에 지장을 받아왔기 때문에 늘 보즈만 트레일을 못마땅하게 생각해 왔다. 그래서 인디언들은 보즈만 트레일의 교통을 차단하기 위하여 1859년에 건설된 300m 길이의 플래트강 다리를 공격하기로 정했다. 다리 남단에는 군 외곽초소가 있었다. 7월 20일 3000명에 달하는 인디언 연합군 전사들이 파우더 강을 떠나 남쪽으로 180km나 떨어져 있는 플래트강 다리를 향하여 출정했다. 연합군은 레드 클라우드, 로만 노즈, 크레이지 호스, 말을 두려워한 사나이 등 쟁쟁한 전투추장들이 이끌었으며 전과 다르게 매우 조직화된 군대의 모습을 갖추었다. 특히 전투경험이 적은 신참 전사들은 전투 전문부족인 개병대(Dog Soldiers) 등이 감독했다.

드디어 7월 25일과 26일 양일 간에 군 초소 주변에서 치열한 전투가 시작되었다. 또한 오리건 트레일을 따라서 서쪽에서 동쪽으로 플래트강 다리로 접근 중인 마차열차를 습격하여 마차에 실려 있던 많은 물품들을 약탈하였다. 이 전투에서 미군은 29명이 사망한 데 반하여 인디언은 8명 정도의 사망에 그친 것으로 추정된다. 플래트강 다리에서 미군이 크게 당한 것을 응징하기 위하여 코너(Patrick Edward Connor) 장군이 이끄는 대규모 병력이 이 지역으로 접근해 오기 전에 인디언들은 파우더 강가의 인디언 캠프로 돌아갔다.

* 코너의 파우더강 원정

보즈만 트레일을 둘러싸고 인디언과의 충돌이 점차 격화되자 미군은 대규모 병력을 동원하여 인디언의 본거지인 파우더강 일대의 인디언 전사들을 소탕할 계획을 세웠다. 이 작전을 '파우더강 전쟁 또는 파우더강 원정(Powder River War or Powder River Expedition)'으로 부르는데 코너 장군이 작전의 책임을 맡았다. 작전에 동원된 인원은 2300여 명의 군인 외에 179명의 포니족과 오마하족 출신 정찰병(scouts), 그리고 195명의 민간인으로 구성되어 있었다. 민간인 중에는 오리건 트레일과 캘리포니아 트레일의 분기점에 브리저 요새(Fort Bridger)를 설치한 Jim Bridger라는 이름을 가진 산 사나이(mountain man: 산속을 다니며 덫으로 야생동물을 잡아 모피를 구하는 것을 생업으로 하는 사람)도 길 안내자 자격으로 원정에 동참했다. 코너 장군은 전체 인원을 세 개의 부대로 나누어 서로 다른 방향으로 행군토록 하고 최종 집결지는 파우더 강가 보즈만 트레일상에 세우기로 되어 있는 코너 요새로 정했다.

그 당시 군대의 구성원에는 문제가 많았다. 징집으로 어쩔 수 없이 전쟁에 참가하였던 병사들의 대부분은 남북전쟁이 끝나자 제대하여 고향으로 돌아갔으나 나름대로 문제를 가지고 있던 사람들은 제대를 못하고 군에 남게 되었기 때문에 군대의 사기는 많이 저하되어 있었다. 미군에는 남부군 포로 출신도 상당수 있었는데 이들은 참전의 대가로 훗날 석방시켜 주겠다는 약속을 받고 인디언 전쟁에 참가하고 있었다. 물론 미군에 맞서는 인디언 전사들의 경우도 많은 약점을 가지고 있었다. 인디언 측으로서는 뭐니 뭐니 해도 전투 무기 면에서 미군에 크게 열세에 있었다. 그들의 주력 전투 장비는 활과 화살이었으며, 약간의 총도 있었으나 미군들이 가지고 있는 신식 화기에 비하여는 그 성능이 크게 뒤떨어졌다. 총을 쏠 때에 필요한 화약도 턱없이 부족하였다.

코너 장군은 1865년 8월 2일 세 개로 나누어진 부대들 중 하나를 직접 지휘하여 라라미 요새를 떠나 새로운 군 요새 설치 예정지인 파우더강 쪽으로 행군하였다. 코너 장군의 부대는 행군 도중 13일에 파우더강의 Crazy Woman's Fork 지류에서 샤이엔 인디언과 가벼운 첫 교전을 가졌다. 며칠 뒤에는 포니족 출신의 정찰병들이 야영중인 샤이엔족을 새벽에 습격하여 27명을 살해하고 말과 노새 상당수를 탈취하였다. 백인 용병으로 많이 활동하고 있는 포니족은 전통적으로 수족과 샤이엔족과는 앙숙관계에 있었다. 코너 요새 건설을 완료한 코너의 부대는 북쪽으로 계속 진군하여 8월 29일에 텅 강가에 자리하고 있는 한 아라파호 마을을 공격하였다. 미군들은 1천 필의 말을 약탈하고 30톤에 달하는 페미컨(pemmican)이라고 불리는 장기저장용 말린 들소고기를 포함하여 인디언의 재산을 모두 불태우고 떠났다. 이 전투에서 백인들에게 일격을 당한 일을 계기로 그때까지 비교적 온건한 평화적 종족으로 살아왔던 아라파호족이 용감한 전투적 종족으로 바뀌게 된다.

코너가 지휘한 부대는 원정 도중에 몇 차례 인디언과의 국지전에서 승리했다고 볼 수 있으나 나머지 두 부대는 인디언들로부터의 계속되는 공격에 크게 시달렸다. 뿐만 아니라 두 부대는 원정 도중 비위생적인 식수와 보급품 부족으로 더욱 고통을 받았다고 한다. 막판에 식량부족으로 궁지에 몰렸을 때에는 먹이지를 못해서 쇠약해진 말을 더 이상 끌고 갈 수가 없게 되자 현장에서 900마리의 말을 사살하고 군인들은 거지 행색으로 걸어서 후퇴하였다. 두 부대원들은 거의 아사지경에 이르렀을 때에 코너가 이끄는 주력부대에 의하여 겨우 구조되었다.

한편 앞에서 본 세 개의 부대와는 별도로 제임스 소이어(James A. Sawyers) 중령은 80대의 마차열차와 기술자들과 상당량의 보급품으로 구성된 또 하

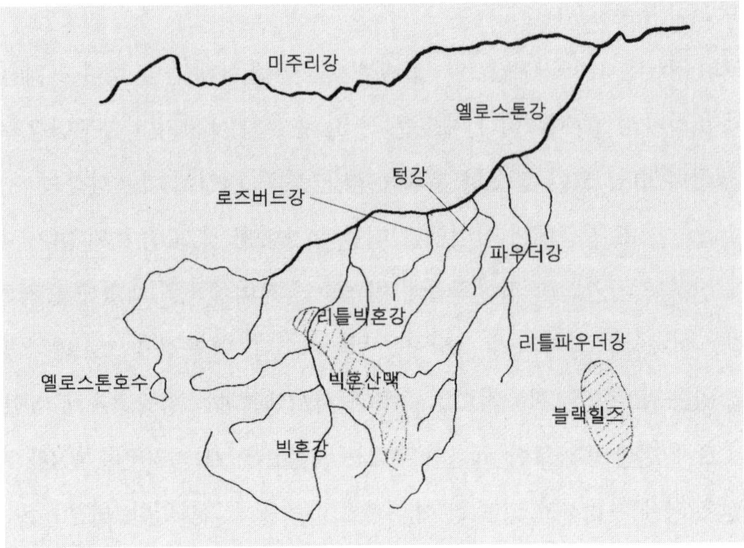

〈파우더강 유역의 강과 산〉

나의 부대를 끌고 몬태나로 향하고 있었다. 이들의 임무는 몬태나 금광으로 가는 새로운 길을 개척하는 일이었다. 8월 13일과 14일 양일 간에 걸쳐 오글라라족의 붉은 구름(Red Cloud) 추장과 샤이엔족의 무딘 칼(Dull Knife)추장이 이끄는 인디언 전사들이 소이어의 마차열차의 통행을 막았다. 소이어 부대는 설탕, 베이컨, 밀가루, 담배 등 한 마차분의 생필품을 인디언에게 주는 조건으로 통행재개 허락을 받았으나 얼마 못가서 또 다른 공격에 2주일 동안이나 발이 묶여 있다가 코너 부대에 의하여 구조되었다.

코너의 작전은 별다른 성과를 내지 못하고 막을 내렸다. 인디언들은 이번 전투를 통해서 보즈만 트레일 통행을 막아 낼 수 있다는 자신감을 더 가질 수 있게 되었으며, 미국정부 입장에서는 뭔가 더 강력한 조치가 있지 않는 한 인디언의 저항을 막아 낼 수 없다는 것을 깨닫게 되었다.

* 페터만 전투

1861년부터 1865년까지 남북전쟁 기간 동안은 라코타 수족과 북부샤이엔족이 파우더강 유역에서 비교적 평화로운 유목생활을 즐기고 있었다. 그런데 1865년 5월에 남북전쟁이 끝나면서 보즈만 트레일을 따라 몬태나 금광으로 향하는 이주 행렬이 크게 늘어날 것으로 내다본 미국정부는 이 길을 인디언의 공격으로부터 안전하게 지켜내기 위하여 추가로 주요 길목에 군 요새를 설치하고 새로운 화친조약 체결을 추진하는 등 대책 마련을 서둘렀다. 1866년 6월 미국 측에서 대단한 공을 들여 오글라라 지파의 레드 클라우드(Red Cloud) 추장, 샤이엔족의 덜 나이프(Dull Knife) 추장, 브룰레 지파의 레드 리프(Red Leaf) 추장 등 주요 인디언 추장들을 라라미 요새로 불러 미국정부 측 대표 테일러(E. B. Taylor)와 회담을 가졌다. 그러나 서로 입장 차이가 좁혀질 수 없었기에 고성만 오가다 회담은 아무런 성과 없이 끝났다.

한창 인디언과의 회담이 진행되고 있을 무렵에 캐링턴(Henry B. Carrington) 대령이 지휘하는 약 700명의 미군이 네브래스카의 커니 요새로부터 라라미 요새에 도착하였다. 군인의 가족과 건설공사업자 등 민간인 300명과 1000마리의 가축들도 함께 왔다. 그런데 코너 장군과는 달리 인디언과의 전투에서 꼭 필요한 인디언 정탐꾼(scout)을 데려 오지 않고 길 안내자로는 짐 브리저 혼자 왔다. 인원구성이나 무기로 볼 때 캐링턴 부대는 전투용으로 편성된 부대라기보다는 공병부대 같은 성격이 강했다. 이 부대는 보즈만 도로의 안전한 통행을 확보하기 위하여 기존 코너 요새 외에 두 개의 요새를 더 건설하기 위하여 파견되었다. 캐링턴 부대는 보즈만 도로를 따라 북상하여 7월 13일부터 인디언의 가장 중요한 사냥터인 빅혼 산기슭에 필 커니 요새(Fort Phil Kearny)를 짓기 시작하였다. 요새가 완공된 뒤에 인디언들도 이 요새를 구경하였는데 대포도 갖추고 있을 뿐만 아니라 워낙 튼튼하게 지어졌기 때문에 요새 공격이 쉽지 않을 것이라고 인디언들은 생각했다. 따라서 적절한 술책을 써서 군인들을 요새 밖으로 나오게 해서 섬멸시키는 전략을 구사하지 않으면 적들에게 이길 수 없을 것이라는 생각도 가졌다. 캐링턴은 8월 초 150명의 군인을 보즈만 도로를 따라 약 140km 북쪽으로 보내어 빅혼강 연안에 스미스 요새(Fort C. F. Smith)를 건설토록 지시했다.

캐링턴 부대, 특히 필 커니 요새는 처음부터 인디언들의 게릴라식 공격에 지속적으로 시달렸다. 인디언 연합군의 중심에는 항상 붉은 구름이 있었는데 날로 동맹이 커져 이 무렵 전사의 규모는 3000명에 달하였다. 보즈만 도로를 통행하는 마차는 군용이든 민간용이든 가리지 않고 공격하였으며 요새 인근에서 벌목작업을 하던 군인들도 공격을 받았다. 그해 12월 인디언 연합군은 필 커니 요새에 주둔하는 군인들을 몰살시킬 작전을 꾸몄다. 12월 21일을 승리의 디데이로 잡았다. 인디언의 전략은 적절한 유인책을 써서 군인들을 요새 밖으로 나오게 만들어 일정거리 만큼 인디언들을 추격해 오도록 만든 다음 길목에 매복해 있던 전사들이 한꺼번에 달려들어 일망타진하는 것이었다. 붉은 구름은 덕과 지략과 용맹을 고루 갖춘 빼어난 지도자였다. 특히 그는 유인 전술을 잘 활용하였으며 인디언 마을에서 멀리 떨어진 곳으로 원정을 나가 장기간에 걸친 전투를 치를 경우에는 전투 병력과는 별도로 병참병력을 전선의 후방에 배치하여 전쟁물자 공급을 원활히 함으로써 전사들의 전투능력을 십분 발휘하도록 조치하였다고 한다.

필 커니 요새 주둔군 책임자로 있는 페터만(William J. Fetterman) 대위는 자기 주장이 강하여 상관의 지시대로 움직이지 않고 혼자 판단하여 독단적으로 행동하는 경향이 있는 장교였다. 그런 점을 잘 아는 캐링턴 대령은 페터만에게 인디언과의 교전시 인디언을 뒤쫓더라도 롯지 트레일 릿지(Lodge

Trail Ridge)를 넘어가지는 말라고 지시를 내려놓은 상태이었다. 그러나 페터만은 기회가 오면 인디언과의 전투에서 승리하여 소령으로 진급해야겠다는 생각에 사로잡혀 있었던 것으로 추정된다. 이날 공격에서 가장 중요하고 위험한 유인병(decoy) 역할을 완벽하게 해낸 사람이 다름 아닌 전설적인 인디언 전사 미친 말(Crazy Horse)이었다. 아니나 다를까 페터만 부대는 인디언들의 계략에 속아서 넘어서지 말라고 지시받은 선을 훌쩍 넘어 미친 말이 중심이 된 유인병들을 쫓아갔다가 매복해 있던 인디언들에게 꼼짝 못하게 포위되는 바람에 그날 전투에서 한 명도 살아남지 못하고 81명이 몰살을 당했다. 인디언 측도 심각한 피해를 입었다. 약 200명의 인디언들도 죽거나 다쳤다. 페터만 대위를 포함한 미군전사자들은 리틀 빅혼 국립묘지에 안장되어 있다. 백인과의 전투에서 죽어간 수많은 인디언들은 어디쯤 묻혀 있을까? 국가 조직을 갖춘 든든한 후견인이 없었으니 시신을 제대로 수습하고 장례를 치르고 기념 묘지에 안장한다는 일은 처음부터 기대할 수도 없는 일이었을 것이다.

캐링턴이 전투 현장을 찾아와 멀쩡한 시신은 하나도 없을 정도로 심하게 난도질되어 있는 것을 보고는 종교적 광신자들이나 할 수 있을 법한 믿을 수 없는 사건이라며 크게 경악하였다. 그런데 유일하게 한 병사의 시신만은 온전하였다고 하는데 끝까지 자신이 맡은 소임을 다하며 죽어간 나팔수에 대한 존경심의 표시였다고 전해지고 있다. 만약에 캐링턴이 샌드크리크에서 인디언들이 당했던 현장을 목격하였더라면 어떤 생각을 할 수 있었을까? 인과응보라는 말이 이 경우에도 쓰일 수 있는 말인지 모르겠다. 인디언은 그들의 부모형제와 친척이 당했던 방식 그대로 돌려주었을 뿐이다. 캐링턴의 생각이 맞을 수도 있다. 시빙턴이 스스로 얘기했듯이 그는 광신적 믿음에서 대학살을 자행했고 인디언들은 이를 학습하여 모방했으니까 말이다.

군이 두 케이스를 비교한다면 샌드크리크에서는 부녀자와 어린아이가 대부분인 133명이 학살당한 사건이었던 반면에 페터만 전투의 경우에는 교전 중에 81명이 전사한 사건으로 그 성격에서 큰 차이가 있다.

* 라라미조약 체결(1868년)

이 사건 이후에도 인디언들은 보즈만 도로상에 있는 세 개의 요새를 끈질기게 공격하고 도로를 통행하는 마차를 습격하는 등 백인들이 자기네 영역에서 물러날 때까지 한 치의 양보도 할 뜻이 없음을 분명히 했다. 정부 입장에서 가장 심각하게 생각했던 사건은 파우더강 지역과는 멀리 떨어져 있어서 그동안 안전하다고 여겼던 네브래스카 주에서 1867년 8월 7일에 발생한 열차 습격사건이다. 사태의 심각성을 인식한 정부는 또다시 화친조약 체결을 시도하여 그해 9월 19일 셔먼(William Tecumseh Sherman) 지역 사령관을 대표로 하는 협상단을 열차편으로 네브래스카 주의 플래트 시로 보내 인디언 추장들과 회담을 열도록 했다. 이 회담장에 붉은 구름은 나타나지 아니하였다. 미국정부 측은 수족으로 하여금 파우더 강 유역을 떠나서 미주리 강 상류지역으로 이동해 갈 것을 제의했다. 인디언들은 이 제안은 말도 안 되는 것이라서 논의할 가치조차 없다고 일축해 버렸다. 다른 추장들로부터 소식을 전해들은 붉은 구름은 셔먼의 건방진 태도와 터무니없는 제안에 크게 실망하였다. 또 다른 정부 대표단이 11월 9일 인디언 추장들과 화친조약을 맺기 위하여 라라미 요새로 왔다. 붉은 구름은 정부대표들과 직접 만나지 않고 전령을 보내서 백인들이 인디언들의 사냥터 중 마지막 남은 파우더강 유역에서 물러날 때까지 전쟁은 계속될 수밖에 없다는 사실을 명백히 하였다. 이로써 이번 회담도 결렬되었다.

1868년 봄에 셔먼을 포함한 정부대표단이 라라미요새를 다시 찾아 왔다. 그들은 워싱턴으로부터 보즈만 도로상에 있는 요새들을 철수시키고 붉은 구름과의 평화협정을 타결시키라는 지시를 받고 있었다. 미국 정부의 셈법으로는 이 지역의 안전을 지키기 위해서는 2만 명의 병력이 필요한데 현재 동원할 수 있는 자원에는 한계가 있는 만큼 보즈만 도로를 포기하고 대신 대륙횡단철도를 지키는 게 실익이 있다고 보았다. 대표단은 붉은 구름에게 특사까지 보내어 라라미 요새 회담장에 나와 줄 것을 정중하게 요청하였으나 붉은 구름은 동맹군들과 협의하는 데에 시간이 걸리니까 그 때까지 기다려 달라고 했다. 며칠 후 인편으로 대표단에게 짤막한 그의 입장을 전달했다. 내용인즉, 보즈만 도로상의 요새와 군인들을 철수시키면 회담장으로 가겠다는 것이었다. 이 같은 붉은 구름의 단호한 태도는 셔먼 일행에게 상당한 모욕감과 함께 충격을 주었을 것으로 짐작된다. 이번에도 협상대표단은 빈손으로 동쪽으로 돌아갔다.

결국 미국 정부가 두 손을 들었다. 그해 7월 29일 가장 북쪽에 있던 스미스 요새부터 철수시켰다. 이튿날 아침에 붉은 구름은 전사들을 이끌고 요새의 시설들을 불태웠다. 한 달 뒤에는 필 커니 요새가 폐쇄되었는데 이번에는 샤이엔족이 와서 요새의 건물들을 불태웠다. 또 며칠 뒤에는 리노 요새에 남아 있던 마지막 군인들마저 떠남으로써 보즈만 도로는 공식적으로 폐쇄되었다. 붉은 구름의 빛나는 승리였다. 2년에 걸친 끈질긴 투쟁 끝에 얻어낸 값진 성과였다. 드디어 11월 6일 전사들과 함께 말을 타고 라라미 요새에 나타나 승전국의 대표자격으로 조약에 서명하였다. 조약에 의거 수족은 그들의 성산인 블랙힐스를 포함한 사우스 다코타 주 일대를 인디언 보호구역으로 지정받고 파우더강 유역의 사냥터도 인디언의 땅으로 유지될 뿐만 아니라 서부 캔사스와 동부 콜로라도에서도 사냥할 수 있도록 인정받았다.

* 붉은 구름의 위대한 승리

이로써 2년간에 걸친 라코타 인디언과 미군과의 전쟁은 인디언 측의 완승으로 끝났다. 전쟁을 승리로 이끈 일등 공로자는 역시 붉은 구름, 곧 Red Cloud이었다. 붉은 구름은 1868년의 조약 체결 후 자진해서 미국정부가 마련해준 인디언보호구역으로 들어갔다. 1870년에는 워싱턴을 방문하여 인디언 출신의 인디언담당국장인 파커(Ely S. Parker)와 그랜트(Ulysses S. Grant) 대통령도 만났다. 그는 백인들의 문명을 어쩔 수 없는 대세로 받아들여 무력을 사용한 투쟁을 버리고 연방정부 기구인 인디언국(Bureau of Indian Affairs)과 접촉하여 인디언을 위한 인디언정책이 시행될 수 있도록 하는 데에 노력하였다. 그는 1860년대 말부터 라코타 인디언들이 평원에서의 수렵을 중심으로 한 생활방식으로부터 인디언 보호구역 내에서의 정착생활방식으로 전환하는 데에 많은 역할을 하였다. 1874년부터 블랙힐스 지역에서 금광이 발견됨으로써 인디언과 백인 사이에 새로운 갈등이 불거지자 1875년에 워싱턴을 다시 방문하여 백인들의 불법적인 인디언 영토 침범을 항의하

〈오글라라 대학의 포스터에 그려진 레드 클라우드〉

고 이를 막을 수 있는 대책을 받아내고자 하였으나 별다른 성과를 얻지 못했다. 이러한 갈등은 결국 이듬해에 전쟁으로 발전되었다. 붉은 구름은 이 전쟁에도 참가하지 않았다. 1884년에는 그의 가족과 다른 몇 명의 추장들과 함께 가톨릭교회의 영세를 받고 신자가 되었다. 그는 또한 1887년 소위 도스법이라고 불리는 토지할당법이 제정되어 인디언의 땅이 부당하게 백인에게 매각되는 것을 저지하기 위하여 많은 노력을 기울였다. 그는 그 시대 인디언 지도자 중에서 가장 장수하여 1909년 88세의 나이로 파인릿지 인디언 보호구역에서 생을 마감하였다.

10_ 와시타강 대학살

* 비처 섬(Beecher Island) 전투

검은 주전자 추장을 추종하는 남부샤이엔족의 대부분은 1865년 10월 14일에 체결된 「리틀아칸소 조약(Little Arkansas Treaty)」에 따라 옛 고향인 캔사스와 콜로라도 지역을 떠나 아칸소 강 남쪽의 인디언보호구역으로 거주지를 옮겼으나, 젊은이들을 중심으로 백인에 적대적인 샤이엔 인디언들은 여전히 스모키힐과 리퍼블리컨 강 일대에서 들소 사냥을 하면서 때때로 백인에 대한 습격을 계속하고 있었다.

한편 북쪽으로 이동하여 북부샤이엔과 라코타 인디언의 거주지로 찾아갔던 남부샤인엔족 중 일부가 아칸소 강 너머에 살고 있는 옛 동료들을 만나기 위하여 1866년 봄에 남쪽으로 내려갔다. 일행 중에는 개병대 추장인 키큰 소(Tall Bull)와 유명한 전투지휘자인 매부리코(Roman Nose)도 포함되어 있었다. 일행들이 아칸소 강으로 가는 도중에 검은 주전자 캠프 등에서 빠져

나와 스모키힐에서 들소 사냥을 하고 있던 젊은 옛 동료들을 만났다. 일행들은 이 젊은이들과 어울려 같이 사냥도 하면서 여름 늦게까지 스모키힐에서 머물렀다.

그런데 이때에 윗동네의 라코타 인디언으로부터 반가운 소식이 전해졌다. 그해 여름 동안 보즈만 도로를 지나는 백인들의 마차 행렬을 공격하여 군인과 민간인 수십 명을 죽이고 수백 마리의 말과 기타 가축을 노획하였다는 것이다. 이 소식을 들은 남부샤이엔족과 아라파호족들은 자기네들도 단결하여 투쟁한다면 북부의 친척들이 하고 있는 것처럼 스모키힐 사냥터를 백인들의 침입으로부터 막아낼 수 있을 것이라고 생각하기 시작했다. 그때부터 매부리코를 중심으로 여러 지파 출신의 전사들이 뭉쳐서 스모키힐 일대의 도로를 차단할 요량으로 통행하는 역마차나 마차열차 등을 공격하고 도로상에 있는 역들도 파괴해 버릴 계획을 세웠다. 그러나 그해 겨울 눈보라가 일찍 시작되어 도로의 통행이 중단되는 바람에 역에 있던 가축 떼를 한두 번 공격하는 것으로 그치고 말았다.

한편 그해 겨울 새로 이 지역을 담당하게 된 핸콕(Winfield Scott Hancock) 장군은 특별한 이유도 없이 홧김에 티피용 천막 250여 개를 포함하여 인디언의 엄청난 재산을 불태워버렸다. 인디언들은 엄청난 좌절감과 분노를 느꼈으며 복수를 결심하였다. 이에 따라 그들은 전선을 자르고 역마차역을 습격하고 스모키힐로 통하는 도로를 막는 등 보복 공격을 가했다.

1867년 10월에 라니드 요새(Fort Larned) 남쪽 약 100km에 있는 메디신 롯지(Medicine Lodge)에서 새로운 화친회담이 열렸다. 인디언들이 백인 정착민들과 충돌하는 일을 원천적으로 차단하기 위하여 인디언들을 아칸소 강 남쪽의 인디언보호구역으로 확실히 이주시킨다는 내용을 골자로 하는 또 하나의 조약이 거기서 체결되었다. 그러나 매부리코를 비롯하여 300명 이상의 인디언들은 이 조약에 승복하지 않고 남쪽으로 이주하는 대신에 북부로 방향을 돌렸다.

인디언들은 1867년 말부터 1868년 초까지는 지난 사냥시즌 중에 비축해 두었던 들소 고기 덕분에 큰 어려움 없이 지낼 수 있었으나 봄부터는 식량 부족으로 고통을 받기 시작했다. 샌드크리크 대학살 직전까지 근처의 리용 요새(Fort Lyon: 1862년 이전에는 Fort Wise라 불렀음)에 근무했던 인디언에게 매우 호의적이었던 윈큽 소령이 1866년 제대 후 이곳 인디언보호구역의 연방정부 소속 인디언담당관(agent)으로 일하고 있었는데, 인디언의 딱한 사정을 동정하여 자기가 할 수 있는 최선을 다하여 부족하나마 식량을 인디언국으로부터 받아다가 나누어 주었다. 그는 메디신 롯지 조약에 대한 연방의회 비준절차가 완료되지 않아서 당초 약속했던 정부지원이 아직 이루어지지 못하고 있기 때문이라고 인디언들에게 설명해 주었다. 참다못한 젊은 인디언들은 보호구역 내의 인디언 캠프를 떠나 옛 사냥터로 향했다. 나중에는 개병대 지파(Dog Soldiers)의 추장들도 아칸소강을 건넜다. 사냥장소로 가는 도중에 젊은이들이 총과 식량을 구하기 위하여 정착마을을 습격하기도 하였다.

그해 여름 서부 캔사스, 동남부 콜로라도, 북서부 텍사스 등지에서 여러 평원인디언 부족 출신의 젊은 전사들이 백인 정착촌을 습격하는 일들이 많이 발생하였다. 이 중에 캔사스의 솔로몬 강과 세일린 강 유역에서는 인디언의 습격으로 15명 이상의 백인이 피살되었다.

새로이 이 지역을 관할하는 미군의 책임자로 부임한 세리던(Philip Henry Sheridan) 장군은 적대적인 인디언들을 색출하여 제거하는 데에 많은 공을 들이고 있었다. 그는 퍼시스(George Alexander Forsyth) 소령에게 지시하여 서부 개척민으로 구성된 특수 민간인 수색부대를 창설하였다. 퍼시스 부대로 불린 이 부대는 50명으로 구성되었으며 비처(Frederick H. Beecher) 중위가 지휘하였다. 1868년 9월 17일 이 부대는 수색활동 중 리퍼블리컨강 지류인 아리카리강(Arikaree River)의 비처 섬에서 인디언 연합전사들과 교전을 벌였다. 인디언 전사의 숫자는 정확히 알 수 없으나 적게는 200명 많게는 1000명 수준으로 알려져 있다. '비처 섬 전투(Battle of Beecher Island)'라고 불리는 이 전투에서 미군 측은 6명이 사망하고 15명이 부상을 당했으며 인디언 측도 9명 내지 32명이 전사한 것으로 알려져 있다. 이 전투가 특별한 의미를 갖는 이유는 샤이엔 인디언의 큰 별 하나가 떨어졌기 때문이다. 매부리코가 전투 중에 미군이 쏜 총에 맞아 사망한 것이다. 따라서 인디언들은 이 전투를 '매부리코가 전사한 전쟁'으로 부른다.

샤이엔 전사들로부터 절대적인 신임을 받고 있던 매부리코의 사망과 관련한 하나의 슬픈 일화가 있다. 매부리코가 착용하는 독수리 깃털로 장식된 전투모(bonnet)에는 특별한 마력이 있다고 믿었다. 그 전투모를 쓰고 있는 한 백인의 총알이 매부리코를 다치게 할 수 없다는 마력이다. 실제로 그 전투모 덕분인지는 몰라도 매부리코가 수많은 전투에서 언제나 앞장서서 전투를 지휘하였으나 여태까지 아무런 부상을 입지 않았었다. 그러나 그 마력은 어떤 종류의 것이라도 금속과 접촉하게 되면 사라지고 만다는 것이다. 그런데 며칠 전에 한 잔칫집에 초대되어 음식물을 대접받았는데 그 음식을 요리하는 과정에 쇠붙이 조리도구가 사용되었다는 것을 뒤늦게 알게 되었다. 매부리코는 마력을 회복하기 위하여 인디언식 정화의식에 들어갔다. 이때 마침 비처 섬 전투가 발생하여 한시가 급해지자 정화의식을 온전히 다 끝내기도 전에 전투에 참가하였다. 전투에 나가기 전에 본인이 사망하게 될 것을 예견한 듯한 언행을 하였다고 전해지고 있다. 그는 샤이엔 부족의 추장이나 지도자로 선임되는 것을 원치 아니하였다. 언제나 용감무쌍한 전사로 남기를 원했다. 그러나 우람한 체격과 매부리코를 가진 그의 명성이 워낙 높았기 때문에 미군은 그를 샤이엔족의 최고 지도자로 잘못 인식하고 있었다. 한 기록에 따르면 1860년부터 1868년까지 오리건 트레일을 따라 이주민을 가장 많이 공격한 인디언이 바로 매부리코라고 하였다. 그는 가히 '전쟁의 신(God of War)'이라는 칭송을 받을 만한 인물이었다.

매부리코의 사망으로 샤이엔전사들의 사기는 크게 떨어졌다. 1869년 7월에 있었던 콜로라도의 서밋 스프링스(Summit Springs) 전투에서 키 큰 소(Tall Bull)가 이끄는 개병대가 크게 패함에 따라 옛 고향땅을 지키려는 꿈은 점차 사라지고 쇠망의 길로 접어들게 되었다.

* 와시타강 대학살

검은 주전자는 비교적 온건한 입장이어서 가능한 한 미군의 지시에 순응하여 더 이상 미군의 공격을 받지 않고 지정된 구역에서 평화롭게 살기를 원하였다. 그러나 혈기왕성한 부족 젊은이들은 추장의 충고에는 아랑곳하지 않고 1868년 여름과 가을에 걸쳐 다른 부족의 인디언들과 함께 아칸소강 남부의 캠프를 떠나 아칸소강을 건너 캔사스 일대에서 백인들을 공격하고는 다시 검은 주전자의 캠프로 돌아오곤 했다. 퍼시스 수색대만으로는 적대적 인디언을 색출해서 처치하는 데에 한계가 있다고 판단한 세리든 장군은 검은 주전자의 주거마을을 적대적 인디언들의 본거지로 간주하여 이를 제거해 버릴 계획을 수립하였다.

훗날 크레이지 호스와의 리틀 빅혼 강 전투에서 전사하여 많은 사람들을 놀라게 했던 제7기병대장인 커스터 장군이 와시타 강 가에 있던 검은 주전자의 인디언 캠프 공격을 주도했다. 시빙턴이 샌드크리크를 공격할 때도 그

랬듯이 카스터도 11월 27일 겨울 새벽시간을 택해 일제 공격을 퍼부었다. 전투에 참가한 미군은 500명 이상이었으며 검은 주전자의 마을에는 약 150명의 전사를 포함하여 총 250명가량의 인디언들이 살고 있었다. 이 전투에서 미군 측에서는 21명의 사망자가 나왔는데 인디언 측의 사망자 숫자는 확실하지 않다. 자료에 따라 최소 13명에서 150명까지를 사망자 숫자라고 주장하고 있다. 사망자 중에는 전사들 말고도 여자와 어린아이도 상당수 포함되어 있었다. 미군은 여자와 어린아이 53명을 포로로 잡아갔다. 전투 이튿날 카스터는 정확히 세어 보니 103명의 전사가 사망하였다고 상부로 보고하였다. 결코 세어보지도 않고 추측으로 멋대로 만들어 낸 가공의 숫자라는 게 뒤에 밝혀졌다. 그해 12월 전투현장을 다시 방문한 카스터는 한술 더 떠서 전사(戰士)의 사망자 숫자가 140명이나 된다는 기록을 남겼다. 카스터가 어떤 부류의 사람인지를 짐작해 보는 데에 참고가 될 만하다.

카스터는 포로로 잡아온 샤이엔 여자 중에서 아주 매력적인 여자 한 사람을 징발해 갔다. 이 여자는 영어를 한마디도 몰랐음에도 불구하고 통역이라고 기록되었다고 한다. 그 여자에 대하여 추적해 보니 놀랍게도 그는 샤이엔족의 작은 추장 중 한 명인 리틀록(Little Rock)의 딸인 당시 17세의 모-나-세-타(Mo-nah-se-tah: Spring Grass를 뜻하는 샤이엔어)이었다고 한다. 리틀록은 샤이엔의 작은 추장 중에서는 유일하게 검은 주전자의 캠프에 머물고 있었는데 와시타 전투에서 사망하고 그의 딸은 포로로 잡혀갔던 것이다. 1876년에 있었던 리틀 빅혼강 전투에 참가하였던 오글라라지파의 조셉(Joseph White Cow Bull) 노인은 1938년에 과거를 회상하면서 이 여인에 관한 이야기를 하였다고 한다. 그에 따르면 이미 엘리자베스(Elizabeth Bacon Custer)와 결혼한 상태인 카스터의 성노리개로 잡혀와 1869년에는 카스터의 아들까지 낳았는데 뒤에 카스터의 부인이 알게 되어 쫓겨난 후 라코타족의 주거지역인 와이

〈카스터의 제7기병대에 의한 검은 주전자의 샤이엔 마을 공격〉

오밍으로 옮겨와 살고 있었다고 한다. 그러나 카스터는 웨스트포인트 육군 사관학교 시절 앓았던 임질로 인하여 불임이었기 때문에 그 아들의 아버지는 카스터와 함께 같은 기병대에 근무하던 카스터의 동생인 토마스(Thomas) 일 가능성이 높은 것으로 추정하고 있다.

세리든 장군은 카스터의 전과에 대하여 크게 만족하였다. 그는 승전보고서에서 "작전 개시 전에 검은 주전자에게 군 요새로 들어오면 안전을 보장하겠다고 제의했으나 이를 거절하고 와시타 강 캠프에 계속 머물러 있기를 고집했다"라고 거짓 진술하였다. 카스터의 공격 직전에 미군의 공격 낌새를 알아차린 검은 주전자는 직접 콥 요새(Fort Cobb)를 찾아가서 부족을 다 이끌고 콥 요새로 들어올 테니 제발 부족을 공격하지 말아 줄 것을 간청하였었다. 많은 사람들이 이 와시타 강의 전투는 전쟁행위라기보다는 학살에 가깝다고 주장한다. 학살인가 전쟁인가에 대한 논쟁은 아직까지도 진행되고 있다.

이 전투에 참가했던 엘리엇(Joel Elliott) 소령이 지휘하던 부대가 도망가는 샤이엔 전사를 추격하다가 오히려 샤이엔, 카이오와, 아라파호 연합 전사들에게 역습을 당해 위기를 맞았음에도 불구하고 카스터는 엘리엇 소령을 구조하려는 노력을 포기하고 회군해 버렸다. 결국 19명의 엘리엇 부대원 전원이 사망하였다. 이 사건에 대해 기병대 내에서는 카스터에 대한 비난의 목소리가 높았다. 특히 제7기병대 H중대 중대장을 맡고 있던 엘리엇의 친구였던 벤틴(Frederick Benteen) 대위는 이 사건을 잊을 수가 없었다. 훗날 1876년 6월 25일에 있었던 리틀 빅혼강 전투에서 카스터의 부대가 인디언 전사들에게 무참히 도륙당하고 있을 때에도 벤틴은 그를 구조하러 가지 않았고 카스터는 최후를 맞이하였다.

검은 주전자가 죽은 후 작은 옷(Little Robe)이 명목상의 추장이 되어 살아남은 샤이엔 인디언들을 이끌고 12월 말에 콥 요새로 들어왔다. 작은 옷은 세리든에게 카스터가 겨울식량으로 비축해둔 페미컨 등을 모두 불태워버려서 먹을 게 없으니 제발 좀 도와달라고 간청했다. 노란 곰(Yellow Bear)도 아라파호족을 이끌고 콥 요새로 들어오기로 약속했고, 며칠 뒤에는 인디언 이름으로는 토사위(Tosawi)라고 불리는 은칼(Silver Knife)도 코만치족을 데리고 들어왔다. 은칼은 세리든 앞에서 서툰 영어로 더듬더듬 자기를 소개했다. "토사위, 좋은 인디언(Tosawi, Good Indian)"이라고. 여기에 대하여 세리든은 이렇게 대답했다. "내가 본 좋은 인디언은 다 죽었소.(The only good Indians I ever saw were dead)"라고. 그 자리에 같이 있었던 노드스트롬(Charles Nordstrom) 중위가 기억하였다가 뒤에 옮겼는데 "죽은 인디언만이 좋은 인디언이다.(The only good Indian is a dead Indian)"라는 말로 알려져 그 말이 시대의 유행어가 됐다고 한다.

11_ 리틀 빅혼강 전투와 카스터

* 또 금광 발견이 문제였다

미국의 서부개척과 평원인디언과의 전쟁에는 금광 발견이라는 메뉴가 단골로 등장한다. 캘리포니아와 콜로라도에서 금광발견으로 인하여 백인과 인디언간의 전쟁이 시작되었듯이, 1874년 북부 평원인디언들의 안마당 한가운데에서 발견된 금광은 엄청난 비극을 몰고 올 또 하나의 불씨를 제공하였다. 물론 1830년대 체로키의 땅을 빼앗을 때에도 스모키산에서의 금 채굴이 화근이 되기도 하였다.

붉은 구름이 미군과의 전쟁에서 크게 승리를 거두어 인디언들에게 비교적 유리하게 맺어진 1868년의 라라미 조약에 의거 수족, 샤이엔족, 그리고 아라파호족들은 파우더강 근방의 드넓은 평원을 마음껏 누비면서 사냥도 하고 큰 걱정 없이 지냈다. 레드 클라우드와 점무늬 꼬리(Spotted Tail)는 그들을 추종하는 부족을 이끌고 미국 측이 정해준 레드클라우드 에이전시(Red

Cloud Agency)라 불리는 주거지역에 들어와 살고 있었으며 앉아 있는 소와 미친 말은 주거지역 내에서 자유를 구속받는 것을 원치 않아 여전히 평원에서의 유목생활을 즐기고 있었다. 조약체결 당시 미국 측은 인디언 말로 파하사파(Paha Sapa)라 불리는 인디언의 성산 블랙힐스(Black Hills)를 별로 쓸모없는 땅으로 생각하였다. 그러나 여기서 금이 발견되면서 노다지를 캐 큰돈을 벌고자 하는 백인들이 밀물처럼 산속으로 들어오면서 사정이 달라졌다. 인디언들은 라라미조약에 블랙힐스는 명백히 인디언의 소유라고 표시돼 있다는 점을 근거로 연방정부가 백인들의 무단 출입을 막아줄 것을 요청하였다. 그러나 미국 측은 백인 진입을 막는 척만 할 뿐 사실상 방관하는 입장을 취했다. 그러는 사이 백인들에 의한 금광채굴은 날로 늘어나고 인근에 정착촌들도 속속 생겨나기 시작하였다.

미국정부는 백인들에 의한 무단점유를 기정사실화하고 이참에 블랙힐스뿐만 아니라 인디언의 영토로 남겨 놓았던 땅 중 많은 부분을 헐값에 양도받기 위하여 조직적으로 움직이기 시작했다. 먼저 1875년 9월에 토지 양도를 협의하기 위한 대표단이 인디언 주거지역을 찾아왔다. 블랙힐스를 사들이기 위하여 온갖 노력을 기울여도 인디언들이 한 치도 양보할 뜻이 없다는 것을 깨달은 대표단은 양도 대신 광업권만을 사들이는 방안도 제시하였다. 물론 블랙힐스에서 나오는 금의 가치에 비하면 말도 안 되는 헐값을 제시하였다. 이 제안 역시 인디언들이 받아들일 리가 없었다. 대표단은 아무런 소득 없이 워싱턴으로 돌아갔다. 정상적인 방법으로는 블랙힐스를 수중에 넣을 수가 없다는 점을 인식한 미국정부와 의회는 보다 강력한 일련의 조치들을 준비하고 나섰다.

1875년 12월 3일 인디언담당 국장인 스미스(Edward Smith)는 다음해 1월말까지 지정된 주거지역 밖에 거주하는 인디언은 모두 주거지역 안으로 들어

〈블랙힐스의 최고봉 하니 피크(Harney Peak)〉

가도록 명령하고 이를 어기는 인디언에 대하여는 가차 없이 공격하여 강제로 끌고 오겠다고 발표하였다. 1876년 2월 7일에는 미국의 전쟁부가 관구사령관인 쉐리든 장군에게 적대적인 인디언에 대한 공격을 승인하고 그 다음날 쉐리든은 그의 부하들에게 미친 말의 숙영지인 파우더강과 빅혼강 유역에 대한 군사작전을 준비하라는 명령을 내렸다. 사실 1월 혹한 속에서 어린아이와 여자들을 트래보이(travois: 두 개의 장대를 A자 형태로 틀에 붙들어 매어 개나 말이 끌게 하는 운반 용구)에 태워서 먼 거리를 이동하여 주거지역으로 들어가는 것은 거의 불가능한 것이었다.

3월이 되자 주거지역에 들어가 있던 샤이엔과 수족 인디언들 중 상당수가 들소나 영양을 사냥하기 위하여 파우더강 지류 쪽으로 가서 거기 있던 적대적 인디언(지정된 거주지역 입주를 거부하고 있는 인디언)과 합류하였다. 3월 17일 미군 기병대가 이 숙영지를 습격하여 마을을 초토화시키고 1000마리 이상의 말을 끌고 가버렸다. 그러나 그날 밤중에 인디언들은 미군의 숙영지에 몰래 들어가서 빼앗겼던 말들을 다시 찾아왔다. 집과 살림살이를 모두 잃어 버린 인디언들은 그렇게 멀지 않은 곳에 있던 미친 말의 인디언 캠프로 찾아가서 도움을 받았다. 봄이 되면서 곧 미군의 전면적인 공격이 시작될 것이라는 소문을 들은 미친 말은 자기를 따르는 인디언 부족 모두를 텅 강 유역에 있던 훙크파파 지파의 추장 앉아 있는 소(Sitting Bull)의 캠프 근처로 옮겼다. 날이 풀리자 많은 젊은 인디언들이 사냥하기 위하여 거주지를 떠나 북쪽으로 이동하여 로즈버드 강가에 있던 인디언들과 합류하였다. 이 무렵 미군은 대규모 군사작전을 전개하여 세 방향에서 인디언 밀집지역으로 진군해 오고 있었다.

* 시팅불과 크레이지 호스에 의한 카스터 부대의 전멸

1876년 6월 16일 샤이엔 사냥꾼이 로즈버드(Rosebud) 계곡에서 야영중인 크룩(George R. Crook) 장군의 부대를 발견했다. 이튿날 앉아 있는 소, 미친 말, 그리고 두 달(Two Moons)의 지휘하에 천 명의 수족과 샤이엔족 전사가 미군부대를 공격하였다. '로즈버드 전투'라고 불리는 이 전투에서 발생한 사상자 숫자는 불분명하지만 인디언 측보다는 미군 측이 더 큰 피해를 입었던 것으로 추정된다. 당시 미군은 주거지역을 벗어나 있는 인디언들을 잡아 주거지역으로 다 몰아넣기 위하여 세 갈래의 군사작전을 펼치고 있는 중이었다. 세 부대 중 하나가 바로 크룩 중장의 부대로서 그의 부대는 페터만 요새에서 출발하여 보즈만 도로를 따라 파우더강을 향하여 북쪽으로 진군하던 중이었고, 기본(John Gibbon) 대령이 지휘하는 부대는 몬태나의 엘리스 요새(Fort Ellis)를 출발하여 동쪽으로 진군해 오고 있었으며 나머지 하나는 테리(Alfred Terry) 준장이 이끄는 부대로서 여기에는 카스터의 제7기병대도 포함되어 있

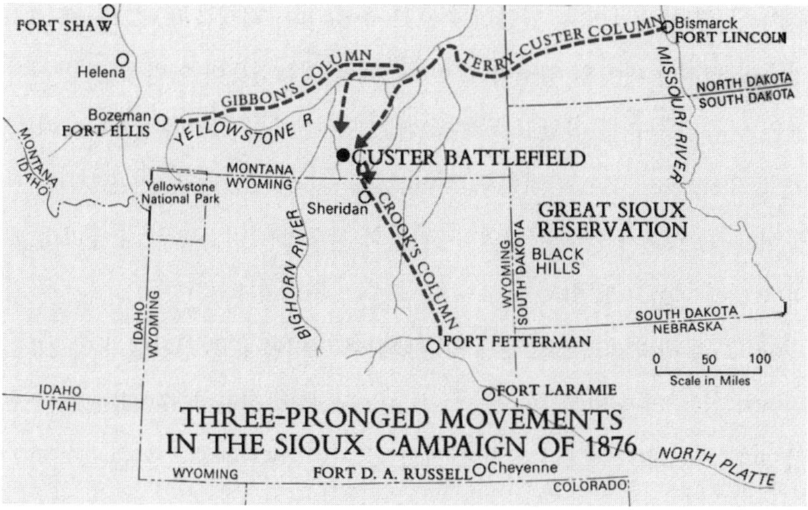

〈라코타 수족 토벌을 위한 미군의 세 갈래 작전 개념도, 1876〉

었는데 이들은 다코타의 링컨 요새를 출발하여 서쪽으로 행군해 왔다.

그러나 이 세 갈래 전략은 출발부터 차질을 빚게 되었다. 크룩의 부대가 로즈버드 전투에서 큰 피해를 입어 증원군을 추가하지 않으면 안 될 만큼 전력손실이 발생하였기 때문에 더 이상의 작전수행을 중단하고 기지로 돌아가서 사태를 관망하고 있는 중이었다. 제대로 된 통신수단이 없던 시절이라 기본과 테리의 부대는 크룩의 부대가 일격을 당한 사실도 모른 채 인디언의 빅혼 강가 야영마을로 계속 진군하였다. 테리는 로즈버드 강어귀에 이르러서는 카스터에게 독자적으로 작전을 수행할 수 있는 권한을 부여하여 로즈버드 강을 거슬러 남쪽으로 진군해 갈 것을 명령하였다.

한편 로즈버드 강 전투가 끝나자 인디언 연합부족들은 풀이 더욱 기름지고 사냥감이 풍부한 리틀 빅혼강 쪽으로 이동하여 강의 서쪽 둑을 따라 약 5km에 걸쳐 인디언 티피촌을 이루었다. 대체로 수천 명의 젊은 전사를 포함하여 만 명 이상이 모여 있었던 것으로 추정된다. 시팅불이 이끄는 홍크파파족이 언제나 마을의 입구나 끄트머리에 위치하였듯이 이번에도 강 상류 제일 남쪽에 자리를 잡았고 북쪽 끝에는 샤이엔족이 있었다. 그 사이에 산 아르크(Sans Arc) 지파, 미네콘주(Minneconjou) 지파, 오글라라(Oglala) 지파, 브룰레(Brule) 지파가 들어와 있었다. 전설적 전투영웅 미친 말도 오글라라 지파 캠프에 머물고 있었다.

6월 25일 새벽에 카스터 부대와 동행했던 인디언 용병 정찰대가 약 24km 떨어져 있는 리틀 빅혼 강가에서 인디언마을을 발견하여 카스터에게 보고하였다. 카스터는 지체하지 않고 그날 낮 시간 동안에 바로 기습 공격하기로 정하고 부대 병력을 셋으로 나누어 인디언 캠프를 포위 공격하기로 계획을 세웠다. 카스터는 전투보다는 인디언들을 도망가지 못하게 해서 모두 다 잡아서 거주지역으로 보내는 데에 관심이 더 많았다. 한 소부대는 카스터가 직접 지휘하고 나머지 두 소부대는 각각 리노(Marcus Reno) 소령과 벤틴(Frederick Benteen) 대위가 맡았다. 리노의 소부대는 리틀 빅혼강을 동쪽에서 서쪽으로 건너 인디언 캠프의 남단을 공격하고 카스터의 소부대는 리틀 빅혼강의 동편을 따라 북쪽으로 간 다음에 강을 건너 북단을 공격하고 벤틴의 소부대는 후방에 주둔하고 있다가 필요 시 지원군 역할을 하는 내용으로 협공작전을 짰다.

리노의 부대가 동에서 서로 강을 건너와 오후 두 시 반 경에 인디언캠프의 남단에서 공격을 시작하였는데 당초 미군의 예상과는 달리 놀라서 도망가는 대신에 수많은 인디언 전사들이 재빨리 거센 반격을 가해 왔다. 리노 부대의 병력은 약 140명이었던 반면에 인디언 전사의 규모는 900명이나 되었다. 당황한 리노는 부하들에 대한 전투 지휘도 제대로 못하였다고 전해지고 있다. 예를 들면 기병대에게 말에서 내리라고 해 놓고는 곧 바로 말에 타

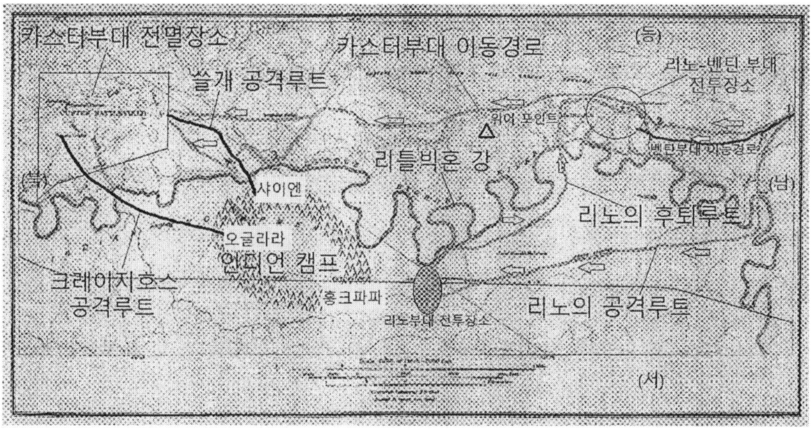

〈리틀 빅혼 강(Little Bighorn River) 전투 개념도〉

라고 지시하는 등 우왕좌왕하는 모습을 계속 보였다고 한다. 리노의 부대는 얼마 버티지 못해 수세에 몰리게 되자 강을 건너 후퇴하여 벤틴의 부대(약 120명 규모)와 합류했다. 리노의 부대는 이 첫 교전에서 벌써 40명의 병사를 잃었다. 카스터의 소부대는 카스터를 포함한 전원이 사망하였기 때문에 그 날의 전투 상황을 정확하게 파악할 수 없다. 인디언 측 전투참가자 등의 증언을 토대로 그날의 전투과정을 재구성해 보지만 증언자마다 다른 주장을 하기 때문에 그날의 진실은 많은 부분이 밝혀지지 않고 있다.

오후 세 시쯤 강 건너 동쪽에서 인디언 캠프의 북단으로 접근하는 카스터 부대를 인디언들이 발견했다. 홍크파파 지파의 쓸개(Gall) 전투추장은 바로 강을 건너 카스터 부대를 추격하고, 오글라라 지파의 크레이지 호스는 강을 따라 북쪽으로 이동한 다음에 하류 지역에서 강을 건너 카스터의 전면을 공격하였다. 10대 1 정도로 엄청난 수적인 열세에 있었고 또한 대포와 같은 위력적인 무기도 가져오지 않은 상황에서 소총에만 의존한 카스터 부대의 참패는 너무나 당연한 결과이었다. 인디언 부녀들도 전투에 도움을 주었다. 여자들은 담요를 흔들어 미군의 말들이 놀라서 도망가도록 만들었다. 말이 없어진 미군은 기동력을 상실하여 후퇴조차 할 수 없는 궁지로 몰렸다. 미군은 막판에 남아 있는 말들을 죽여 엄호 방패로 이용하며 끝까지 저항하였지만 전멸을 피할 수가 없었다. 전투가 시작된 지 대략 두 시간이 지난 오후 다섯 시경에 모든 상황은 종료된 것으로 보인다.

이렇게 해서 카스터가 지휘한 다섯 개의 중대원 210명은 모두 죽었다. 전사자 중에는 카스터의 두 동생(Boston and Thomas), 매제(James Calhounan) 그리고 조카(Henry Reed)도 포함되어 있었다. 전사한 미군들의 두피는 모두 인디언에 의하여 벗겨졌으나 카스터의 머리는 온전하였다고 한다. 카스터가 정식 기병대 군복을 입지 않고 사슴가죽(buckskin)으로 만든 옷을 입고 있어서 인디언들은 그를 민간인으로 오인하였기 때문일 것으로 추정하고 있다.

오후 세 시경 벤틴은 나팔수 병사 마틴(John Martin)을 통해 "Come on. Big village. Be quick. Bring packs."이라고 쓰인 카스터의 쪽지를 전달받았는데, 그 내용은 인디언마을이 매우 크니 즉시 탄약 상자를 가지고 카스터의 소부대쪽으로 빨리 지원 나오라는 매우 다급한 전갈이었다. 또한 4시 20분경에는 북쪽에서 들려오는 수많은 총성 가운데에서 미리 약속돼 있던 긴급구조 요청을 의미하는 총성(volley)도 또렷이 들을 수 있었다. 그러나 그때쯤 리노의 소부대가 강을 건너 후퇴해 와서 벤틴의 소부대와 합류해 있었는데 인디언들이 거기까지 따라와서 공격함에 따라 벤틴의

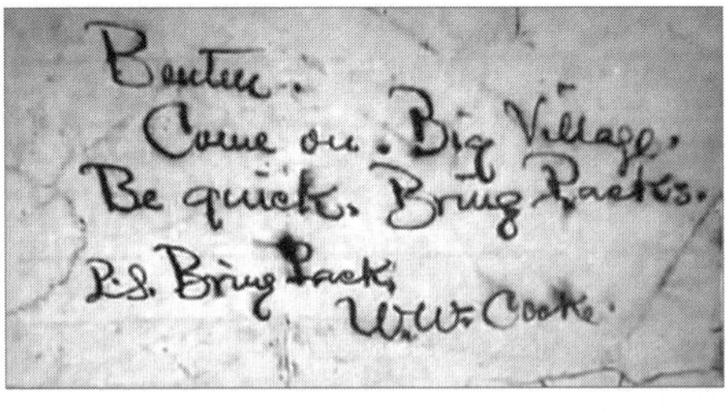
Benteen.
Come on. Big Village.
Be quick. Bring Packs.
P.S. Bring Packs.
W.W. Cooke.

〈카스터가 벤틴에게 보낸 쪽지(1876년 6월 25일 오후)〉

소부대는 참호를 파는 등 우선 인디언으로부터 자기 부대와 리노의 부대를 보호하기에 바빴다. 5시가 돼서야 위어(Thomas Weir) 대위의 중대가 카스터의 전투현장으로 출발했다. 그들이 약 2km쯤 북쪽으로 지금은 위어 포인트(Weir Point)라 불리는 언덕 위로 올라가서 약 5km 떨어져 있는 카스터의 전투장소를 망원경으로 살펴봤더니 말을 탄 인디언 전사들이 땅에 대고 총을 쏘고 있었다. 아마도 죽거나 부상당한 미군을 상대로 다시 총을 쏘고 있던 것으로 추정된다. 5시 25분쯤 카스터가 지휘하던 병력은 전원 사망하면서 상황은 종료된 것으로 추정하고 있다.

곧 이어 벤틴의 나머지 병력도 카스터의 교전현장으로 이동을 시작하였으나 카스터의 소부대를 전멸시킨 인디언 전사들이 이제는 벤틴과 리노의 부대를 공격하기 시작하였으므로 벤틴의 부대는 재빨리 원래의 위치로 돌아와서 방어태세를 구축하였다. 리노는 앞서 있었던 교전에서 부대원 수십명이 사망하고 바로 옆에 있던 아리카라(Arikara)족 인디언 출신 정찰병인 블러디 나이프(Bloody Knife)의 머리를 인디언이 쏜 총알이 뚫고 지나가면서 유혈을 얼굴에 뒤집어쓰는 통에 약간 얼이 빠진 상태에 있었으므로 벤틴이 사실상의 지휘관 역할을 수행하였다고 한다. 벤틴은 말발굽 형태로 방어진지를 구축하여 매우 침착하게 전투를 지휘하여 이튿날까지 지속된 인디언들의 공격을 효과적으로 막아낸 것으로 알려져 있다. 27일 기본과 테리의 연합부대가 전투현장에 도착하여 리노와 벤틴의 부대를 구조하였다. 이 전투에서 미군 측은 268명이 사망하고 55명이 부상을 입었으며 인디언 측 피해에 관한 정확한 통계는 없으나 여러 가지 자료를 종합해 보면 최소 36명에서 최대 136명의 전사자와 약 160명의 부상자가 발생한 것으로 추정된다.

카스터가 긴급구원요청을 했음에도 불구하고 벤틴이 신속하게 명령대로 움직이지 않은 데에 대하여 뒤에 논란이 제기되었다. 1868년 11월 27일에

〈카스터의 마지막 저항 장면(Custer's Last Stand Hill)〉

있었던 와시타 강 전투에서 벤틴의 친구인 엘리엇 소령의 부대가 인디언에게 전멸당할 수도 있는 위기가 벌어지고 있다는 것을 파악하고도 자신의 안위만을 위하여 때 이른 후퇴를 해 버려서 그 부대원이 몰살당했던 일에 대한 앙갚음일지도 모른다는 의혹이 일었다. 이에 대해 벤틴은 당시의 상황하에서는 당장 후퇴해 온 리노의 부대와 연합하여 인디언의 공격을 막아내는 게 더 시급했으며, 약간 정신이 멍해진 리노를 대신하여 모든 부대원 전원을 통솔하기 위하여 최선을 다하여 매우 침착하게 처신하였을 뿐이라고 해명하였다.

미군의 역사상 그 유례를 찾아보기 힘들 만큼 수많은 사상자를 낸 패전의 책임자인 카스터의 행동에 대한 비판이 쏟아졌다. 1876년 9월 2일자 New York Herald 신문에 의하면 "카스터의 학살은 정말로 불필요한 부대원들의 희생"이라고 군 출신인 그랜트 대통령이 말했다고 한다. 쉐리든 장군 역시 카스터의 무모한 행동이 비참한 결과를 초래하였다고 그를 비난하였다. 쉐리든은 카스터의 패배 원인으로 몇 가지를 지적하였다. 첫째, 테리 장군이 제2기병대를 추가로 작전에 투입시켜 주겠다고 제의했음에도 불구하고 자신의 제7기병대만으로 충분하다고 하면서 거절하였다. 둘째, 대포도 같이 가져가지 않고 군도도 휴대하지 않았다. 대포와 함께 갈 경우에는 행군속도가 느려져 신속한 작전수행에 지장이 많다고 생각하여 카스터는 기병대만으로 공격할 것을 주장하였다. 셋째 인디언 전사의 수가 훨씬 더 많았음에도 불구하고 카스터의 기병대를 세 개의 소부대로 나누어 공격하였다.

미군 측은 처음부터 적대적 인디언들의 인원수에 관하여 크게 잘못된 정보에 근거하여 작전계획을 수립하였다. 인디언 주재관들(Indian Agents)은 미국의 정책에 순응하지 않고 거주지역 바깥에서 계속 생활하고 있는 인디언 숫자는 약 800명인 것으로 파악하고 있었다. 크룩, 기본, 그리고 테리도 이 추정치를 공유하여 군사작전을 짰다. 그러나 알게 모르게 거주지역을 빠져나와 적대적 인디언 캠프에 머물고 있는 어마어마한 숫자의 인디언을 빠뜨리는 큰 실수를 한 것이다. 카스터의 부대가 인디언 마을에 가까이 오면서 인디언 정찰병들이 앞서서 인디언 마을을 정탐한 결과 지금까지 봐 왔던 인디언 마을과는 비교도 안 될 정도로 큰 캠프라는 것을 알게 되어 이를 곧장 카스터에게 보고하였다. 그러나 과욕은 필시 화를 불러오기 마련인데 카스터는 이 점을 간과하고 당초의 작전 계획을 밀어붙였다가 큰 패배를 당하게 된 것이다.

그러나 카스터의 행동을 두둔하는 사람들도 있었다. 이들은 그러한 지형에서의 전투에는 대포를 운반한다는 것이 큰 짐이 되기 때문에 대포와 함께 가지 않은 것은 실수가 아니며, 리노와 벤틴의 부대로부터 적기에 지원을 받았더라면 상황이 최악으로 치닫지는 않았을 것이라고 주장하였다. 카

〈카스터 장군 부부〉

스터의 최대 옹호자는 그의 부인 엘리자베스(Elizabeth Bacon Custer) 여사이었다. 카스터의 참패 이후 그에 대한 비판적 여론이 널리 확산되어 가는 것을 못마땅하게 지켜본 카스터의 미망인이 카스터의 명예회복을 위하여 발 벗고 나섰다. 그녀는 카스터에 관련된 책을 세 권이나 출판하였으며 전국을 돌며 연설을 통하여 카스터의 행동은 정당하였으며 미국을 위해 목숨을 마친 순교자와 같은 참군인이었음을 역설하고 다녔다. 그녀의 헌신적인 노력으로 카스터에 대한 미국인들의 인식이 많이 달라지게 된 것으로 알려져 있다. 그녀는 저술과 강연 등으로 재산도 축적할 수 있게 되어 뉴욕의 비싼 집에서 우아하게 살다가 1933년 4월 4일 91회 생일을 나흘 앞두고 세상을 떠났다. 그녀는 죽기 몇 년 전에 카스터 성을 가진 자식이 없는 점을 제일 아쉬워 한다고 이야기했다. 카스터는 웨스트포인트 사관학교 시절 앓았던 임질로 인하여 불임이 되었다고 한다. 그녀는 "카스터는 나의 영웅 중 한 사람"이라고 쓰여 있는 루스벨트(Theodore Roosevelt) 대통령의 편지를 보물처럼 간직했다.

미국 서부개척 역사에서 카스터만큼 많은 사람들의 입에 오르내리는 사람을 찾아보기는 힘들 것이다. 그는 숱한 화제와 전설을 남기고 간 풍운아 같은 별난 군인이었다. 웨스트포인트 재학시절 학교성적은 늘 꼴찌였으며 징계를 워낙 많이 받아 퇴학되기 직전에 이르렀으나 마침 때맞추어 터진 남북전쟁이 카스터의 운명을 바꿔 놓았다. 카스터와 같은 3학년 생도들은 모두 한 해 먼저 3년 만에 육군사관학교를 졸업하고 소위 계급장을 달고 전투 현장으로 배치되었다. 남북전쟁 기간 동안 카스터는 많은 전설을 만들어 냈는데 23살의 나이에 비록 임시계급이지만 소장까지 진급하는 역사적 사건의 주인공이 되기도 했다. 남북전쟁이 끝난 뒤에는 중령의 계급으로 제7기병대장을 맡아 1868년 11월 말 와시타 강 전투에서도 큰 공을 세우며 승승장구하였다. 이번의 리틀 빅혼 강 작전에 참가하면서는 그가 가장 아꼈던 인디언 정찰병 피묻은 칼(Bloody Knife)과 또 다른 몇 명의 아리카라(Arikara)족 정찰병에게 "이번 작전이 카스터의 마지막 참전이 될 것이며 장래에 미국 대통령이 되어서 백악관에서 아리카라족을 보살펴 주겠노라"고 이야기한 것으로 전해지고 있다. 앤드류 잭슨도 전쟁 영웅에서 대통령이 됐고 남북전쟁 당시 북군 총사령관이던 그랜트도 대통령이 되었으니 그런 포부를 가질만도 했을 법하다. 그 말이 사실이라면 카스터는 정말 큰 꿈을 가지고 있었고 그 꿈을 하루 빨리 실현시키기 위하여 인디언 작전에서 무리수를 두었을 수도 있겠다는 생각을 해본다.

이 전투에서 인디언은 역사상 가장 크게 통쾌한 승리를 거두었지만 전쟁에서 지는 것을 막지는 못했다. 인디언에게 치욕적인 패배를 당하고 가만히 있을 백인들이 아니다. 인디언들에 대한 적개심은 더 높아지고 군대는 보다 강도 높은 전면전을 치를 각오를 다졌으며 블랙힐스를 뺏기 위한 공작에는 더 속도가 붙었다.

* 파하 사파 결국 백인의 수중으로

인디언들은 전투가 끝나자마자 예상되는 보복공격을 피하기 위하여 캠프를 철수하여 다른 곳으로 옮겨갔다. 시팅불의 무리는 남서쪽으로 이동하였

〈레드 클라우드 에이전시(Red Cloud Agency)〉

고 크레이지 호스 무리는 남동 방향으로 떠났다. 이들은 미군 기병대가 추격하지 못하도록 빠져나온 길에 불을 질렀다고 전해지고 있다. 이때 캠프에 있던 인디언 중 상당수는 빠져나왔던 인디언 주거지역으로 다시 돌아갔다. 이제 600명 정도의 전사들만 주거지역으로 들어가지 않고 적대적 인디언으로 계속 남았다.

카스터 부대가 대패했다는 소식이 동부의 백인들에게 전해지자 그들은 이것을 인디언들이 저지른 야만적인 학살행위라고 비난하며 엄청난 분노를 표출했다. 그러나 이번 전쟁의 우두머리인 시팅 불과 크레이지 호스는 여전히 인디언보호구역 밖에서 자유롭게 살고 있기에 처벌할 길이 없었으므로 이번 전쟁과는 무관한 주거지역 안에 살고 있는 애꿎은 인디언들이 분풀이 대상이 되었다. 모든 주거지역을 미군이 직접 관할하며 모든 인디언들을 전쟁포로로 취급하고 급기야 8월 15일에는 미국 의회가 파우더강 유역과 블랙힐스에 대한 권리를 인디언들이 포기하도록 만들려는 법률을 제정하였다. 백인들의 논리로는, 인디언들이 미군과 전쟁을 벌임으로써 1868년의 라라미조약을 위반하였기 때문에 이에 대한 책임을 인디언들이 져야 한다는 것이었다. 명백한 사실은, 인디언들이 미군을 먼저 공격한 바가 전혀 없으

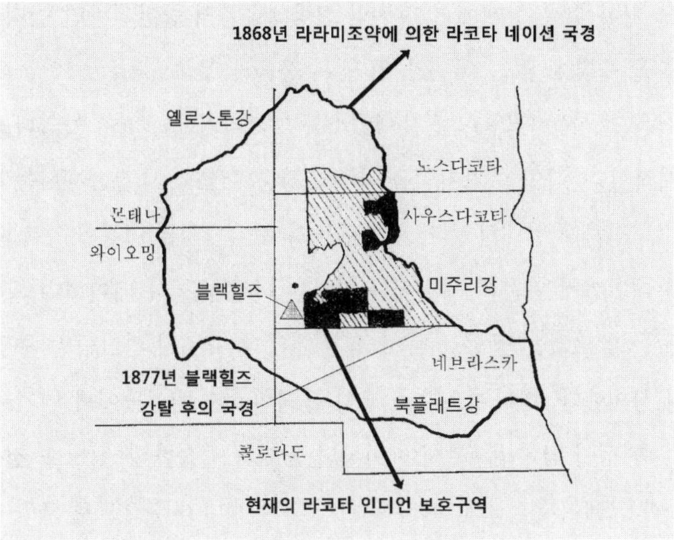

〈라코타의 영토가 줄어드는 과정〉

며 리노의 부대가 먼저 캠프의 남단으로 공격해 들어왔기 때문에 인디언 전사들이 인디언 마을과 부족을 지키기 위하여 강너머에서 마을 쪽으로 언덕을 내려오고 있는 카스터의 부대를 공격하지 않을 수 없었던 것이다. 9월에는 그랜트 대통령이 새로 제정된 그 법률안에 서명하고 인디언들로부터 블랙힐스를 양도받기 위하여 새 협상대표단을 네브래스카 화이트강가에 있는 레드 클라우드 에이전시(Red Cloud Agency)로 파견했다.

대표단이 가져온 새 조약안은 노골적인 협박성 문건이었다. 그 내용의 골자는, 블랙힐스와 그 북녘의 땅을 양도하고, 미주리 강에 있는 주거지역에서 식량을 배급받고, 블랙힐스로 통하는 세 개의 도로 개설을 허용하지 않으면 더 이상 생활용품을 지급하지 않겠다는 것이었다. 흔히 이를 '팔래? 굶을래?(Sell or Starve?) 정책'이라고 부른다. 들소사냥으로 식량을 조달할 수 있는 길도 막아 놓은 상태에서 정부의 식량배급마저 중단된다면 인디언들은 굶어 죽을 수밖에 없는 처지가 된다. 추장들과 부족민들은 백인들이 해왔던 전력을 잘 아는 터라 이제 블랙힐스를 지켜내기에는 때가 늦었다고 생각하기 시작했다. 다만 주거지역을 미주리 강 쪽으로 다시 옮기겠다는 계획에 대하여는 심하게 반대하였다. 인디언들의 주거지역은 그동안 수차례나 이동하여 여기까지 왔는데 예전에 울창하던 나무숲을 다 베어버려 황량하기 짝이 없는 쓸모없는 땅으로 다시 옮겨 가라니 도무지 받아들일 수 없다고 거세게 항의했다. 라라미조약을 고쳐 블랙힐스를 백인들에게 넘기기 위해서는 수족 성인 남자의 4분의 3 이상의 동의가 필요한데, 상당수 전사들이 시팅불과 크레이지 호스를 따라 주거지역 밖에 나가 있으므로 조약 수정은 불가능하다고 주장하면서 인디언들은 계속 버텼다.

그러나 대표단은 주거지역을 떠나 있는 적대적인 인디언들은 이 건과 아무 상관이 없으며 주거지역 내의 인디언들만 해당된다는 희한한 논리를 들고 나왔다. 한술 더 떠 새 조약에 서명하지 않으면 당장 식량공급을 중단하고 총과 말을 압수하고 저 남쪽의 오클라호마에 있는 인디인 보호구역으로 보내 버리겠다고 협박의 수위를 더 높였다. 도무지 백인들의 압박에 견딜 수가 없었다. 결국 레드 클라우드와 점무늬 꼬리(Spotted Tail) 추장이 서명하고 나머지 오글라라 지파와 브룰레 지파의 인디언들도 뒤이어 서명했다. 대표단은 다른 인디언 부족들이 머물고 있는 에이전시도 방문하여 갖은 협박으로 서명을 얻어냈다. 드디어 1877년 2월 28일 1868년에 체결된 라라미 조약을 수정하는 협정이 만들어짐으로써 적법성 여부에 관한 불씨를 안은 채 일단은 블랙힐스가 백인의 수중으로 넘어갔다.

* 시팅불과 크레이지 호스 도피 계속

미군들은 양도받은 지역을 순찰하며 만나게 되는 인디언들은 무조건 죽였다. 시팅불이 이끄는 인디언들은 가능한 한 미군들과 마주치지 않기 위하여 멀리 옐로스톤 강으로 이동하였다. 1877년 봄 도망 다니기에 지친 시팅불은 더 이상 미국 땅에서 버티기가 어렵다고 판단하여 부족민들을 이끌고 캐나다로 넘어갔다. 크레이지 호스와 함께 가기를 원하였으나 크레이지 호스 역시 미군을 피해 여기저기로 도망 다니는 중이라서 도무지 찾을 수가 없었다.

크룩 장군의 부대는 추운 날씨에도 불구하고 미친 말을 열심히 찾아다니고 있었다. 행군 도중에 우연히 무딘 칼(Dull Knife)이 이끄는 샤이엔마을을 발견했다. 그들은 새벽녘에 인디언들이 채 잠에서 깨어나기도 전에 포니(Pawnee)족 용병을 앞세워 기습 공격하여 수많은 인디언들을 사살했다. 살아남은 사람은 맨발로 옷가지도 걸치지 못하고 황급히 천막에서 빠져나와 도망쳤다. 그들이 피신해서 도움을 청할 수 있는 곳은 미친 말이 머물고 있는 곳밖에 없었다. 미군들이 인디언의 말은 다 사살하고 의복이나 신발은 다 불태워버려 엄동설한에 거기까지 간다는 것은 곧 죽음을 의미했다. 이동 첫날밤에 노인 여섯 명과 어린아이 열두 명이 얼어 죽었다. 디 브라운의 명저 「Bury My Heart at Wounded Knee」의 357페이지에는 "다음날 밤에는 어린이들을 추위로부터 지켜내기 위하여 말을 죽여서 내장을 꺼낸 다음 그 속에서 어린이들을 재웠다"라고 기술하고 있다. 이 눈물겨운 실화를 들을 때에 자식과 손자들을 키워본 사람이라면 눈시울이 뜨거워지지 않을 수가 있을까?

* 크레이지 호스의 최후

크룩은 크레이지 호스를 잡으려고 점무늬 꼬리에게 접근했다. 크레이지 호스를 투항시키기만 하면 수족을 미주리 강 쪽으로 이주시키지 않겠다고 꼬드겼다. 점무늬 꼬리가 미친 말의 마을을 찾았으나 미친 말은 일부러 자리를 비우고 없었다. 크룩은 붉은 구름을 크레이지 호스에게 보내 다시 한 번 투항하도록 설득시켰다. 레드 클라우드는 크레이지 호스가 투항하게 되면 파우더 강가에 인디언 주거지역을 마련해 주겠다는 크룩의 달콤한 약속도 가져왔다. 이제 탄약도 식량도 바닥나서 백인들과 더 이상 싸울 기력이 없어진 크레이지 호스는 그 약속을 믿고 1877년 5월 7일 레드 클라우드가 머물고 있는 로빈슨 요새(Fort Robinson)로 들어갔다. 날개 꺾인 독수리가 된 크레이지 호스는 여전히 젊은 인디언들의 우상으로서 요새 내에서 인기가 대단하여 나이 많은 추장들로부터 질투의 대상이 되고 있었다고 한다. 크레이지 호스는 크룩(George R. Crook)이 약속을 지켜 파우더 강가에 주거지역을 설치해 줄 날만을 기다리며 조용히 지내고 있었다. 크룩은 크레이지 호스에게 워싱턴을 방문하여 대통령을 만나 새 주거지역에 관하여 회담할 것을 제의하였다. 그러나 늙은 추장들이 대통령을 만나고 온 후로 사람이 달라지는 것을 익히 보아온 터라 크레이지 호스는 일언지하에 거절했다. 약속대로 파우더강가에 주거지역을 만들면 그만이지 여기에 무슨 별도의 회담이 필요하다는 말인가? 백인들의 속셈을 크레이지 호스가 모를 리 없었다.

1877년 6월에 로키 산맥 너머 몬태나에서 네즈 페르세(Nez Perce) 인디언과 미군 사이에 전쟁이 벌어지자 인디언 주재관이 이 전쟁에 참가할 용병을 모집하였다. 몇몇 젊은 인디언들이 용병으로 지원하는 것을 본 크레이지 호스는 이를 매우 부끄러운 일로 여겨 부족민을 이끌고 다시 파우더 강 쪽으로

〈로빈슨 요새(Fort Robinson)로 투항하러 가는 크레이지 호스 무리들, 1877년 5월 6일〉

나가버리겠다는 말을 내뱉었다. 곳곳에 심어 놓은 인디언 프락치로부터 이 말을 전해들은 크룩은 당장 크레이지 호스를 체포할 것을 명령했다. 크레이지 호스는 크룩이 있는 로빈슨 요새로 연행됐다. 그날은 너무 늦어 크룩을 만날 수가 없어서 그를 잡아갔던 군인들이 그의 신병을 주재소 경찰관에게 넘겼다. 크레이지 호스가 그 경찰관을 보고는 크게 놀랐다. 왕년에 크레이지 호스 곁에서 백인에 대항하여 끝까지 싸우겠다는 결의를 다지며 용맹을 뽐내던 작은 거인(Little Big Man)이 백인에게 매수되어 여기서 동족을 핍박하는 경찰로 변신해 있다니 기가 찰 노릇이었다. 작은 거인과 케닝턴(James Kennington) 대위가 호송하여 경찰 유치장으로 데리고 갔다. 철창살 안에서 짐승을 잡을 때에나 쓰이는 덫에 발이 묶인 사람들을 보는 순간 크레이지 호스는 순간적으로 폭발하여 호송하던 군경과 심한 격투를 벌였다. 이때 옆에 있던 젠틀스(William Gentles) 일병이 누군가의 명령에 따라 대검으로 크레이지 호스의 복부를 찔렀다. 크레이지 호스는 이렇게 1877년 9월 5일 밤 35

세의 나이로 세상을 떠났다. 또 하나의 인디언 큰 별이 떨어져 부족의 곁을 영원히 떠나갔다. 그러나 크레이지 호스는 사후 200년쯤 지나서 지상 최대의 석상으로 다시 태어나게 될 것이다.

그해 가을 인디언들은 네브래스카 주거지역을 떠나 북동쪽에 있는 다코타의 척박한 땅으로 옮겨갔다. 가는 도중에 일부 인디언들은 대열에서 빠져나와 북서쪽으로 방향을 틀어 시팅불이 있는 캐나다로 향하기도 하였다. 이탈한 인디언 중에는 미친 말의 아버지도 있었다. 그는 운디드니(Wounded Knee) 근처를 지나다가 크레이지 호스의 유골을 땅에 묻었다.

12_ 시팅불과 운디드니 대학살

* 시팅불, 캐나다 망명을 끝내고 미군에 투항

미군에 쫓겨 캐나다로 들어간 시팅불 무리들은 캐나다에서도 계속하여 고난을 겪고 있었다. 캐나다가 독립 전이라서 영국식민지 통치를 계속 받고 있는 시절이었기 때문에 영국정부와 상대하였는데, 캐나다 측은 인디언들이 다시 미국으로 들어가서 미군과 싸운다든지 하는 말썽만 부리지 않고 들소사냥이나 하면서 조용히 산다면 굳이 쫓아내지는 않을 것이나, 캐나다 내에 있는 인디언 부족에게 해 주고 있는 정부지원은 해줄 수 없다는 입장을 취하고 있었다. 추위와 굶주림을 참다 못한 부족민 중에는 시팅불을 떠나가는 사람도 생기기 시작했다. 1881년 봄에는 그의 충성스러운 부하 쓸개(Gall)도 떠났다. 드디어 7월 19일 시팅불은 마지막까지 남아 있던 부족민 180여 명을 거느리고 북다코타의 부퍼드요새(Fort Buford)로 들어왔다. 그러나 당초에 스탠딩 록(Standing Rock)에 있는 홍크파파족의 에이전시로 보내고 투항할

〈라코타의 대추장 시팅불(Sitting Bull)〉

경우 사면해 주겠다는 약속을 다 깨어 버리고 랜들 요새(Fort Randall)에 포로로 감금해 버렸다. 시팅불은 1883년에야 스탠딩 록으로 돌아올 수 있었다.

시팅불이 투항해 온 지 십여 일 뒤에 로즈버드 에이전시(Rosebud Agency)에서 브룰레지파의 추장 점무늬 꼬리(Spotted Tail)가 까마귀 개(Crow Dog)라는 이름을 가진 동족 인디언에게 암살당하는 사건이 발생했다. 시팅불은 미국 측이 다루기 껄끄러운 추장을 제거하고 보다 온건한 추장과 상대하기 위하여 까마귀 개를 매수하여 사건을 저질렀다고 믿었다. 암살사건에 대한 관심이 조금씩 수그러들면서 시팅불의 투항이 더 큰 관심을 끌기 시작하였다. 여러 주거지역에 흩어져 수용돼 있던 인디언 추장들이 인사차 랜들 요새로 찾아오고 전국 각지에서 신문기자들도 몰려왔다. 1876년의 리틀 빅혼강 전투에서는 대승을 거두었으나 지금은 초라한 패장의 모습으로 나타났지만 그에 대한 부족민들의 존경심은 여전했다. 시팅불은 인디언에게뿐만 아니라 전국적으로 유명인사가 되어 있었다. 당시 미국정부측은 시팅불을 전체 수족의 대추장으로 알고 있었다. 수족은 여러 지파로 나누어지며 각 지파별로 추장이 따로 있다는 사실을 잘 몰랐던 것 같다. 1885년에는 인디언보호구역을 떠나서 버펄로 빌 서부극 쇼(Buffalo Bill Cody's Wild West)에 출연하기도 했다. 그는 그의 사진과 서명에 대하여도 대가를 받아 번 돈으로 가난한 사람들을 도왔다고 한다. 그에 관한 재미나는 일화가 하나 있다. 1884년 북태평양대륙횡단철도(Northern Pacific Railway) 완공기념식에 특별연사로 초청되어 축사를 하였는데 연설 도중에 라코타 말로 백인들에게 심한 욕을 했다고 전해지고 있다.

* 다시 또 수족의 땅 절반을 뺏어가다

미국정부는 1882년에 수족의 몫으로 그때까지 남겨져 있던 땅을 조각내어서 그중의 반을 사들이겠다는 계획에 따라 대표들이 인디언 주재소로 와서 인디언들을 회유하기 시작하였다. 이에 대해 시팅불은 부족 추장들에게 절대로 팔지 말라고 충고하였다. 그러나 대표단은 서명한 인디언의 숫자를 채우려고 어린아이의 서명을 받기도 하여 언제나 그래 왔듯이 그들의 목표를 달성하고 돌아갔다. 파인릿지(Pine Ridge) 주거지에 머물고 있던 작은 추장 노랑머리(Yellow Hair)는 서명이 끝난 뒤 주재관 맥길리커디(Dr. Valentine Trant McGillycuddy)에게 흙을 한 줌 주면서 “우리 땅을 다 가져가게 되었으니 이 마지막 한 줌의 흙도 마저 가져가라”고 말하면서 조롱하였다고 한다. 1883년 초 대표단은 그 서명철을 워싱턴으로 들고 가서 수족 땅을 미국 측에 양도하는 법안을 상정했다. 그러나 인디언에게 다소 우호적인 의원들이 서명의 적법성에 문제가 있을 뿐만 아니라 성인남자의 4분의 3이라는 요건도 충족하지 못한다고 지적하였다. 이에 따라 도스(Henry Laurens Dawes) 상원의원을 대표로 한 조사단이 인디언 거주지역으로 왔다. 서명을 받아 간 힌먼(Samuel Dutton Hinman) 일당이 인디언에게 불리한 내용들은 감추고 인디언들이 얻게 되는 혜택만을 설명하는 속임수를 써서 서명을 받아냈던 것이 들통이 나서 이 계획의 추진은 잠시 보류되었다. 토지를 양도받기 위한 대표단이 1888년에 다시 인디언 마을을 찾았으나 필요한 수 만큼의 서명을 받아내지 못하여 소득 없이 돌아갔다.

1889년에는 그나마 인디언들에게 약간의 신뢰를 받고 있는 크룩 장군을 전면에 내세워 토지를 사들이기 위한 작업을 추진하였다. 크룩은 다른 부족민의 서명은 어지간히 받아 냈지만 시팅불이 버티고 있는 훙크파파족의 서명을 받아내는 데에 큰 애를 먹고 있었다. 맥래플린(James McLaughlin) 주재관(agent)은 라코타 수족의 시하사파(Sihásapa: Black Feet) 지파의 그래스(John Grass) 추장과 비밀리에 만나 시팅불에게 알리지 않고 8월 3일 추장들과의 회담을 주선했다. 어렵사리 시팅불도 뒤늦게 그 회의장에 들어갈 수 있었으나 이미 대세는 서명하는 쪽으로 기울어져 있었다. 이리하여 수족의 땅은 작은 섬 모양으로 여러 군데로 흩어지게 되고 그 사이에는 백인 이주민들로 채워지게 되었다.

* 망령춤과 시팅불의 사망

수족의 땅이 조각난 지 1년쯤 지난 1890년 10월에 미네콘주지파의 차는 곰(Kicking Bear)이 시팅불을 찾아와서 새로운 종교인 망령춤(Ghost Dance)에 대한 이야기를 들려주었다. 망령춤 교는 네바다 대분지(Great Basin)에 살고 있는 파이우트(Paiute) 인디언 출신 워보카(Wovoka)가 창시한 신흥종교로서 급속도로 전체 인디언부족들에게 확산되는 중이었다. 차는 곰과 그의 처남인 쇼트불(Short Bull)을 포함하여 모두 열 명이 당시 인디언의 메시아로 통하고 있는 워보카를 만나러 최근 개통된 대륙횡단철도를 이용하여 로키 산맥을 넘어 네바다까지 다녀왔다. 파이우트 마을로 가서 며칠을 기다린 끝에 드디어 메시아 워보카를 만날 수 있었다. 선교사들이 보여주었던 예수의 모습

〈망령춤교 창시자 워보카〉

은 백인이었는데 이 메시아는 자기들과 비슷하게 생긴 인디언의 모습이었다. 메시아가 한참을 설교한 다음에는 춤을 가르쳐 주고 참석했던 모든 인디언들이 따라서 한참동안 춤을 추었다고 한다. 그의 교리는 기독교의 교리를 인디언 버전으로 재구성한 것이었다. 백인들이 저지른 해악으로 십자가에 못 박혀 하늘나라로 올라간 예수가 이번에는 인디언의 모습으로 인디언 나라에 재림했다는 것이며 워보카 자신이 바로 재림 예수라고 설교했다. 백인들은 이 땅에서 사라질 것이며 망령의 춤을 추면 예전에 수없이 많았던 들소와 야생말들이 다시 돌아오고 죽었던 인디언 선조들이 다시 살아나 우리 곁으로 와서 인디언들만이 복락을 누리며 이 땅에 살게 된다고 그는 주장했다.

메시아의 설교를 직접 듣고 다시 열차로 다코타의 인디언마을로 돌아온 순례자들은 각 지파의 마을을 돌면서 이 신흥종교를 열심히 전도하였는데 인디언들의 반응은 거의 폭발적이었다. 계속된 백인들의 핍박으로 심신이 극도로 피폐해져 있던 중 워보카의 설교는 구원의 메시지이었다. 시팅불이 처음에는 다소 망설였으나 생각을 바꾸어 자신의 부족민들에게도 망령춤을 가르치도록 허용했다. 망령춤이 서부의 모든 인디언들 사이에 걷잡을 수 없을 정도로 퍼져 나가게 되어 미군 측은 불안하게 생각하기 시작했다.

드디어 그해 가을 미군은 망령춤을 금지시켰다. 군의 금지 조치에도 불구하고 차는 곰은 계속해서 인디언들에게 망령춤을 가르쳤다. 주재관은 시팅불에게 이를 금지시켜 달라고 요청했으나 시팅불은 이를 무시해 버렸다. 맥래플린 주재관은 이 사악한 종교운동을 시팅불이 막후에서 조종하고 있으

〈망령춤(ghost dance)〉

니 군 형무소로 수감시킬 것을 인디언담당국에 요청했다. 그러나 담당국장은 상사인 전쟁부장관(Secretary of War)과 협의한 결과 시팅불의 체포는 사태를 더 악화시킬 우려가 있기 때문에 그 요청을 수용할 수가 없다고 통보했다. 11월 중순이 되자 인디언 동네는 완전히 망령춤으로 뒤덮였다. 거의 모든 일상적 활동이 중단되고 망령춤만이 인디언 마을을 휩쓸게 되었다. 이에 놀란 맥래플린 주재관은 워싱턴으로 급히 전보를 쳐서 부족의 추장들을 긴급 체포해서 군 요새에 감금할 것을 상부에 건의했다. 이 건의는 받아들여져 시카고의 군사령부에 있던 곰 외투(Bear Coat)라는 별명을 가진 마일스(Nelson Appleton Miles) 소장이 이 사건을 맡았다. 전 주재관인 맥길리커디(Dr. Valentine Trant McGillycuddy)는 군대를 동원하면 큰 분쟁이 발생할 가능성이 높기 때문에 자제해야 한다고 건의했다. 그러나 그의 의견은 무시되었고 마일스는 현지 군인들에게 앉아 있는 소를 체포하라고 명령을 내렸다.

1890년 12월 15일 새벽시간에 인디언 경찰이 시팅불의 거처에 들어가서 시팅불을 깨웠다. 시팅불은 영문도 모른 채 주재소로 가기 위하여 집을 나섰다. 이때 망령춤 옷을 입은 수많은 인디언들이 모여들었다. 인디언경찰과 시팅불을 보호하려는 인디언들 간에 몸싸움이 벌어졌고 이 과정에서 인디언경찰이 권총을 발사하여 시팅불은 그 자리에서 숨졌다. 인디언의 마지막 정신적 지주가 사라지는 순간이었다. 시팅불의 죽음은 인디언 저항세력의 종언을 의미했다.

지혜와 용맹과 덕을 고루 갖춘 앉아 있는 소는 인디언의 이상적인 지도자이었다. 그가 말을 타고 달리면서 총을 쏘는 기술은 신기에 가까웠다고 하고 전투에서는 늘 앞장서서 가장 용감하게 싸웠으며 미래를 내다보고 예언을 할 수 있는 영적인 능력도 겸비하였다고 한다. 열네 살 나이에 참가했던 크로우 족과의 전투에서 그의 특별한 용맹성을 확인한 아버지는 본인의 이름을 아들에게 물려주고 본인은 이름을 뛰는 소(Jumping Bull)로 바꿨다. 1869년 훙크파파지파의 대추장으로 추대된 그는 그의 이름처럼 소와 같은 여유와 인내를 늘 가지고 있었다고 한다. 인디언 지도자에게는 영적인 능력도 필요하다. 시팅불은 꿈과 환영 속에서 미래를 보고 예언할 수 있는 특별한 능력을 가졌다. 문무와 영적인 능력까지 갖춘 시팅불이야말로 인디언으로서는 최적의 지도자가 될 수 있었다. 백인들이 훙크파파의 사냥터를 침범하자 시팅불이 가장 용감하게 싸웠다. 그는 모든 일에 최고가 되기 위해 노력했다. 키는 180센티미터에 달했고 넓은 가슴과 커다란 두상은 그에게 특별한 카리스마를 갖게 해주었다.

원래의 이름인 '타탕카 이요탕카(또는 타탕카 이요타케)'가 앉아 있는 소를 의미하듯이 그는 용맹성보다는 인내심이 더욱 돋보이는 지도자이었다. 어틀리(Robert M. Utley)는 그가 쓴 시팅불의 전기에서 "그는 진정한 인디언이었으며 전통 문화에 충실한 문화의 수호자이었다. 그는 훙크파파 지파의 참다운 애국자였으며, 부족의 가치관과 제도를 지키려고 노력했다."라고 기술했다.

* 운디드니(Wounded Knee) 대학살

스탠딩 록 인디언 보호구역에 있던 훙크파파지파 인디언들은 그들의 큰 지도자 시팅불을 잃은 후 망령춤을 출 수 있는 곳을 찾아 떠났는데 이 중 일부는 마지막 남은 큰 추장 붉은 구름을 찾아 파인릿지 인디언 보호구역으로 향했다. 1890년 12월 17일에 도망가던 100여 명의 인디언들이 큰 발(Big Foot)이라는 별명을 가진 점무늬 엘크사슴(Spotted Elk)이 추장으로 있는 샤이엔 강(Cheyenne River) 인디언 보호구역에 소재하는 미네콘주족 마을에 들렀다. 그날은 미국 전쟁부가 큰 발을 망령춤 소요사건의 주모자로 분류하여 체포하라는 명령이 떨어진 날이다. 큰 발은 레드 클라우드의 보호를 받기 위하여 미네콘주 지파와 훙크파파 지파를 이끌고 12월 23일 파인릿지로 출발했다. 가는 도중 폐렴에 걸려 각혈을 하는 등 심한 고생을 하였다. 12월 28일 큰 발 일행은 제7기병대 소속 군인들에게 붙들려 운디드니 개천 옆에 있던 군 초소로 끌려갔다. 그날 밤늦게 제7기병 연대의 나머지 병력도 도착하여 초소 주위에는 팽팽한 긴장이 조성되었다. 십수 년 전 카스터가 지휘하던 그 기병 연대는 지금은 퍼시스(James W. Forsyth) 대령이 연대장을 맡고 있었다. 1868년 9월에 있었던 비처 섬(Beecher Island) 전투에서 매부리코를 죽인 퍼시스 수색대를 창설했던 사람은 다른 퍼시스(George Alexander Forsyth)이다.

다음날 아침 인디언들을 한곳에 모은 다음 무장해제를 실시했다. 자진해서 내놓은 총이 몇 자루 되지 않자 군인들이 천막 속으로 들어가 구석구석을 샅샅이 뒤져도 별로 나오는 것이 없었다. 다음으로 미군들은 인디언의 몸을 수색해서 총 두 자루를 찾아냈다. 그중 하나는 검은 코요테(Black

〈운디드니 대학살(Wounded Knee Massacre) 후 시신처리 모습〉

Coyote)라는 이름의 젊은 전사의 것이었다. 블랙 코요테는 청력 장애인이었다. 그는 총을 높이 들면서 비싼 돈을 주고 산 자기의 총이라고 소리를 질렀다. 이때 미군이 인디언 전사에게 달려들어 총을 뺏으려던 순간 총소리가 났다. 그때부터 미군은 기관총까지 동원하여 인디언을 향하여 무차별 사격을 가했다. 어린이나 부녀자를 가리지 않고 닥치는 대로 인디언들을 죽였다. 14년 전 카스터가 당했던 수모에 대한 분풀이를 하는 것은 아닌가 하는 생각마저 들게 만드는 대참극이었다. 이 광란은 또 하나의 인종청소 성격의 대학살극으로 역사에 기록되었다. 350명의 인디언 중에서 거의 300명이 목숨을 잃었다. 미군도 25명이 사망하였는데 이는 미군 측의 사격실수나 유탄으로 인한 피해로 추정된다. 이로써 거의 40년에 걸친 평원 인디언들의 유혈 투쟁은 그 막을 내렸다.

살아남은 부상당한 인디언 51명은 그날 밤에야 파인릿지 군부대에 도착했다. 들어갈 막사가 없어서 포장도 없는 마차위에서 떨고 있을 때에 한 장교가 성공회 교회의 의자를 끌어낸 후 마룻바닥위에 마른풀을 깔아서 거기서 자도록 배려해 주었다. 크리스마스가 며칠 지나지 않아서 크리스마스트리 장식이 아직 그대로 있었으며 교회 안에 붙어 있는 배너(banner)에는 "땅에는 평화, 사람들에겐 적선(PEACE ON EARTH, GOOD WILL TO MEN)"이라고 쓰여 있었다(디 브라운의 전게서 524 페이지 인용). 그때까지도 인디언은 미국 법에 의한 사람(시민)이 아니었으며 전쟁상황 속에서 죽여도 문제가 되지 않는 적군 집단으로 취급되고 있었다. 미국의 인디언 정책에 저항하여 지정된 인디언 거주지역을 벗어나 있는 인디언들을 적대적 인디언으로 규정하고, 미군에 잡혀온 인디언들을 전쟁포로로 취급한 사실 등으로 당시의 분위기를 읽을 수 있다. 1924년 인디언 시민권법(Indian Citizenship Act of 1924)이 제정됨으로써 인디언들도 드디어 미국의 시민지위를 얻게 되었다.

13_ 크레이지 호스의 부활

* 크레이지 호스의 생애

크레이지 호스(Crazy Horse: Tašúŋke Witkó, Tasunke Witko)의 출생연도에 관하여는 여러 가지 서로 다른 자료가 있는데 대체로 1840년이 맞을 것으로 추정된다. 태어날 때 붙여진 이름은 '대자연 속에서' 또는 '나무들 속에서'의 뜻을 갖는 차-오-하(Cha-O-Ha)이었다고 한다. 모계 중심 사회인 인디언들의 이름에는 성과 이름이 따로 있지 않고 주위에서 볼 수 있는 사물에다 수식어를 적절히 보태어서 이름을 짓는 전통이 있다. 그래서 다양한 종류의 어쩌면 시적이나 낭만적으로 들릴 수 있는 이름들이 만들어진다. 크레이지 호스라는 이름은 원래 그의 아버지의 이름이었는데, 그가 성인이 되어 전사로서의 자격을 갖춘 것을 확인한 후 그의 아버지는 그 이름을 아들에게 물려주고 아버지는 다른 이름 '벌레'(Worm)로 바꾸었다고 한다. 라코타어 이름인 Tašúŋke Witkó의 원래 뜻은 'His Horse is Crazy'인데 백인들이 부르기 쉽게

'Crazy Horse'로 불렀다고 한다. 아버지는 라코타(Lakota: Teton Sioux) 부족의 오글라라(Oglala) 지파이나 어머니 래틀링블랭킷 우먼(Rattling Blanket Woman)은 같은 라코타이긴 하나 미니콘주(Miniconjou) 지파 출신이다. 어머니는 크레이지 호스가 네 살 때에 돌아가셨다.

크레이지 호스의 친가와 외가에는 뛰어난 추장과 전사들이 즐비하다. 그의 삼촌인 작은 매(Little Hawk)는 오글라라의 유명한 전투 추장이었으며 작은 매와 같은 이름을 가진 친동생은 용감한 전사로 이름을 날렸다. 그의 외삼촌 점무늬 꼬리(Spotted Tail)는 미니콘주 지파와 브룰레 지파가 1864년 샌드크리크 대학살 후에 연합하게 되면서 브룰레의 추장으로 추대되었고, 외사촌인 구름을 잡아라(Touch the Clouds)는 1875년부터 그가 죽은 해인 1905년까지 30년간 추장을 맡아 미니콘주 지파를 이끌었다.

1854년 크레이지 호스가 열네 살 되던 해에 그래턴 소위 사건으로 브룰레 지파 추장 정복하는 곰이 미군에 의하여 피살되는 현장을 지켜보면서 백인에 대한 적개심을 품기 시작하였다고 한다. 1855년 9월 3일 하니(William S. Harney)의 부대가 네브래스카의 블루워터 크리크(Blue Water Creek)에 있던 브룰레 인디언 캠프를 기습하여 86명을 살해한 사건을 직접 경험하면서 백인에 대한 복수심이 더욱 커졌다고 한다. 많은 인디언 지도자들이 그러하였듯이 크레이지 호스도 수차례 행한 비전탐구(vision quest)에서 자신이 앞으로 전사로서 살아가야 할 방향에 대한 영감과 용기를 얻게 되었다. 비전탐구란 특히 평원인디언들 사이에서 많이 행해지던 일종의 금식기도로서 비전을 구하고자 하는 인디언(주로 젊은이들)이 깊은 숲속이나 마을로부터 멀리 떨어진 외진 광야에서 며칠간 금식을 하면서 그들이 믿는 인디언의 정령(Wakan Tanka, Great Spirit, Great Mystery)에게 드리는 간절한 기도를 통하여 자신의 사명과 인생경영에 관한 정령의 가르침을 얻는 과정을 뜻한다.

1850년대 말과 60년대 초반에 걸쳐 라코타와 적대관계에 있던 크로족(Crow)과 포니족(Pawnee) 등과의 전쟁에서 크레이지 호스는 크게 용맹을 떨쳤다. 특히 1865년에 있었던 플래트강 다리 전투에서 보여준 그의 용감성과 리더십을 인정받아 전투추장(Ogle Tanka Un: Shirt Wearer 또는 war leader)으로 추대되었다. 그러나 그도 인간적인 약점이 있었다. 어릴 때부터 좋아하던 블랙버펄로 우먼(Black Buffalo Woman)이라는 이름의 여자가 크레이지 호스가 청혼하기도 전에 다른 남자와 결혼해 버렸다. 크레이지 호스는 고민 끝에 1867년 가을에 그 여자와 함께 사랑의 도피를 실행하였는데 그녀의 남편이 그들이 묵고 있는 티피로 찾아와 크레이지 호스에게 총을 쏘았다. 다행히도 크레이지 호스는 큰 상처는 입지 않고 턱에 가벼운 부상만을 입었다. 이 일로 물의를 일으켜서 전투추장의 지위를 박탈당하게 된다. 블랙버펄로 우먼과의 결혼 계획은 실패로 돌아가고 1871년 블랙숄(Black Shawl)과 결혼하여 '그들은 그녀를 두려워한다(They Are Afraid Of Her)'라는 이름의 딸을 낳았다. 그러나 그 딸은 1873년에 사망하였다.

크레이지 호스는 1866년의 페터만 전투와 1876년에 있었던 로즈버드 전투와 리틀 빅혼강 전투에서 인디언 연합군을 승리로 이끄는 데에 핵심적인 역할을 하였다. 오늘날 수족이 이만큼의 땅과 전통을 보전할 수 있었던 것은 크레이지 호스, 시팅불 그리고 레드 클라우드와 같은 위대한 지도자들이 부족을 위하여 최선을 다하여 헌신한 덕분으로 보아야 할 것이다. 이들을 수의 전설을 만든 3인방으로 불러도 되지 않을까? 그런 이유로 미국정부가 1980년 말부터 20년간 수행한 '위대한 미국인 기념우표 발행사업(Great Americans series postage stamp)'에서 레드 클라우드, 크레이지 호스, 세콰이야 그리고 시팅불 등 네 명의 인디언을 선정하여 기념우표를 발행하였다.

그는 생전에 사진을 찍거나 초상화를 그린 적이 없기 때문에 그의 모습은 여전히 미스터리다. 그는 죽어서도 자기의 시신이 노출되는 것을 원하지 않아서 그의 아버지가 시신을 운디드니 근처에 비밀리에 매장한 것으로 알려져 있다. 그는 무덤도 남기지 않고 라코타 부족의 가슴속에 영원히 묻혔다.

* 크레이지 호스 기념관(Crazy Horse Memorial)

생전의 모습도 사후의 무덤도 남기지 않았던 크레이지 호스가 지구상에서 가장 큰 석상조각으로 되살아나고 있다. 미국 역사상 가장 존경받는 네 명의 대통령의 얼굴이 조각돼 있는 러시모어 산(Rushmore Mountain)으로부터 불과 20여 km 떨어져 있는 선더헤드 산(Thunderhead Mountain) 한편에 말을 탄 용감한 모습의 크레이지 호스가 다시 태어나고 있다. 총길이는 195미터이며 높이는 172미터에 달하며 크레이지 호스의 얼굴 크기만 해도 러시모어 산에 있는 대통령 얼굴의 1.5배인 27미터나 된다고 한다.

이 조각이 시작된 사연 또한 매우 감동적인 스토리이다. 라코타 부족의 추장 헨리 스탠딩 베어(Henry Standing Bear)는 1927년에서부터 1941년에 걸쳐 만들어진 러시모어 산의 미국 대통령들의 얼굴을 쳐다보면서 러시모어 산이 있는 블랙힐스는 파하 사파로 불리는 자기네 부족이 신성시해 왔던 성산이었기에 미국의 대통령들을 하필 여기에 조각한다는 사실을 도무지 납득할 수 없었다. 그러나 백인들의 조각 작업을 막을 힘이 없으니 그 대신에 자신들도 자신들의 영웅을 조각하여 후손들에게 영원히 남겨줄 방도를 찾기 시작하였다. 1931년 가을에 헨리의 형 루터(Luther Standing Bear)는 먼저 러시모어산 조각 프로젝트의 책임자인 보글럼(Gutzon Borglum)에게 편지를 보내 라코타 부족의 새로운 조각 작업에 참여해 줄 것을 요청하였다. 그러나 이 요청에 대하여 그는 아무런 답도 보내지 않았다.

다시 세월이 흘러 이번에는 동생인 헨리가 1939년 11월 7일에 대통령 얼굴 조각에 참여하였던 폴란드계 미국인인 Korczak Ziolkowski(코어초크 쥬얼카프스키라고 발음)에게 편지를 보내어 대통령들의 얼굴 가까운 곳에 크레이지 호스를 조각하여 인디언들에게도 훌륭한 영웅이 있었음을 백인들에게 알려 주고 싶다는 간절한 소망을 호소했다. 스탠딩 베어는 한편으로 정부 관계기관에도 편지를 보내 자기가 가지고 있는 비옥한 토지와 쓸모없는 선더헤드 산과 교환하여 거기에 크레이지 호스 석상 조각을 허용해 줄 것을 요청하여 긍정적인 답을 얻어냈다. 1940년 봄에 쥬얼카프스키가 파인릿지 인디언 보호구역을 방문하여 3주간 머무르면서 부족 원로들로부터 크레이지 호스를 포함한 인디언의 역사에 관한 이야기를 듣고선 크게 감동하였다고 한다. 다시 세월이 흘러 1947년 스탠딩베어는 코네티컷으로 가서 쥬얼카프스키를 블랙힐스로 모시고 왔다. 조각의 모형 제작 등 준비 작업을 거쳐 1948년 6월 3일 드디어 첫 발파가 시작되었다. 쥬얼카프스키는 그때부터 1982년 사망 시까지 헌신적으로 조각 작업에 몰두했다. 작업을 진행하는 동안 인종차별적인 모욕도 받았으며 재정적으로도 많은 어려움을 겪었다. 그들은 정부의 재정지원 제의도 거절하고 민간단체의 기금과 개인적인 헌금 등 순수히 민간부문으로부터만 자금을 조달하여 공사비용을 충당하고 있다.

그의 사후에는 쥬얼카프스키의 열정에 반하여 18살의 나이 차이를 극복하고 결혼한 루스(Ruth Ziolkowski)가 크레이지 호스 기념재단의 이사장이 되어 그녀가 낳은 총 열 명의 자녀 중 일곱 명과 함께 이 사업의 추진을 책임지고 있다. 당초 쥬얼카프스키는 말부터 먼저 완성할 계획을 세웠으나 그의 사후에 미망인인 루스는 우선 크레이지 호스의 얼굴부터 만들어서 많은 사람들로 하여금 찾아오도록 만들면 기금조성에 도움이 될 것으로 판단하여 작업진행 순서를 바꾸었다. 그녀의 예상이 맞아 들어가 1998년 얼굴이 완성

〈조각중인 크레이지 호스 석상〉

된 후로 연간 백만 명 이상이 찾는 관광과 역사공부의 명소로 자리매김하는 데에 성공하였다. 그녀는 조각이 만들어지고 있는 인근 일대를 대규모 인디언의 역사와 문화의 공간으로 조성해 나갈 계획도 수립하였다. 그 사업의 일환으로 북미인디언대학교(Indian University of North America)가 2009년에 건립되었으며 북미인디언박물관(Indian Museum of North America)이 크게 확장되었다. 그녀는 더욱 많은 사람들이 관심을 갖고 이곳을 방문하도록 만들기 위하여 암석발파를 하나의 축제성 이벤트로 활용하고 있다. 많은 관광객들이 발파 후에 나오는 암석 조각들을 기념품으로 사 가지고 돌아간다. 그녀의 공적이 인정되어 1988년 사우스다코타 주 명예의 전당에 헌액되었다고 한다.

이 크레이지 호스 조각상은 카벤디시(Richard Cavendish)가 지은 「죽기 전에 꼭 가 봐야 할 1001개의 역사적인 장소」라는 책에서도 소개되고 있다. 공사가 시작된 지 70년이 다 되어 가지만 아직 그 절반도 진척이 안 된 것으로 보이는데 완공까지는 최소한 수십 년이 더 소요될 것으로 예상된다.

14 _ 제로니모와 나바호의 천리 길

* 아파치 부족

미국의 애리조나, 뉴멕시코, 텍사스, 콜로라도 등의 남서부지역과 멕시코 북부에 걸쳐 살고 있었던 인디언 부족을 총칭하여 아파치족이라 부른다. 나바호족도 역사적으로는 광의의 아파치 범주에 포함되나 현대에 와서는 분리하여 취급하는 경우가 많다. 아파치족에 속하는 주요 부족으로는 나바호(Navajo), 서부아파치(Western Apache), 치리카우아(Chiricahua), 메스칼레로(Mescalero), 히카릴라(Jicarilla), 리판(Lipan), 평원아파치(Plains Apache, Kiowa-Apache) 등 7개의 부족이 있으나 이 밖에도 수많은 소수 부족과 지파가 있다.

이들의 언어가 캐나다 서북부 인디언의 언어인 아타바스칸(Athabaskan) 어족에 속하는 것으로 보아 이들은 미대륙 북쪽의 추운 지역에서 지금 미국의 남서부지역으로 1300년경에 이주해 온 것으로 추정하고 있다. 유목민이었던 이들은 전부터 그곳에서 살아온 푸에블로 인디언으로부터 옥수수와 콩

등의 농사법을 배웠다. 이들은 위그웜(wigwam, wickiup 또는 wetu)이라 불리는 반구형의 움막집을 짓고 살았다. 앞에서 살펴본 아나사지 문명이라는 이름은 나바호 말에서 유래하였는데, '옛 사람들' 또는 '옛 적들'이라는 뜻을 가진 옛 푸에블로 사람들을 지칭하는 나바호어이다. 그들은 스페인 이주자와의 접촉 후에는 양 등의 목축도 시작하였다. 나바호족과 아파치족은 스페인과 멕시코로부터 지배를 받던 시절부터 자기네 땅을 침범해 들어오는 유럽 이주민과 갈등을 빚어 왔다.

* 배스컴 중위 사건

대평원전쟁이 1854년 8월 19일 그래턴 소위 사건으로부터 시작되었듯이 서남부의 아파치 전쟁도 1861년 2월 5일 벌어진 배스컴 중위(George N. Bascom) 사건이 시발점이 되었다. 1월 27일 톤토(Tonto) 아파치족 무리가 워드(John Ward)라는 이름의 백인 목장을 습격하여 가축 몇 마리와 12살 난 그의 아들(Felix)을 잡아갔다. 워드는 이 사실을 미군에게 알렸고 배스컴 중위가 사건 해결의 책임자로 선정되었다. 배스컴 중위는 치리카우아족이 이 일을 저지른 것으로 판단하여 1861년 2월 3일 코치스(Cochise) 추장을 만나러 갔다. 배스컴의 숨은 의도를 경계하여 코치스는 부인, 동생, 조카 둘 그리고 아이 둘을 데리고 회담장소로 갔다. 배스컴이 꺼낸 문제에 대하여 코치스는 전혀 아는 게 없다고 이야기하자 배스컴은 코치스와 그의 가족을 인질로 잡아두겠다고 나섰다. 이때 코치스만 재빨리 칼로 천막을 베고 회담장에서 빠져 나왔다. 코치스가 배스컴에게 인질을 풀어달라고 요청하였으나 배스컴은 납치된 아이를 데려오지 않으면 인질을 석방할 수 없다는 입장을 고수했다.

다음날 코치스는 백인 무리들을 습격하여 이 중 세 사람을 인질로 잡았다. 대치 상황이 악화되어 두 쪽 모두 인질을 살해해 버렸다. 이때부터 치리카우아족이 멕시코인에 대하여 가지고 있던 적개심이 미국인 쪽으로 방향을 바꾸게 되었다고 한다. 1858년 3월 5일 멕시코의 카스-키-예(Kas-Ki-Yeh)에 살고 있던 때에 남자들이 멀리 읍내로 교역하러 나간 사이에 카라스코(José María Carrasco) 대령이 지휘하는 멕시코 군인 400명이 마을을 급습하여 거기 있던 여자와 어린아이들의 대부분을 살해한 사건이 있은 뒤로 아파치족은 멕시코인들을 불구대천의 원수로 여기게 되었다고 한다. 이 학살사건에서 제로니모의 처와 세 자녀들도 피살되었다고 한다. 배스컴 중위 사건을 시작으로 하여 그 후 반세기 이상에 걸쳐서 아파치족과 백인간에 보복이 악순환되는 살육전이 서남부 지역에서 벌어지게 된다.

* 아파치 패스(Apache Pass) 전투

아파치족의 첫 보복은 아파치 패스에서 발생하였다. 아파치 패스는 미대륙의 남부를 동서로 연결하는 애리조나의 동남쪽에 위치한 길목으로서 대륙관통 옛길 중 하나인 버터필드 오버랜드 트레일(Butterfield Overland Trail)이 이 고개를 통과한다. 1862년 7월 북군의 칼턴(James H. Carleton) 대령이 수천 명의 병력을 이끌고 캘리포니아에서 동쪽으로 이동하기 위하여 아파치 패스로 접근하고 있었다. 고개 위 바위산 뒤에는 아파치 전사 약 500명이 매복해 있었다. 미군이 고개 가까이 접근하자 인디언들은 일제히 공격을 퍼부었다. 미군은 잠시만 응사하다가 곧 후퇴해 버렸다. 다시 나타난 미군은 이번에는 엄청 큰 대포를 가져왔다. 아파치족이 이렇게 큰 대포를 일찍이 본 적이 없었다. 대포 때문에 인디언들은 정면 공격으로는 승산이 없을 것으로 판단하여 일단 물러섰다가 다음날 대포와 멀리 떨어져 있는 기병대를 공격하였다. 이 전투에서 미군은 두 명이 사망하고 아파치는 약 열 명이 사망한 것으로 알려져 있다. 그런데 전투중 추장인 망가스(Mangas Coloradas)가 크게 다쳤다. 그는 몇 달 간의 치료로 건강을 회복한 후 그들의 은거지인 밈브르 산(Mimbres Mountain)으로 돌아왔다.

* 망가스의 죽음

미군들이 전보다 더 극성스레 아파치족들을 찾아내어서 죽이는 일이 많아짐에 따라 노추장 망가스는 부족을 보호하기 위하여 미군과의 평화로운 관계를 맺어야겠다는 생각을 하게 되었다. 밀물처럼 몰려오는 백인의 숫자와 가공할 힘을 자랑하는 대포에 맞선다는 것은 있을 수 없는 일로 돌아가고 있는 시대의 흐름을 노추장은 읽은 것이다. 그러던 참에 미군들이 평화회담을 갖자고 전갈을 보내왔다. 전에도 여러 번 미군들에게 속은 적이 있기 때문에 부하들은 망가스가 가서는 안 된다고 말렸다. 그러나 1863년 1월 그는 위험을 무릅쓰고 적진으로 혼자서 말을 타고 들어갔다. 아니나 다를까 우려했던 대로 미군들은 망가스를 포로로 바로 잡아서는 맥린 요새(Fort McLean)로 이송해 버렸다. 그 요새에 있던 웨스트(Joseph West) 장군은 보초병들에게 망가스를 처치해버릴 것을 간접적으로 지시하였고 보초병들은 밤새 못된 고문을 하다가 총살시켜 버렸다.

망가스 시체에 대해서는 엽기적인 만행을 저질렀다. 머리를 잘라내어 물에 끓여 해골만 추려내었다고 한다. 일설에는 그 해골을 워싱턴에 있는 스미소니언 박물관으로 보냈다고 하는데 확인된 바는 없다. 이제 배신을 식은 죽 먹듯 해대는 백인에 대한 아파치의 적개심은 극에 달하였다. 아파치 전사들은 닥치는 대로 백인들을 공격하여 약탈하고 살해하였다. 남서부 지역의 백인들은 아파치 공포에 휩싸였다.

* 1차 아도베 월 전투(First Battle of Adobe Walls)

아파치와 백인 간의 상호 불신은 점점 깊어지고 증오심과 복수심이 날로 높아지고 있는 과정에서 산타페 트레일을 지나는 포장마차 행렬을 인디언들이 자주 습격하였다. 남북전쟁이 발발하면서 정규 군인들은 주로 내전이 벌어지고 있는 동부로 차출돼 가는 바람에 서부에서는 인디언과의 전쟁에 지원병부대가 많이 동원되었다. 이러한 백인 측의 전력 약화를 인디언들은 백인에 대한 공격의 호기로 활용하고 있었다.

이에 칼턴은 미군의 전력에는 전혀 문제가 없다는 것을 실력으로 보여주기 위하여 인디언마을을 치기로 결심하였다. 그는 작전 책임자로 킷 카슨(Christopher Carson) 대령을 선택했다. 공격 대상은 텍사스 서북부 캐나디언 강 북쪽 연안의 남부 평원에 있는 아도베 월로 정했다. 아도베 월에는 카이오와(Kiowa), 코만치(Comanche) 그리고 평원 아파치(Plains Apache)족들이 거주하고 있었다. 드디어 1864년 11월 10일 기병 260명, 보병 75명 그리고 유트족(Ute)과 히카릴라 아파치(Jicarilla Apache) 출신 용병 72명을 이끌고 카슨은 텍사스주 바로 너머 뉴멕시코에 있던 배스컴 요새(Fort Bascom)를 출발했다. 두 문의 대형 대포, 27대의 짐마차, 한 대의 구급마차 그리고 15일분의 식량을 함께 가져갔다. 그들은 캐나디언 강 남쪽 길을 따라 동쪽으로 진군해 갔다. 때 이른 폭설로 진군 속도가 늦어져 11월 24일에야 아도베 월 서쪽 약 50km 지점에 도착했다. 이날 오후 인디언 정찰병들이 대규모 인디언 거주지 흔적을 발견하였다고 보고해 왔다. 보급품을 실은 마차를 보호하도록 보병을 거기에 남겨두고 기병대와 대포를 이끌고 밤중에 아도베 월로 접근해갔다.

다음날 아침 기병대 1개 중대는 강을 건너 북쪽으로 배치했다. 11월 25일 동튼 지 두어 시간쯤 지난 뒤 176개의 천막(teepee)으로 구성된 코만치 인디언마을에 공격을 개시하였다. 인근에 살던 카이오와 인디언과 평원 아파치족 전사들도 백인들의 공격 소식을 듣고는 코만치 마을로 급히 달려왔다. 카슨은 당초 자신이 예상했던 것보다 훨씬 더 많은 인디언들이 살고 있다는 것을 알아챘다. 미군 측의 믿을 만한 보고서에 의하면 1200에서 1400명 가량의 전사가 있었던 반면 미군측은 인디언 용병을 합하여도 330명에 불과했다. 전투는 대혼전에 빠졌는데, 흰곰(White Bear)이라고 불리는 사탄타(Satanta) 카이오와 전투추장은 미군이 이용하는 전투 지휘용 나팔을 일부러 헷갈리게 불어서 혼란을 야기했다고 한다. 약 일곱 시간에 걸친 전투를 치른 뒤 카슨은 미군의 대포용 포탄과 소총실탄이 거의 소진되어 더 이상 전투 수행이 어려울 것으로 판단하여 후퇴하기로 결정했다. 인디언들은 이들의 퇴로를 차단하기 위하여 마른 풀밭에 불을 질렀다. 그러나 미군 측이 맞불을 놓아서 인디언의 추격을 따돌리고 병참부대가 대기하고 있는 곳으로 돌아왔다. 이 전투에서 미군측은 일곱 명이 사망하고 약 30명이 부상을 입었으며 인디언 측에서는 약 60명의 사상자가 발생한 것으로 추정되었다.

미군과 인디언은 서로 자기네가 이 전투에서 승리하였다고 주장하였다. 카슨이 적절한 타이밍에 퇴각하기로 결정한 일은 칭찬받을 만한 일로 평가되고 있다. 무턱대고 공격을 계속했더라면 미군보다 몇 배나 많은 인디언들한테 크게 패하여 뒷날 리틀 빅혼강 전투에서 전멸을 당한 카스터와 같은 운명에 빠질 뻔했을 것으로 보고 있다.

* 그랜트 요새 대학살

약탈과 응징과 보복의 악순환이 계속되고 있는 가운데 비교적 온건한 아파치족들은 더 이상 피를 흘리지 않고 미군의 정책에 순응하며 평화롭게 살기를 원했다. 그랜트 요새(Fort Grant)에 근무하고 있는 휘트먼(Royal Emerson Whitman) 중위가 인디언들에게 잘해준다는 소문이 퍼져 하나둘씩 평화롭게 살기를 희망하는 피날(Pinal)과 아라바이파(Aravaipa) 아파치족들이 모여들기 시작하여 요새 인근의 아라바이파 강가에 500명이 거주하는 큰 마을을 이루었다. 인디언들을 혐오하여 어찌해서라도 인디언들을 쫓아내고 그 땅을 차지하고 싶은 백인들에게 이 평화로운 마을이 곱게 보일 리가 없었다. 휘트먼 중위는 이 마을의 안전을 보장할 수 없어서 아파치 요새에 새로 조성된 화이트마운틴 인디언 주거지역으로 옮겨갈 것을 에스키민진(Eskiminzin) 추장에게 권했으나 그들은 그 자리에 머물기를 원했다.

1871년 3월 7일과 29일 사이에 아파치 인디언의 습격으로 백인 정착민 19명이 피살당하고 10명이 다치는 사건이 발생하였다. 이 불상사는 아라바이파족 인디언과는 전혀 무관한 일이었음에도 불구하고 투산(Tucson)의 백인 거주자와 신문들은 피날과 아라바이파 인디언들의 소행이라고 헛소문을 내었다. 투산의 백인들은 회합을 가지고 이 기회에 그랜트 캠프의 인디언마을을 아예 없애버리겠다는 극단적인 계획을 세웠다. 4월 28일 아침에 파파고(Papago) 인디언 용병 94명을 데리고 6명의 미국인과 42명의 멕시코인이 투산을 떠나 인디언 캠프로 향했다. 파파고 인디언은 피날 아파치와 아라바이파 인디언과는 오랜 숙적관계에 있었다.

4월 30일 새벽에 투산 일당은 피날 인디언과 아라바이파 인디언의 캠프에 들이닥쳤다. 파파고 인디언 용병이 공격의 선봉에 섰다. 피날 인디언과 아라바이파 인디언은 이미 무기를 다 내려놓고 더 이상 백인에 대한 습격을 하지 않기로 약속하였기 때문에 이런 공격은 전혀 뜻밖이었다. 남자들은 대부분 사냥하러 산속으로 가 있었기 때문에 피해자는 여자와 어린아이였다. 125명이 살해되었고 약 30명의 아이들이 파파고 용병에게 붙잡혀 가서 노예나 종으로 팔렸다. 에스키민진 추장도 그 캠프에 있었으나 운 좋게 현장을 빠져나와 목숨을 건졌다. 휘트먼 중위가 투산 일당들이 인디언 캠프로 향했다는 소식을 듣고 급히 현장으로 달려갔지만 도착해 보니 이미 상황은 끝난 상태였다.

대학살 소식이 동부에 알려지자 많은 양식 있는 미국인들이 크게 분개하였으며 그랜트 대통령은 살인자들을 재판에 회부할 것을 지시하였다. 약 100명이 기소되어 대배심에 의하여 재판을 받았으나, 5일간의 심리 끝에 모두 무죄로 풀려났다. 투산에 사는 백인 배심원들로부터 유죄 평결을 기대한다는 것은 당초부터 무리였을 것으로 여겨진다. 살아남은 인디언들 중 상당수는 다른 부족에 합류하여 백인들에게 복수하기 위하여 게릴라 전사의 길로 접어들었다.

연방정부는 이 사건을 계기로 서남부 인디언 문제에 대하여 관심을 갖기 시작하였다. 인디언들에게 신뢰를 잃지 않고 있는 크룩 장군을 애리조나 사령관으로 임명하고 인디언문제담당국의 콜리어(Vincent Colyer) 특사를 그랜트 캠프로 파견했다. 콜리어는 우선 에스키민진을 만났다. 다음으로 콜리어는 톤토 아파치족 추장 델샤이(Delshay)와 치리카우아 아파치족의 코치스 추장도 만나고 싶었으나 만나지 못하고 워싱턴으로 돌아갔다. 크룩 장군도 코치스를 직접 만나기 위하여 치리카우아 산 일대를 수색하였으나 코치스는 뉴멕시코로 빠져나가 버려서 만나지 못했다. 코치스는 뉴멕시코 사령관인 그레인저(Gordon Granger) 장군에게 앨라모사(Canada Alamosa)에서 회담을 갖자고 연락을 보냈다. 양측은 우호적인 분위기 속에서 한참을 이야기했다. 그레인저가 인디언주재소를 앨라모사에서 모골론산(Mogollons)에 있는 툴라로사(Tularosa)로 옮기기를 희망한다고 이야기한 데에 대하여 코치스는 앨라모사에 그대로 살도록 해 달라고 요청했다. 그레인저 장군이 노력했음에도 불구하고 주재소를 툴라로사로 옮기는 것으로 결정되었다. 코치스는 툴라로사로 가지 않고 그를 따르는 부족민을 데리고 애리조나 남동부의 치리카우아 바위산 속으로 들어갔다.

* 아파치를 찾아온 두 백인

1872년 9월 백인 몇 명이 코치스가 은거중인 산을 찾아왔다. 전에부터 알고 지내던 제퍼즈(Thomas Jonathan Jeffords)가 하워드(Oliver Otis Howard) 장군을 데리고 코치스를 만나러 온 것이었다. 제퍼즈와 아파치와의 인연은 약 십년 전으로 거슬러 올라간다. 제퍼즈는 우편배달부였는데 아파치 인디언들이 우편마차를 자주 습격하는 바람에 생계에 타격을 받게 되자 혼자서 코치스의 본거지로 찾아왔다. 그는 개인적인 평화조약을 아파치와 맺고 싶다고 이야기하였다. 그의 솔직하고 용감한 행동에 감동을 받은 코치스는 그의 안전한 통행을 보장해 주기로 약속한 바 있었다. 제퍼즈와 동행한 하워드 장군은 웨스트포인트 육군사관학교 출신으로 게티즈버그 전투의 영웅으로 이름을 날린 사람이다. 그는 남북전쟁 중에 팔 하나를 잃었다. 하워드 장군은 열하루 동안이나 아파치 요새에 머무르면서 아파치 인디언 추장들과 수많은 대화를 나누고 인디언이 살아가는 모습을 직접 경험하였다. 하워드 장군은 코치스를 설득하여 리오 그란데강(Rio Grande)의 큰 주거지역으로 아파치족을 수용하고자 하였으나 코치스의 집요한 주장에 오히려 하워드 장군이 져 치리카우아 산 서쪽 편에 새 주거지역을 마련해 주기로 약속하였다. 새 주거지역의 주재관에는 제퍼즈가 선임되었다. 1874년 봄 코치스는 병으로 세상을 떠났다. 제퍼즈는 주재관을 그만두기를 원했으나 코치스의 아들 타자(Taza)와 나이치(Naiche)의 간청에 따라 계속 같이 있기로 하였다.

* 산 카를로스 주거지역으로 이주

코치스 추장이 죽은 후 장남인 타자가 추장직을 물려받았다. 그는 그의 아버지와는 달리 부족민으로부터 전폭적인 지지를 받지 못하였다. 부족은 여러 분파로 분열하고 일부는 그동안 금지돼 왔던 백인에 대한 약탈을 다시 시작하기도 하였다. 인디언의 습격에 시달린 백인들은 치리카우아족의 주거지역을 옮겨 줄 것을 강력히 요청하여 치리카우아족은 1876년에 산 카를로스(San Carlos)로 이주하게 되었다. 치리카우아 산의 거주지역에 비하면 산 카를로스는 모든 면에서 조건이 훨씬 나빴다. 이에 불만을 품은 절반가량의 인디언들은 새 주거지역으로 옮겨가지 않고 멕시코로 도망가 버렸다. 멕시코로 간 무리 중에는 전설적인 게릴라 전사인 제로니모도 끼여 있었다.

* 빅토리오 전투

멕시코로 넘어간 제로니모 무리들은 멕시코인들을 여러 차례 습격하여 가축들을 약탈한 후 뉴멕시코로 끌고 와 다른 농장에 팔아 총과 술 그리고 기타의 생활용품을 사오곤 했다. 그 무렵 빅토리오(Victorio) 추장은 밈브레 아파치족(Mimbres Apache)을 이끌고 뉴멕시코의 오호 칼리엔테 캠프(Camp Ojo Caliente)에 머물고 있었는데 제로니모 무리들이 친척관계에 있는 밈브레족을 찾아갔다. 1877년 3월 연방정부는 밈브레족도 산 카를로스로 이주시키고 제로니모를 비롯한 치리카우아족 탈주자들을 모두 체포하라는 지시를 내렸다. 밈브레족과 함께 산 카를로스로 잡혀간 제로니모는 거기서 넉 달 동안 포로 생활을 하였다.

원래 화이트 산 근처에 위치한 산 카를로스 인디언 보호구역은 사막이나 다름없는 메마른 지역으로 식수를 구하기도 어려울 정도로 제반 사정이 매우 열악하였다. 여름이면 기온이 40도를 넘어가고 여러 가지 풍토병도 창궐했다. 농업용수를 확보할 수 없으니 농사도 제대로 지을 수 없어 아파치족이 스스로 먹을 것을 조달할 수 없는 형편이라 미군들로부터의 식량배급에 거의 전적으로 매달리는 처지가 돼 버렸다. 산에 가면 야생동물을 사냥할 수 있었으나 백인에 대한 습격을 우려하여 미군 당국은 사냥을 금지시켜 버렸다.

산 카를로스에 수용된 인디언 숫자는 크게 늘어났지만 이에 맞춰 식량 공급이 제대로 이루어지지 않아 아파치족들은 많은 어려움을 겪게 되었다. 참다 못한 빅토리오가 1877년 9월 2일 부족민과 함께 산 카를로스를 탈출하여 전에 살던 오호 칼리엔테로 향했다. 가는 동안에 미군에 붙들려 여자들과 어린아이들은 다시 산 카를로스로 돌아가고 80명의 전사들만이 밈브레 산 속으로 숨어들었다. 탈출에 성공한 전사들은 1880년에 멕시코에 본거지를 설치하고 메스칼레로(Mescalero)족과 치리카우아족으로부터 전사를 불러 모아 세를 크게 늘렸다. 그들은 국경을 넘어 뉴멕시코와 텍사스에서 정착민을 살해하고 말과 생활용품들을 약탈했다. 습격은 회를 거듭할수록 더 거칠어졌고 백인에 대한 증오심은 더 높아갔다. 미군과 멕시코군은 빅토리오의 목에 현상금을 걸고 그를 체포하기 위하여 합동작전을 전개했다. 1880년 10월 14일 멕시코군이 빅토리오를 포함한 전사들의 대부분을 죽였지만 30명 정도의 전사들은 그래도 살아남았다. 70세의 나나(Nana) 추장은 나머지 살아남은 전사들을 이끌고 미군에 대하여 성공적으로 게릴라 전쟁을 수행하였다.

* 제로니모의 1차 산 카를로스 주거지역 탈출

1881년 9월 산 카를로스에 있던 치리카우아족 사이에는 적대적인 아파치 추장들을 체포할 것이라는 소문이 돌았다. 그래서 제로니모를 포함한 약 70명이 주거지역을 빠져나와 국경을 넘어 멕시코의 시에라 마드레산(Sierra Madre Mountains)으로 들어갔다. 1882년 4월 제로니모 무리들이 산 카를로스 주거지역에 남아있던 부족민들을 멕시코로 데려가기 위하여 화이트 산으로 왔다. 많은 부족민을 인솔하여 남쪽으로 내려오고 있는데 1868년도에 있었던 로만 노즈가 사망한 비처 섬 전투에서 살아남은 퍼시스(George A. Forsyth) 대령이 기병대를 이끌고 추격해 왔다. 뛰어난 전술로 퍼시스 부대의 공격을 잘 막아냈으나 도중에 만난 멕시코 보병들에게 여자와 어린아이들 대부분이 살해당했다. 무리의 숫자가 크게 줄어들어 이들은 나나의 게릴라부대와 합류했다.

아파치 인디언과 미군 사이에 긴장이 더욱 높아지면서 더 많은 미군들이 화이트 산 주위에 배치되었고 이에 불안을 느낀 주거지역 인디언들이 탈출하여 멕시코로 들어가는 일이 많이 발생했다. 멕시코로 이동하는 도중에 아파치들이 농장을 습격하는 경우도 자주 발생하여 백인들의 불안감도 높아갔다. 미군 당국은 크룩 장군을 애리조나 총사령관으로 다시 불러들였다. 크룩은 아파치 인디언과의 직접 면담을 통하여 산 카를로스의 문제점을 파악하고 이를 개선하기 위한 일련의 개혁 조치를 실행했다. 군용 말이 먹는 건초를 백인 대신 아파치 인디언으로부터 구입하고, 아파치족이 농사지어 먹고 남은 농작물은 군에서 모두 현금으로 사들이고 부족 경찰대를 만들어 부족의 자치제를 시행하였다.

거주지역 안에서는 비교적 평화로운 분위기를 조성하는 데에 성공하였으나 멕시코에 은거중인 제로니모 무리들을 설득시켜야 하는 큰 숙제가 남아 있었다. 전에 같았으면 크룩은 당장 대규모 군대를 동원하여 제로니모를 잡으러 출동하였겠지만, 그동안 크룩은 다른 사람이 돼 있었다. 1879년 4월 크룩이 플래트 사령관으로 있던 시절 엄청난 충격과 감동을 경험했다. 퐁카(Ponca)족 추장인 서 있는 곰(Standing Bear)과의 재판에서 스탠딩 베어는 "인디언의 피부 색깔은 백인의 그것과 다르다. 그러나 그 손을 찌르게 되면 아픔을 느끼게 되고 백인의 피와 꼭 같은 색깔의 피가 나온다. 신이 인디언도 만들었다. 인디언도 사람이다."라고 진술했다. 재판을 맡았던 판사도 '인디언도 사람'이라고 판결했다. 이 사건을 겪은 뒤로 크룩은 180도 달라진 사람으로 변화했다.

크룩은 꼬투리를 잡을 만한 일이 일어나기를 기다렸다. 그러던 중 1883년 3월 아파치 소추장들이 툼스톤(Tombstone) 근처의 한 광산을 습격했다. 이를 빌미로 크룩은 병력을 동원하여 멕시코로 넘어갈 준비를 하였으나 치리카우아족의 은거지를 찾을 수 없어서 포기했다. 5월에 제로니모가 멕시코의 한 농장을 습격한 후 멕시코 군을 따돌리고 은거지로 돌아왔다. 그러나 돌아와 보니 크룩부대가 은거지를 점거하고 여자와 어린아이들을 포로로 잡아두고 있었다. 제로니모는 여러 차례 크룩과 회담을 가진 끝에 크룩을 믿고 산 카를로스 인디언 주거지역으로 돌아가기로 했다. 5월 말에 약 400명의 아파치 인디언을 데리고 크룩은 인디언 주거지역으로 출발했다. 제로니모는 나머지 인디언들을 다 불러 모아서 뒤에 따로 들어가겠다고 크룩에게 약속했다. 1884년 2월 제로니모는 크룩에게 약속한 대로 주거지역으로 들어왔다. 그로부터 1년 정도는 큰 탈 없이 주거지역 생활이 계속되었다.

* 제로니모의 2차 산 카를로스 주거지역 탈출

그런데 1885년 5월 제로니모는 130여 명의 부족민을 이끌고 다시 주거지역을 탈출했다. 탈출 이유로 여러 가지 억측이 돌았지만 훗날 발간된 그의 자서전에 의하면, 미국인들이 자신을 체포하여 목을 매달 계획이라는 사실을 알아냈기 때문에 주거지역에서 빠져 나올 수밖에 없었다고 밝히고 있다. 크룩은 거센 비판에도 불구하고 제로니모를 잡기 위한 대규모 군사작전은 펴지 않고 소규모 인디언 용병을 활용하는 방안을 선택했다. 용병 중에는 코치스의 아들 알치스(Alchise)도 있었다. 1886년 3월 크룩은 아파치 추장들과 멕시코 국경 너머에서 만나서 그들이 하산하여 주거지역으로 들어갈 것을 종용하였다. 크룩은 솔직하게 제로니모 무리들은 포로가 되어 플로리다로 이송될 것이라고 이야기했다. 이에 대해 제로니모는 2년 만 플로리다에 억류돼 있다가 다시 고향으로 돌려보내 준다면 투항하겠다고 답했다. 크룩은 그렇게 될 수 있도록 노력하겠다고 약속했다. 그러나 워싱턴의 반응은 크룩의 희망과는 사뭇 달랐다. 그런 조건으로는 투항을 받아들일 수 없다는 것이었다. 그런데 더 큰 일이 벌어졌다. 제로니모 일행이 보위 요새(Fort Bowie)까지 거의 다 왔다가는 다시 멕시코로 되돌아가 버렸다. 한 백인 상인이 제로니모 일행이 투항하면 미군들이 그들의 목을 매달 게 뻔한 일이라고 떠들어대는 소리를 듣고 그렇지 않아도 배신을 두려워하던 차에 그만 도망가기로 마음을 먹어버렸던 것이다. 제로니모의 세 번째 도주가 발생한 셈이다. 워싱턴의 전쟁부는 크룩을 크게 질책했다. 크룩은 즉시 사직하고 후임으로 북부 평원 인디언들을 성공적으로 토벌한 마일스(Nelson Appleton Miles)

장군이 부임했다.

* 제로니모의 네 번째 체포

마일스는 전쟁부의 전폭적인 지원을 받아 불과 25명의 아파치 인디언을 잡기 위하여 당시 미군의 가용 병력의 3분의 1에 해당하는 5000명을 동원했다. 뿐만 아니라 600명의 인디언 용병 정찰요원(scout)과 민병대원 수천 명도 함께 작전에 투입했다. 미군과 멕시코 군에 계속 쫓기다가 결국 제로니모 무리도 포위당했다. 그들을 처음 찾아낸 사람은 용병부대의 책임자인 게이트우드(Charles Bare Gatewood) 중위와 아파치 수색병들이었다. 게이트우드가 이끈 병력은 모두 25명이었으나 마지막으로 제로니모를 만나러 갈 때에는 제로니모를 불필요하게 자극하지 않으려고 단지 6명만을 데리고 갔다. 훗날 마일스는 이를 트집 잡아 명령을 위반했다고 하면서 그의 공적을 깎아내렸다.

게이트우드는 아파치 말도 조금 할 줄 알았고 아파치 인디언들에게 착한 미군으로 잘 알려져 있던 사람이었다. 게이트우드는 심성이 온유한 사람이라 제로니모에게 예의바른 태도로 온화하게 이런저런 사정들을 들려주었다. 제로니모도 마음을 열고 속내를 다 털어놓고 마지막으로 게이트우드에게 솔직한 충고를 구했다. 게이트우드는 플로리다로 유배는 가더라도 죽이지는 않을 터이니까 투항하는 편이 바람직하다고 답했다. 제로니모는 1886년 9월 4일 애리조나의 스켈리턴 캐니언(Skeleton Canyon)에서 마일스에게 공식적으로 투항했다. 그리하여 제로니모는 네 번째로 백인들에게 붙잡힘으로써 기나긴 아파치족의 피비린내 나는 저항은 막을 내렸다. 투산 시민들은 제로니모의 체포를 축하하는 잔치를 벌이고 게이트우드 중위를 특별 손님으로 초청하였으나 그는 가지 아니 하였다. 마일스는 크룩의 인디언 전략을

폄하하기 위해서 게이트우드의 역할을 깎아내리려고 애썼다.

* 아파치 인디언의 최후

아파치 인디언에 관한 악의적인 신문 보도를 그대로 믿었던 당시 클리블랜드 대통령은 제로니모 일당을 교수형에 처할 생각이었다. 아파치 인디언들이 당한 과거의 역사를 들려주면서 사실을 있는 그대로 대통령에게 전달하는 사람들이 있어서 이들은 극형은 면할 수 있었다. 아파치 포로들은 플로리다의 펜사콜라(Pensacola)에 있는 피킨스 요새(Fort Pickens)에 수감되었고, 그 가족들은 세인트 어거스틴(St. Augustine)에 있는 마리온 요새(Fort Marion)에 수감되었다. 마리온 요새는 17세기 후반에 스페인 군대에 의하여 건설되었는데 스페인 시절에는 산 마르코스 성채(Castillo de San Marcos)로 불렸다. 그들은 열차의 가축수송용 화물칸에 태워져 플로리다로 갔는데 가는 도중에 두 명(Massai와 Gray Lizard)이 세인트루이스 근처를 지날 때 열차에서 뛰어내려 1900km를 걸어서 애리조나로 돌아갔다고 한다. 제로니모 무리뿐만 아니라 제로니모를 잡으러 갔던 용병을 포함하여 수많은 치리카우아 인디언들이 플로리다 감옥에 투옥되었다. 아이들은 모두 부모에게서 떼어내어 펜실베이니아에 있던 칼라일 기숙학교(Carlisle Indian Industrial School)로 보냈다. 심지어 에스키민진을 포함한 40명의 아라바이파 아파치들도 플로리다로 끌려갔다. 제로니모 무리들은 1887년 5월에 앨라배마의 마운트버논 병영(Mount Vernon Barracks)로 이감되었다가 1894년에는 다시 오클라호마의 실 요새(Fort Sill)로 옮겨 갔다.

아라바이파 부족은 수감생활을 끝내고 옛 주거지역이었던 산 카를로스로 돌아올 수 있었지만 치리카우아족은 워낙 백인들의 미움을 사서 애리조나로 돌아가지 못하고 뉴멕시코에 있는 메스칼레로족의 거주지역으로 일부가 돌아오고 또 일부분은 그들이 마지막으로 수감되었던 오클라호마 지역에 남아 있기를 원하였으나 거주공간을 구할 수가 없었다. 아파치족과 별로 사이가 안 좋았던 코만치족과 카이오와족이 아파치족의 딱한 사정을 듣고는 그들의 거주지역의 일부를 내어주어 같이 살게 되었다. 여타의 아파치 인디언부족들은 모두 자신들의 인디언보호구역을 가지고 있는 편인 데 반하여 끝까지 백인에 대항하여 싸웠던 치리카우아 아파치족은 변변한 주거지역 하나도 가지고 있지 못했다. 우리나라에서도 항일 독립 투쟁에 헌신했던 선조를 가진 후손들은 물려받은 재산도 없이 힘들게 살아가는 경우가 많았던 사실과 조금은 닮은 점이 있는 것 같다.

* 제로니모가 남긴 유산

제로니모의 본명은 아파치어로 고야틀라이(Goyathlay)이다. 이름의 뜻은 '하품하는 사람'이라고 한다. 1829년에 태어나서 1909년 2월 17일 오클라호마의 실 요새 감옥에서 죽었다. 구술에 의한 그의 자서전(Geronimo's story of his life)이 1906년에 발행되었다.

모든 사물은 양면성을 가진다. 빛과 그림자는 항상 같이 다닌다. 아파치의 눈에는 전설적 영웅으로 보일 테지만 백인의 눈에는 악마로 보였을 것이다. 옳고 그름은 시대에 따라 장소에 따라 보는 사람에 따라 달라지는 법이니 판단은 우리 모두 각자의 몫이다. 제로니모가 죽인 백인이 몇 명인지는 본인도 모른다고 하듯이 정확히 알 수가 없다. 좀 과장해서 몇천 명이나 된다고 이야기하는 사람도 있으나 대략 천 명을 넘지 않을 것으로 추정된다. 미국 9·11테러의 주모자인 오사마 빈 라덴(Osama bin Laden)을 잡기 위한 작

〈제로니모(Geronimo)〉

전에서 빈 라덴에게 제로니모라는 코드명을 붙였다. 잘 알다시피 빈 라덴은 9·11테러로 3000명에 가까운 무고한 생명을 빼어갔다. 빈 라덴을 추종하는 무리들은 그를 영웅으로 칭송할지 모르나 영문도 모르고 죽어간 희생자와 그 가족에게는 치가 떨리는 악마이었다.

그는 죽기 전 마지막 23년을 포로로 지냈다. 감옥 생활을 하는 동안에 그는 유명인사가 되었다. 1901년 루스벨트(Theodore Roosevelt) 대통령의 취임식에도 초청되었고 1904년 세인트루이스 세계박람회에 구경거리로 전시되기도 했다. 그러나 그의 죽음은 너무 초라했다. 그가 만든 활을 시장에 내다판 돈으로 술을 거나하게 마시고 오다가 마차에서 떨어져 추운 날씨에 얼어 죽었다고 한다.

그의 이름은 용감의 상징으로 흔히 이용된다. 다이빙 직전에 두려움을 떨쳐내기 위하여 '제로니모'라고 외치기도 하고 제2차 세계대전에서 낙하산 부대들이 비행기에서 떨어지면서 '제로니모'라고 외쳤다는 이야기가 전해지고 있다. 아파치라는 이름도 비슷한 상황에 쓰이는데 '아파치 헬리콥터'는 가공할 만한 전투력을 갖춘 미군의 주력 병기의 역할을 담당하고 있다. 1994년 10월 18일에는 미국 우편당국이 '서부의 전설들' 시리즈 중 하나로 제로니모 기념우표를 발행하기도 했다.

* 나바호족의 긴 도보여정(1864)

나바호 부족이 살던 땅이 1848년 미국의 영토로 편입된 후 미국 정부는 1850년에 데피안스 요새(Fort Defiance)를 설치하고 연방군대를 주둔시켜 나바호족과의 충돌을 관리하였다. 갈등이 점차 심화되어 오다가 1864년 드디어 킷 카슨(Christopher Houston "Kit" Carson) 대령은 나바호족들의 가옥과 경작지를 초토화시키고 약 9000명의 나바호부족 인디언을 300마일 너머에 있는 뉴멕시코 지역으로 강제로 쫓아냈다.

이 천리길의 강제이주는 체로키족이 겪었던 눈물의 길과 마찬가지로 겨울 추위 속에서도 진행되었는데 추위와 질병으로 이주과정에서 많은 사람들이 죽어갔다. 이 역사적 사실을 후세 사가들은 '긴 도보여정(Long Walk)'이라고 부른다. 뉴멕시코에 있는 섬너 요새(Fort Sumner)의 보스크 레돈도

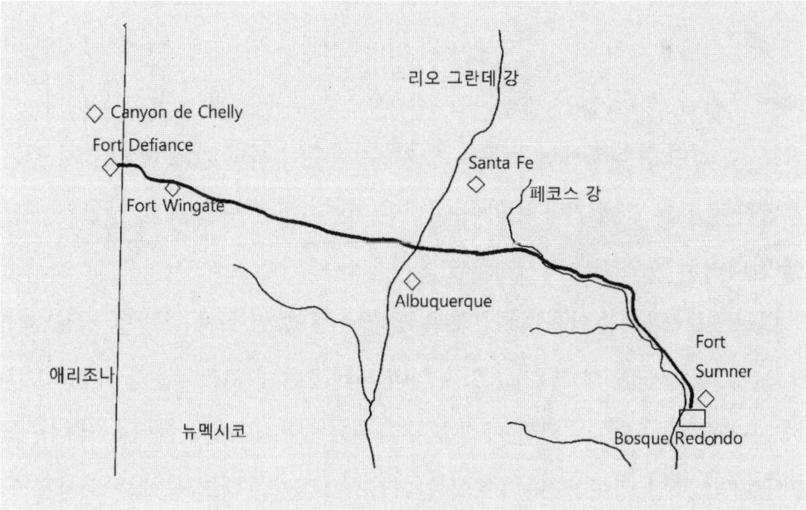

〈나바호 인디언의 '긴 도보여정(Long Walk)'〉

(Bosque Redondo) 수용소에 갇혀 지낸 4년간의 감금생활은 나바호족에게는 견딜 수 없이 힘든 세월의 연속이었다. 처음부터 보스크 레돈도 수용소는 식수 조건 등을 포함한 생활여건 면에서 만 명에 가까운 사람들을 먹이고 재우기에는 전혀 적합하지 않은 곳이었다. 4년간의 감금생활 중 기아와 질병으로 많은 희생이 있은 뒤 1868년에야 미국정부는 강제이주의 잘못을 인정하여 고향땅으로의 복귀를 허락했다. 평원인디언들이 겪은 피눈물 나는 수난과 견주어 보면 나바호족은 참 운이 좋은 편이었다.

처음 고향으로 돌아올 당시에는 연방정부로부터 1만 4천km²의 땅을 되돌려 받았다. 물론 인디언구역의 경계를 정할 때에 목초지로 적합한 땅은 백인의 몫으로 남겨놓았다. 고향으로 돌아온 때로부터 끈질기게 노력한 결과 그들의 땅이 지금은 남한 면적의 3분의 2에 가까운 6만 2천km²에 이르게 되었다. 나바호 네이션 안에는 그랜드캐니언(Grand Canyon), 캐니언 드 셸리(Canyon De Chelly), 모뉴멘트 밸리(Monument Valley) 등 세계적인 관광명소를 포함한 십여 개의 유명한 지질학적 공원과 아나사지 문명 유적지를 포함한 역사적 기념공원이 여기저기 흩어져 있다. 지금은 거의 폐광이 되었지만 한때는 우라늄, 석탄 등이 채굴되어 전국적으로 주목을 받는 땅이 되었다. 지금도 그 지역을 여행하면 누구나 느낄 수 있듯이 사막과 크게 다르지 않는 척박한 광야의 땅에 지나지 않아서 백인 이민자들이 탐을 내지 않았기 때문에 인디언의 몫으로 남겨지지 않았을까 하는 생각이 든다.

나바호는 대부분의 인디언 부족국가가 하고 있듯이 혈연의 정도(흔히 blood quantum이라고 함)를 기준으로 삼아 나바호족의 피를 4분의 1이상 보유한 사람에게만 부족 구성원 자격을 부여하고 있는데, 현재 나바호 네이션의 인구는 약 30만 명이다. 나바호의 언어가 제2차 세계대전 중에는 군사용 암호로 이용되었는데 나바호족 출신 암호병의 활약이 전쟁에 큰 도움이 되었

〈캐니언 드 셸리(Canyon De Chelly)〉

〈모뉴멘트 밸리(Monument Valley)에 나부끼는 나바호 국기〉

다고 한다. 설령 적들이 암호문을 입수하더라도 나바호어로 표기된 이상 그 뜻을 나바호족이 아니면 알 수 없었기 때문에 유용한 도구로 활용할 수 있었을 것이다. 2002년 6월 14일 개봉된 영화 「윈드토커즈(Windtalkers)」는 나바호 암호병의 활약 모습을 잘 그려내었다. 영화 속에서 암호병 벤 야지스(Ben Yahzeeis) 일병으로 출연하는 아담 비치(Adam Beach)는 라코타 인디언의 패망 과정을 다룬 2007년도 제작 TV용 영화 「Bury My Heart at Wounded Knee」에서 인디언 최초의 의사가 된 찰스 이스트만(Charles Eastman) 역을 맡아 열연한 캐나다 국적의 인디언 배우이다. 이스트만에 관한 스토리는 마지막 장에서 소개할 예정이다.

나바호어 외에 다른 인디언 언어들도 전쟁용 암호로 사용되었다. 세미놀 부족의 말을 이용하여 노르망디 상륙작전에서 암호 통신병 역할을 성공적으로 수행하였던 하르조(Edmond Harjo)가 2014년 3월 31일 96세의 나이로 사망하였다. 하르조는 세미놀 암호병 중 마지막 생존자이었다. 인디언 말로 암호를 만들어 사용한 사실은 1969년까지 군사비밀로 취급되어 왔었다.

15 _ 도주의 길

* 네즈 페르세 인디언 부족

오늘날의 아이다호, 워싱턴, 오리건, 몬태나에 걸쳐 아름다운 산과 계곡과 초원으로 이루어진 고원지대(plateu)에는 네즈 페르세(Nez Perce)라는 인디언 부족이 오래전부터 살고 있었다. 네즈 페르세라는 이름은 구멍 뚫린 코라는 뜻으로서 이들과 처음 접촉한 프랑스계 캐나다인 모피 사냥꾼들이 이들 중 일부가 코에 구멍을 뚫어 조개껍질 장식을 달고 다니는 것을 보고는 붙인 것이다. 동부해안에 유럽 이주민들이 처음 왔을 때 인디언들이 온정과 친절을 베풀어 백인들이 정착하는 데에 큰 도움을 주었듯이 네즈 페르세 인디언들도 1800년대 초 루이스와 클라크의 탐험대(Lewis and Clark Expedition Corps)가 이 지역을 지나갈 때에 여러 가지로 도움을 제공하였다고 한다. 실제로 이들이 도와주지 않았더라면 굶어 죽었을 수도 있을 만큼 탐험대는 식량 조달에 엄청난 어려움을 겪고 있었다고 한다. 루이스 탐험대는 제퍼슨 대통령의 특명을 받아 미주리 강과 로키 산맥 너머에 있는 컬럼비아 강을 연결할 수 있는 방법을 찾기 위하여 1804년부터 1806년까지 2년간에 걸쳐 세인트루이스에서 출발하여 태평양 연안까지 왕복하면서 여러 가지 실용적인 조사를 실시하였다. 그러나 그들이 베푼 은혜는 오래지 않아 처절한 배신으로 돌아오게 된다.

네즈 페르세의 원래의 영역은 약 7만km²로서 남한 면적의 3분의 2보다 컸다. 그 땅 안에는 100개 이상의 마을이 있었으며 마을의 인구는 적게는 몇십 명에서 많게는 600명에 달했다고 한다. 마을은 주로 고기잡이에 편리한 스네이크 강(Snake River)이나 새먼 강(Salmon River) 근처에 자리 잡고 있었다. 그들은 강에서 물고기를 잡는 일 외에도 산에서 사슴이나 곰 같은 짐승들을 사냥하기도 했으며 다양한 식물의 열매나 뿌리를 채취하여 식량을 조달하였다. 18세기 초반에 말이 네즈 페르세에게 전해지면서 말을 이용하여 로키 산맥을 넘어 동쪽의 초원지대까지 진출하여 크로우(Crow)족 등과 어울려 들소 사냥도 하게 되었고 평원 인디언들로부터 티피(teepee)랑 트래보이(travois: 말이 끄는 삼각형의 썰매) 등의 생활문화를 받아들였다.

앞에서 우리는 금이 인디언에게 안긴 재앙을 여러 번 보았다. 체로키족도 금이 발단이 되어서 눈물의 길을 따라 오클라호마로 쫓겨 갔고, 콜로라도에서 발견된 금 때문에 샤이엔족의 시련이 시작되었고, 또 블랙힐스에서 발견된 금이 단초가 돼 카스터 부대가 몰살을 당한 리틀 빅혼 강 전투로 이어졌듯이 이곳 네즈 페르세의 영역에서도 금이 발견되어 1860년부터 백인 이주자가 몰려들기 시작하면서 긴장이 조성되었다. 1855년에 네즈 페르세와 백인간에 맺어진 조약은 네즈 페르세 인디언은 3만km²의 영토를 보유하며 그 안에는 백인들이 들어와 살 수 없음을 규정하고 있었다.

1863년 미국 정부는 백인 이주자들이 안정되게 살아갈 수 있는 더 많은 땅을 인디언으로부터 양보 받기 위하여 조약을 준비하였다. 조약안에 따르면 인디언 거주지역은 기존 영토의 10분의 1 규모로 줄어들게 돼 있었다. 네즈 페르세 인디언 중 주로 기독교로 개종한 지파들로부터는 조약안에 대한 동의를 받아냈으나 조셉(Joseph) 추장이 이끄는 웰라모트킨(Wellamotkin) 지파를 포함한 몇 지파들은 조약안 서명을 거부했다. 그럼에도 불구하고 조약의 체결을 추진했던 사람들은 사실상 강탈한 거나 다름없는 네즈 페르세의 땅을 정당한 대가를 지불하고 사들인 것이라고 내무부의 인디언 담당국장에게 허위 보고를 하고 그 사실을 기정사실화했다. 사기를 동원하여 부족의 땅을 가로채간 사실에 크게 분개하여 조셉 추장은 그가 가지고 있던 성경을 찢어버렸다고 한다. 조셉 추장은 1839년에 기독교로 개종하여 일찍이 문명화의 길로 나서서 백인들과 평화롭게 공존해 나가기를 원하고 있었다. 이제 그 꿈은 사라졌다. 그는 기독교를 버리고 전통적인 부족의 신앙으로 되돌아갔다.

조셉 지파가 살고 있던 왈로와(Wallowa) 계곡에는 금이 발견되지 않은 탓인지 1870년까지는 백인 정착민이 아무도 들어오지 않았다. 그런데 1871년부터는 백인들이 밀려들어오기 시작하였다. 그해에 조셉 추장이 세상을 떠나고 아들 조셉이 추장을 물려받았다. 아버지 조셉은 아들 조셉에게 어떤 일이 있더라도 조상 대대로 살아온 땅을 백인에게 팔아서는 안 된다는 유언을 남겼다. 조셉 지파는 현재 살고 있는 오리건의 왈로와 땅을 내놓고 아이다호에 있는 라프와이 요새(Fort Lapwai)의 인디언 주거지역으로 옮겨가라는 압력에 6년간이나 버텨 왔다. 1877년부터 그동안 네즈 페르세의 처지에 동정적이었던 이 지역 군사령관인 하워드 장군의 마음이 변하기 시작했다. 아파치족과의 전쟁에서 코치스 추장을 포함한 인디언 게릴라 전사들과도 친구처럼 지냈던 하워드도 군내에서의 입지를 확보하기 위해서는 마냥 인디언에게 잘해 줄 수만은 없었다. 이제 그도 군 지휘부의 명령을 철저히 따를 것을 결심하였다.

* 또 하나의 긴 길(도주의 길)

1877년 5월 하워드는 이른바 '조약 비서명파' 부족들에게 30일 이내에 현 주거지에서 철수하여 아이다호의 새 주거지역으로 들어갈 것을 명령했다. 그때까지 버티던 인디언들이 더는 버티기 힘들다는 것을 깨닫고 시한에 맞추어 떠날 준비를 하였다. 그런데 떠나기 직전에 큰 사건이 터졌다. 젊은이들이 자기의 가족을 백인들이 살해한 데 대하여 복수하기 위하여 백인 네 명을 죽이는 일이 벌어졌다. 네즈 페르세 인디언들은 그동안 백인을 한 명도 살해한 적이 없는 기록을 가지고 있었는데 이번 사건으로 사정은 달라져 버렸다. 미군과 미국정부가 이에 가만히 있을 리가 없다는 점을 우려하여 멀리 도망가기로 결정하였다. 그들은 로키 산맥을 넘어가서 크로족 마을에 신세를 질 생각을 하였다. 이때부터 100여 일 간의 눈물겨운 도주 행로가 시작되었다. 1877년 6월 17일에 있었던 화이트 버드 캐니언 전투(Battle of White Bird Canyon)로부터 시작하여 10월 5일 베어스 포 마운틴 전투(Battle of Bear's Paw Mountains)에서 항복하기까지 네 번의 큰 전투를 포함하여 총 18번의 교전이 있었으며 최소 120명의 네즈 페르세 인디언이 사망하고 미군 측에서는 180명이 사망하고 150명이 부상을 입었다.

네즈 페르세의 전사 숫자는 250명 수준이었는데, 이들을 잡기 위해서 동원된 미군의 규모는 2000명이었다고 한다. 그 무렵 5년 전에 미국 최초의 국립공원으로 지정된 옐로스톤을 관광중이던 셔먼 육군총사령관은 하워드는 물론이고 인근에 주둔하고 있는 요새 병력을 총동원하여 그들을 따라 잡으라고 특별 명령을 내렸다.

네즈 페르세는 비터루트 산맥(Bitterroot Range)을 넘어 아이다호를 벗어나 몬태나로 들어가면 미군이 더 이상 추격해 오지 않을 것으로 예상했으나 미군은 이들을 계속 쫓아갔다. 이들은 미군을 속이기 위하여 캐나다를 향하여 북쪽으로 가는 대신 남쪽으로 내려와 엘로스톤 국립공원을 관통했다. 미군이 매수한 인디언 정찰병(scout)들의 활약으로 이들의 경로를 쉽게 파악할 수 있었던 미군들은 집요하게 추격해 왔다. 옐로스톤을 지나 로키산맥을 넘어가서 크로우 인디언들을 만났다. 그러나 지금의 크로족은 미군과 한 통속이 되어서 미군의 앞잡이로서의 정찰병(scout) 역할을 담당하는 경우가 흔하였으며 네즈 페르세를 도와주기는커녕 오히려 네즈 페르세의 말을 훔쳐가기도 하였다.

이제 네즈 페르세에게 남은 선택은 캐나다로 시팅불을 찾아가는 수밖에 없었다. 그래서 조셉의 무리들이 북쪽으로 방향을 틀어 캐나다로 향했다. 캐나다와 가까워지면서 이제는 하워드 부대의 추격으로부터 벗어났다고 안도의 한숨을 쉬고 있는 동안에 9월 30일 갑자기 마일스 장군이 이끄는 미군이 나타났다. 마일스 부대는 네즈 페르세 일행을 중간에서 차단시킬 목적으로 몬태나 주에 있던 키오 요새(Fort Keogh: 종전 이름은 Tongue River Cantonment)로부터 출발하였다. 마일스의 부대에는 옛 카스터가 지휘하던 제7기병대도 포함돼 있었으며 로빈슨 요새(Fort Robinson)에서 차출된 라코타 출신 용병들도 끼여 있었다. 이 용병들은 크레이지 호스가 동족이 동족을 잡으러 다니는 있을 수 없는 일을 한다고 생각하여 머리끝까지 화나게 만들었던 그 지원병들이었다. 캐나다로부터 불과 60여km 떨어진 베어스 포 마운틴(Bear's Paw Mountains)에서 며칠간 미군과 대치하다가 10월 5일 결국 조셉은 투항하였다. 1900km에 가까운 피눈물 나는 도주의 길은 여기서 끝났다. 그러나 일

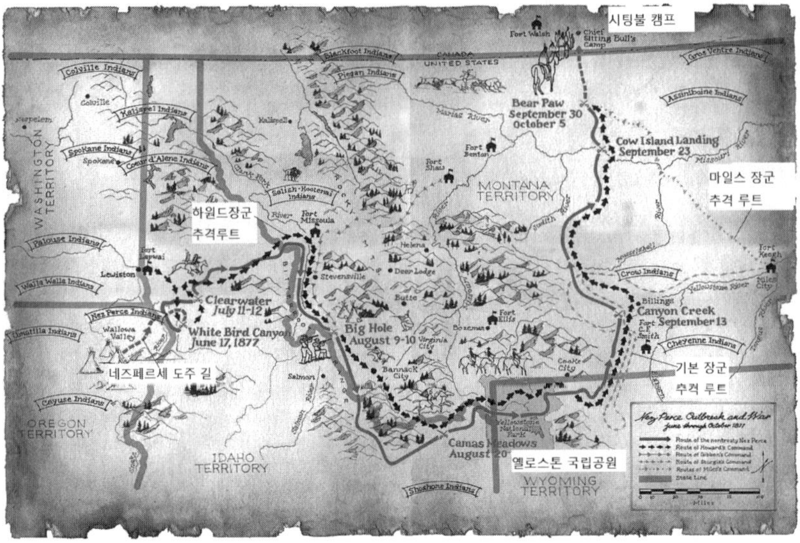

〈네즈 페르세 인디언의 도주 길, 1877〉

행 중 몇 사람은 여기서도 또 탈출하여 시팅불이 있는 캐나다로 무사히 들어갔다고 한다.

네즈 페르세 인디언과 조셉 추장은 백인들로부터도 존경의 대상이 되었다. 백인과의 전쟁 중에 머리가죽을 벗긴다든가 하는 불필요한 잔혹행위는 전혀 하지 않았다는 점에서 셔먼으로부터 높은 평가를 받았다. 전쟁과 상관없는 민간인은 해치지 않았고 포로로 잡힌 여자들은 다 돌려보냈다는 점도 인정을 받았다. 신문에서는 조셉 추장을 붉은 나폴레옹(Red Napoleon)이라고까지 평하기도 하였다. 그런데 백인들은 조셉이 전투 추장 역할까지 도맡은 네즈 페르세족의 대추장으로 잘못 알고 있은 듯하다. 조셉은 전투를 직접 지휘하는 전투 추장은 아니었다. 전투 추장은 따로 있었다. 이들 전투추장들과 죠셉을 포함한 다른 추장들로 구성된 부족회의에서 작전계획 등이

〈조셉 추장 가족(1880년 촬영)〉

논의되었다고 한다. 셔먼도 네즈 페르세가 보여준 전술과 전략은 다른 여느 군대보다도 훌륭했다고 칭찬을 아끼지 않았다. 이들이 몬태나로부터 캔사스로 이송되는 도중에 노스다코타의 비스마르크 시에 머물렀을 때에 수많은 시민들이 나와 환영하고 음식물을 대접하였다고 한다.

투항 협상시 마일스 장군은 네즈 페르세 인디언들을 투항 후 아이다호 거주지역으로 보내 준다고 약속했으나 셔먼(William Tecumseh Sherman) 총사령관은 이를 번복하고 캔사스의 리번워스 요새(Fort Leavenworth)로 보내 버렸다. 캔사스 수용소의 환경은 네즈 페르세 인디언들에겐 지옥처럼 느껴졌다. 수용되었던 인디언들 중 상당수가 말라리아 등 전염병으로 죽어 갔다. 조셉 추장의 끈질긴 노력으로 이들은 캔사스에서 오클라호마로 거주지를 옮졌으나 사정은 별로 나아진 게 없었다. 1885년 드디어 그 때까지 살아남아 있던 268명은 고향으로 돌아갈 수 있는 날이 왔다. 그럼에도 불구하고 조셉을 비롯한 150명은 아이다호 백인 거주자들이 거세게 항의함에 따라 아이다호 내의 네즈 페르세 인디언 보호구역에 들어가지 못하고 워싱턴 주의 콜빌(Colville) 인디언 보호구역으로 이동하여 다른 부족과 섞여 살도록 조치되었다. 조셉은 그곳에서 1904년에 사망하였다. 그의 사망 진단서에는 사망 원인이 '화병(broken heart)'이라고 적혀 있었다.

16_ 기숙학교를 통한 인디언 동화정책

* 인디언 정책의 변화

인디언에 대한 백인들의 정책은 시대에 따라 변해 왔다. 버지니아나 매사추세츠 등 대서양 연안에서 백인들이 처음으로 정착마을을 건설하기 시작할 당시에는 백인들이 인디언으로부터 큰 도움을 받았기 때문에 감사하는 자세로 인디언을 대했다. 그러나 시간이 흐르면서 백인들이 새로운 환경에 적응하고 또 정착민 숫자가 늘어나면서 인디언과의 관계가 적대관계로 바뀌게 된다. 그럼에도 불구하고 식민지 시절과 미국 독립국가 초기에는 크고 작은 충돌 속에서도 백인과 원주민이 함께 살았다. 특히 이른바 문명화된 5개 부족은 백인의 생활방식을 그대로 따라 해 백인들과 큰 문제 없이 지낼 수 있었다. 많은 동부의 인디언들은 기독교로 개종하고 학교에서 신식교육도 받았다. 그 한 예로 하버드대학교 안에도 인디언들을 교육시키기 위한 인디언대학(Indian College)이 설치되어 있었다고 하고 뉴햄프셔에 있는 다트머스대학(Dartmouth College)은 원래 인디언교육기관으로 설립되었다고 한다.

그러던 것이 1830년대 잭슨 대통령 시절부터는 이민자의 수가 늘어나면서 동부의 땅이 부족해지는 문제도 있고 또 붉은 피부색을 가진 인종과 함께 어울려 사는 게 싫어져 인디언과의 동거정책은 분리정책으로 바뀌게 된다. 이 정책에 따라 체로키족을 포함한 수많은 동부의 인디언들이 그 악명 높은 눈물의 길을 따라 오클라호마로 쫓겨 갔던 것이다.

19세기 중반부터 명백한 운명을 외치며 백인들이 서부로 이주해 감에 따라 평원인디언과 서남부 인디언 그리고 로키 산맥 너머의 인디언들과의 갈등이 시작되었다. 곧 땅을 뺏으려는 사람들과 이를 지키려는 사람들 사이에 피비린내 나는 전쟁이 계속되었다. 백인 정부는 동서를 관통하는 철도와 도로를 건설하고 새로 이민 오는 백인들에게 농지와 목장을 마련해 주기 위하여 강압적인 조약체결을 통하여 인디언의 땅을 빼앗았다. 특히 평원인디언의 경우에는 농경 부족이 아니고 들소나 사슴 등 야생동물에 의존하는 수렵민족이었기에 광활한 사냥터가 그들의 영토였다. 전통적인 생활방식을 버리게 하고 백인방식의 농민으로 전환시키게 되면 원주민의 드넓은 초원을 손에 넣을 수 있을 거라고 생각했다. 이런 계산에 따라 인디언보호구역으로 인디언들을 몽땅 가둔 후에 성인들에게는 농사법을 가르치고 어린아이들은 학교로 보내어 인디언들을 백인사회에 동화시키려는 정책을 펴기 시작했다. 1887년에는 동화정책(Assimilation Policy)을 한층 가속화시킬 목적으로 토지할당법(General Allotment Act)을 제정하여 부족공동소유의 인디언보호구역의 땅을 쪼개 개인에게 할당하여 인디언들도 백인 자영농민처럼 농사를 짓게 함으로써 부족공동체의 해체를 도모하였다.

인디언 선각자들에 의한 인디언문화 회복을 위한 범(汎)인디언 민족주의 운동과 일부 의로운 백인 정치지도자들의 노력에 힘입어 1934년 소위 인디언 뉴딜법(Indian New Deal Act)이라고 불리는 「인디언재조직법(Indian Reorganization Act)」이 제정됨으로써 동화정책은 막을 내리고 인디언 문화를 수용하는 시대로 전환되었다.

* 인디언기숙학교(Indian Boarding School)

인디언기숙학교는 연방정부의 지원으로 주로 종교단체가 설립·운영하였는데 방치된 옛 정부 또는 군용 시설 등을 개조하여 학교시설로 활용하는 사례가 많았다. 학교의 제1교육목표는 인디언으로서의 정체성을 버리고 백인의 문화를 주입시켜 백인 주류사회의 일원이 될 수 있도록 만드는 것이었다. 따라서 집에서 매일 통학하는 경우에는 학습효과가 크게 떨어질 우려가 있으므로 학생들을 모두 기숙사에 수용하여 인디언 부족사회와 완전히 격리시키는 방식을 택하였다. 기숙학교는 인디언보호구역 내에 설치되는 경우도 있었고 구역 밖에 설립되는 경우도 있었다.

인디언보호구역 바깥에 설치된 첫 기숙학교는 펜실베이니아 주에서 1879년에 프래트(Richard Henry Pratt) 장군이 비어 있던 군용시설을 활용하여 설립한 칼라일 인디언산업학교(Carlisle Indian Industrial School)이다. 프래트는 이전에 플로리다의 포트 마리온 감옥에 수감되어 있던 인디언들을 상대로 영어 등을 교육시킨 후에 햄턴보통농업학교(Hampton Normal and Agricultural School)에 입학시켜 성공을 거두었는데 그 경험을 살려 인디언만을 위한 칼라일산업학교를 세우게 된 것이다. 이 학교는 1918년까지 운영되었는데 140개의 인디언부족으로부터 만 명 이상이 입학하였으나 정식으로 졸업한 학생은 158명에 불과하였다고 한다. 이 학교를 본떠서 인디언담당국은 15개 주에 걸쳐 26개의 공립학교를 건설하였으며 종교단체들은 수백 개의 사립학교를 설립하였다.

인디언 기숙학교의 역할을 긍정적으로 평가하는 측도 있었으나, 대체로 인디언의 입장에서는 부정적으로 보는 견해가 더 우세하였다. 어린 나이에 부모로부터 떼어내어 고유의 전통문화를 송두리째 버리게 함으로써 인디언으로서의 정체성을 지워버리는 것을 잘못된 정책으로 보는 여론이 더 많았다. 1970년대 이후 대부분의 기숙학교들은 인디언들이 인수받아 운영하게 되었다.

* 칼라일 인디언산업학교(Carlisle Indian Industrial School)

설립자 프래트가 계획한 칼라일학교의 교육목표는 한마디로 '인디언 안에 있던 인디언적인 것을 다 없애고 새로운 사람으로 다시 태어나게 만드는 것(Kill the Indian; Save the Man)'이었다. 프래트는 인디언학생들을 백인 문화에 흠뻑 젖게 만들어서 이들이 고향으로 돌아가 다른 부족민들에게 이들이 배운 것을 전파시킴으로써 자연스레 모든 인디언들이 백인사회에 동화되기를 기대하였다. 그러나 현실은 녹록하지 않았다. 학교 졸업 후 고향으로 돌아간 사람의 경우 심각한 문화적 갈등을 겪었다. 일부 부족민들은 신식교육을 받고 온 젊은 사람들을 향해서 백인으로 변해 버렸다고 비난까지 하였다.

칼라일 인디언산업학교가 근대 인디언 역사에 미친 영향은 매우 크다. 인디언의 허브공항이나 인터넷 포털 사이트와 같은 역할을 담당하였다. 어떤 이는 지중해와 대서양을 연결하고 유럽과 아프리카를 이어주는 지브롤터(Gibraltar)로 비유했다. 1911년 최초의 전국적인 인디언 모임인 미국인디언협회(The Society of American Indians)도 칼라일학교를 고리로 하여 결성되었다. 이 협회는 50명의 인디언 선각자들로 구성되었는데 많은 회원들이 이 학교에

〈칼라일 인디언산업학교(Carlisle Indian Industrial School)〉

서 배웠거나 가르쳤던 지식인들이었다.

미국정부는 가능한 한 가장 늦게까지 미국에 저항한 부족의 자녀들을 많이 입학시키기를 원했다. 자녀를 학교에 수용하면 인디언의 반란을 예방할 수 있는 볼모 효과가 있을 것으로 기대하였던 것이다. 따라서 수족이 제일 먼저 접촉 대상으로 선정됐다. 카스터 장군 부대가 전멸한 리틀 빅혼 강 전투가 있은 지 몇 년 되지 않아 아직도 적대 감정이 많이 남아 있을 가능성을 우려해서 프래트는 내심 망설였지만 정부의 방침에 따라 하는 수 없이 수족 마을을 찾아갔다. 먼저 1878년 11월에 로즈버드(Rosebud)인디언보호구역으로 가서 브률레 지파의 점무늬 꼬리(Spotted Tail)를 만나 설득하여 그의 자녀를 칼라일로 보내주겠다는 약속을 받아내었다. 브률레 추장은 프래트의 논리 정연한 권유에 크게 감동을 받았다고 한다. 프래트는 "인디언들이 영어를 모르기 때문에 어설픈 통역의 말만 믿고 조약에 서명함으로써 본의와 달리 불리한 계약이 체결되는 경우가 많았는데 앞으로 자녀들은 정식 교육을 받아서 백인들에게 당당히 맞설 수 있는 실력을 쌓는 것이 바람직한 일이라고 믿는다"라고 이야기하였다고 한다. 프래트는 파인릿지 인디언보호구역(Pine Ridge Indian Reservation)으로 가서 오글라라 지파의 추장들로부터도 자녀들을 칼라일로 보내겠다는 약속을 얻어냈다. 프래트는 인디언으로부터 믿음을 얻기 위하여 추장들이 학교를 직접 방문하여 학교 현황을 확인할 수 있는 기회를 제공하였는데 붉은 구름(Red Cloud)을 포함하여 40명의 수족 어른들이 1880년 6월에 학교를 방문하기도 하였다. 1886년 9월에 제로니모가 투항한 후 수많은 아파치 인디언들은 전쟁포로로 취급되어 플로리다의 감옥에 수감되면서 그들의 자녀들은 칼라일학교로 보내졌다.

인디언 학생들이 학교에 도착하면 우선 인디언식 담요의복을 벗겨 서양식 복장으로 바꾸고 머리카락도 자른 후 이름을 기독교식으로 다 바꾸어 인디언의 말은 쓰지 못하게 하고 오로지 영어만 쓰도록 하였다. 영어를 빨리 배우도록 하기 위하여 같은 부족출신 학생은 같은 방을 쓰지 못하게 조정했다. 수학기간은 5년이었으며 많은 학생들이 졸업 후에 정부나 산업체에서 일할 수 있는 기회를 얻었다고 한다. 서부에서 유학 온 학생들은 전염병에 대한 면역력이 약했기 때문에 당시에는 항생제가 없던 시절이라 결핵 등으로 많은 학생들이 재학 중에 생명을 잃었다. 이 학교에서는 캐나다 지역 기숙학교에서 만연했던 신체적 성적 학대는 별로 없었던 것 같다. 칼라일 학교 입학대상은 14세 이상으로서 인디언의 피가 4분의 1 이상이 섞인 사람으로 제한하였다. 이 학교의 커리큘럼은 영어와 수학 등 일반적인 교과목 외에 상업과 기술 등 산업실무교육도 병행하였으며 체육, 미술, 음악 등의 분야에서도 우수한 교원들을 초빙하여 질 높은 교육을 실시하였기 때문에 마치 백인들이 하버드나 예일로 진학하고 싶어 하듯이 많은 인디언들이 자녀들을 칼라일로 보내기를 희망하였다. 칼라일 시에는 전통적인 명문 대학인 디킨슨 대학(Dickinson College)이 있었는데 이 대학의 교수진들이 칼라일 인디언 학교를 크게 도왔다고 한다.

이 학교의 미식축구부('Carlisle Indians'로 불림)는 최정상급의 실력을 자랑하였다고 하는데, 웨스트포인트와의 경기가 특별히 관심의 대상이 되었다고 한다. 왜냐 하면 칼라일 학생의 아버지나 할아버지는 인디언 전사로서 또 웨스트포인트 학생의 아버지나 할아버지는 미군 장교로서 1850년대부터 1890년 운디드니 사건까지의 기간 동안 서로 죽이는 치열한 전쟁을 치렀기 때문이다. 1912년 11월 9일 벌어진 웨스트포인트와의 경기에서 소프 선수와 워너 감독의 활약에 힘입어 칼라일이 27:6으로 이긴 사건은 매우 재미있는 일화로 소개되고 있다. 훗날 대통령이 된 아이젠하워가 라인배커(linebacker) 포지션 선수로서 그 경기에서 뛰었다고 한다.

이 학교의 밴드부도 전국적인 명성을 얻어서 세계박람회에 초청되었으며 대통령의 취임식 때마다 초청되어 거리를 행진하며 취주악을 연주하였다고 한다. 특히 1905년 3월 4일에는 42세에 대통령에 당선됨으로써 최연소 대통령 기록을 세운 루스벨트(Theodore Roosevelt) 제26대 대통령의 취임식에는 제로니모(Geronimo: Chiricahua Apache), 콰나 파커(Quanah Parker: Comanche), 벅스킨 찰리(Buckskin Charlie: Ute), 아메리칸 호스(American Horse: Oglala Lakota), 홀로우 혼 베어(Hollow Horn Bear: Sicangu Lakota) 그리고 리틀 플룸(Little Plume: Blackfeet) 등 여섯 명의 인디언 추장들이 인디언 전투복 복장으로 말을 타고 칼라일 밴드부와 함께 퍼레이드에 참가하여 미국 시민으로부터 엄청난 박수갈채를 받았다. 뉴욕의 브루클린 브리지 준공과 같은 경축행사에도 초청받아 축하 음악을 연주하였다고 한다.

1900년대에 들어오면서 서부의 인디언 보호구역 근처에도 공립학교와 사립학교가 많이 설립됨에 따라 먼 거리까지 와서 굳이 칼라일학교에 입학하여야 할 필요성이 줄어들게 되어 칼라일학교는 내리막길을 걷게 되었다. 프래트 교장은 인디언담당국과의 의견 충돌로 1904년 사임하였으며 1918년 9월 1일에 학교는 문을 닫았다.

칼라일 학교는 긍정적인 평가와 함께 부정적인 평가도 동시에 받고 있다. 인디언들에게 신식교육을 시켜 인디언의 권익회복을 위한 힘을 키울 수 있는 기회를 제공하여 인디언들에게 큰 도움이 되었다고 생각하는 측도 있는 반면 인디언의 전통을 완전히 무시하고 인디언을 백인처럼 만드는 일은 정신적 학살행위와 다름없는 행위라고 비난하는 사람들도 많았다. 원래 교육을 통한 동화정책을 실시함으로써 인디언을 백인 주류사회로 흡수하게 되면 인디언이라는 인종은 역사 속으로 사라질 것으로 예상하였으나, 아이러니컬하게도 칼라일에서 공부한 사람들은 인디언의 전통과 종교를 회복하여 인디언의 문화를 유지·발전시키려는 선구자 역할을 담당하게 되었다. 또한 전에는 다른 인디언부족을 만날 기회가 없었는데 칼라일학교에 와서 서로 다른 부족과 만날 수 있게 됨에 따라 범인디언적인 민족의식이 생기기 시작한 것이다. 이러한 의식은 인디언협회의 결성으로 구체화되었다.

* 루터 스탠딩 베어(Luther Standing Bear)

개교 첫해인 1879년에 입학한 학생 중에는 11살의 한 비범한 소년이 있었다. 그는 로즈버드 인디언보호구역 내에서 처음으로 인디언이 운영하는 상점을 설립한 브룰레 지파의 추장 서 있는 곰(George Standing Bear)의 장남이었다. 그 학생은 모든 면에서 뛰어나 모범이 되었는데 프래트 교장이 특히 총애하였다. 프래트가 인디언보호구역으로 학생을 모집하러 갈 때에는 통역인으로 동행했다. 그의 루터라는 이름은 그가 학교에 처음 왔을 때 여러 가지 기독교식 이름 중에서 아무렇게나 고른 이름이었고 성은 아버지의 이름을 그대로 썼다. 루터는 나팔수가 되어 매일 기상 나팔과 일과시작 나팔을 불었으며, 학교 밴드부의 마스터가 되어 1883년 5월 24일 뉴욕의 브루클린 브리지(Brooklyn Bridge) 개통식에 초청되어 밴드부를 이끌고 그 다리를 건너기도 했다.

루터의 재학 중에 아버지 서 있는 곰이 학교를 방문했다. 비록 영어를 한 마디도 못 알아들었지만 수업과 채플시간에 다른 어린 학생들과 꼭 같이 열심히 경청하는 모습에 프래트 교장은 감동하였다고 한다. 루터의 아버지는 펜실베이니아로 온 김에 보스턴, 뉴욕, 워싱턴 등도 다 돌아보았는데 백인들의 힘을 자신의 두 눈으로 직접 보면서 크게 깨달아 아들에게 열심히 공부해서 백인들에게 지지 않을 만큼 실력을 쌓을 것을 당부하였다.

1883년 여름 현장 학습기간 중에는 필라델피아의 와나메이커(Wanamaker) 백화점의 인턴사원으로 일했는데, 거기서도 크게 인정을 받아 매달 더 좋은 부서로 이동해 가는 진기록을 수립하였다고 한다. 백화점의 사장(John Wanamaker)은 훗날 미국 우정국장(United States Postmaster General)이 되었는데 루터의 요청에 의하여 인디언 보호구역 인근에 있는 사우스다코타의 카일(Kyle)에 우체국을 설치하였다고 한다.

1884년 칼라일 학교 졸업 후에 고향인 로즈버드 인디언보호구역으로 돌아와서 그곳 학교의 보조교사를 맡았다. 1891년에는 파인릿지 인디언보호구역에서 학교를 설립하여 교장이 되었다. 그 동네에서 동생 헨리와 함께 상점도 열고 말을 키우는 목장도 경영하면서 부족들과 많은 모임을 주관하여 백인과의 조약체결과 기타 현안 문제에 관하여 논의하였다.

1902년에는 그의 가족 모두가 '버펄로 빌의 와일드 웨스트(Buffalo Bill's Wild

West)' 쇼의 단원이 되어 11개월 동안 영국 전역을 여행하였다. 루터 자신도 직접 무대에서 말 타는 솜씨와 인디언 전통춤을 보여 주기도 하면서 75명에 달하는 라코타 인디언 출신 단원들의 통역이 돼 주고 그들을 관리하는 책임을 맡았다. 루터의 가장 어려운 일은 인디언들이 술을 못 마시게 만드는 일이었다고 한다. 인디언들이 공연 대가로 받는 급료의 반을 강제로 루터가 보관하는 방식으로 인디언들이 술을 사는 데에 헛돈을 낭비하지 않도록 노력하였다. 하루는 영국왕 에드워드 7세(Edward VII) 앞에서 공연하는 기회가 있었는데 근엄하여 잘 웃지 않는 것으로 유명한 왕을 루터의 독특한 춤과 인디언의 환호성으로 결국 웃게 만들었다는 일화가 있다. 버밍햄에서 공연하는 동안에 루터의 딸이 태어났다. 이 소식을 버밍햄 신문들이 주요 뉴스로 취급하였다고 한다. 빌 코디의 제안에 따라 쇼 중에 산모와 아기를 보여주는 프로그램을 특별히 만들었는데 많은 사람들이 신생아에게 돈을 주어서 제법 많은 돈을 벌었다고 한다. 영국 공연을 끝내고 미국으로 돌아와 1903년 새롭게 계약을 맺고 미국 내 공연을 시작했다. 그런데 일리노이에서 4월 7일 대형 열차 사고가 발생했다. 세 명의 젊은 인디언이 사망하고 루터도 크게 다쳤다. 그 뒤로 루터 가족은 빌 코디 쇼에 출연하지 못하였다.

파인릿지로 돌아온 루터는 1905년 7월 4일 오글라라 라코타의 추장으로 추대되었으나 얼마 지나지 않아 파인릿지 인디언 보호구역 안에 있던 자신의 재산을 다 팔아 아이오와의 수시티(Sioux City)로 이사했다. 1912년에는 다시 아이오와에서 캘리포니아 할리우드로 옮겨갔다. 거기서 영화배우로 활동하면서 헬렌 헌트 잭슨 여사의 소설을 영화로 만든 라모나(Ramona, 1916년 작) 등 십여 편의 영화에 출연했다. 배우로 활동하는 동안 인디언 배우들의 권익 신장을 위하여 크게 노력하였다. 영화 속에서 인디언들의 모습이 잘못 그려지는 일이 없도록 영화 제작자들에게 촉구하기도 하고 인디언의 배역에는 반드시 인디언 배우를 캐스팅해 줄 것도 요청하였다. 인디언 출신 스포츠 영웅인 짐 소프(Jim Thorpe)가 중심이 되어서 인디언배우협회를 결성하는 데에도 큰 역할을 담당하였다.

1928년 그의 첫 저서 「나의 수족(My People the Soiux)」이 발행되었다. 이때부터 그는 인디언의 정체성 회복을 위한 본격적인 개혁운동을 시작하였다. 그때까지만 해도 잘 모르고 있던 백인들에게 인디언의 전통과 문화를 알리기 위하여 신문과 잡지에 기고하고 강연을 하는 등 큰 노력을 기울였다. 마침 그 무렵 브루킹스 연구소(Brookings Institute)에서 작성한 「메리엠 보고서(Meriam Report)」도 발간되어 강제적인 인디언 동화정책은 잘못된 정책이라는 인식이 확산되는 분위기가 조성되었다. 루터는 1934년까지 네 권의 책을 더 펴냈다. 루터는 저서와 언론기고 그리고 강연을 통하여 인디언들도 자랑스러운 전통과 문화를 가지고 있으며 이러한 내용들을 학교에서 정식으로 가르쳐야 한다고 주장했다. 인디언의 자치권의 확보는 물론이며 전통 신앙과 축제도 존중되어 계속 유지·발전되어야 한다고 강조했다. 그는 또한 「도스법(Dawes Act)」에 의한 토지할당제도는 크게 잘못된 것이라고 비난했다. 13장에서 이미 본 바와 같이 그는 동생 헨리(Henry Standing Bear)와 함께 크레이지 호스의 석상 건립을 추진하였다.

* 짐 소프(Jim Thorpe)

칼라일 학교는 수많은 인디언 인재들을 배출하였는데 그중에는 20세기를 대표하는 한 스포츠 스타가 있었다. 알곤퀴언 어족(Algonquian language family, Algic이라고도 함)에 속하는 소크(Sauk, Sac and Fox) 부족 출신의 소프(Jim Thorpe)라는 만능선수가 그 사람이다. 그는 1912년 스톡홀름 올림픽에서 5종경기

〈짐 소프(Jim Thorpe)〉

와 10종경기 두 부문에서 금메달을 땄으며 ABC스포츠에 의하여 20세기 최고의 스포츠 스타로 선정되었다.

소프의 부모는 둘 다 백인과 인디언 사이에서 태어난 혼혈인이었다. 그는 쌍둥이 형제인 찰리(Charlie)와 함께 오클라호마의 소크족 거주지역 학교에 입학했다. 소프가 그 학교에서 도망쳐 나오기를 반복하자 소프의 부모는 그를 멀리 캔사스의 기숙학교인 하스켈(Haskel Institute)로 보냈다. 얼마 후에 어머니가 돌아가시자 소프는 실의에 빠져 있다가 아버지와 몇 차례 언쟁 끝에 집을 떠나 말 목장에서 일하기 시작했다.

1904년 그의 나이 16살에 집으로 돌아와 아버지와 상의한 후 칼라일학교에 입학했다. 당시 칼라일에는 워너(Glen Scobey Warner)라는 유명한 미식축구 코치가 있었는데 소프의 재능을 알아본 워너가 소프를 잘 지도하였다. 그 해 말 아버지마저 돌아가시자 낙담한 소프는 칼라일을 자퇴하고 농장에서 몇 년간 일하면서 세월을 보내다가 칼라일로 다시 돌아왔다. 학교로 돌아온 1907년부터 높이뛰기를 포함하여 모든 필드와 트랙경기에서 발군의 실력을 발휘하였다. 육상종목 외에도 미식축구, 야구, 라크로스(lacrosse) 등 구기 종목에서도 두각을 나타내었으며 심지어 볼룸댄스(ballroom dancing)에서도 전국대회에 출전하여 우승까지 하였다.

소프가 전국적으로 주목을 받기 시작한 것은 1911년부터이다. 당시 NCAC(National Collegiate Athletic Association: 미국전국대학체육협회) 최고의 팀으로 인정받고 있던 하버드대학 미식축구팀을 칼라일이 18:15로 눌렀는데 18점

모두를 소프가 한 번의 터치다운(touchdown)과 네 번의 필드골(field goal)을 성공시켜 얻어냈던 것이다. 1912년에는 칼라일이 소프의 맹활약에 힘입어 전국 대학 챔피언에 올랐다. 그해에 올림픽에 출전하여 2관왕이 되었으나 몇 년 전 여름방학 동안 프로 야구팀에서 아르바이트 선수생활을 하면서 약간의 급료를 받은 사실이 알려져 아마추어 자격이 상실되어 올림픽 금메달을 박탈당했다. 국제올림픽위원회(IOC)는 소프가 죽은 지 30년이 되는 1983년에 소프의 메달 수상자 지위를 회복시켜 주었다.

소프가 프로선수로 분류된 후 1913년부터 1919년까지 프로야구팀에서 활동하였으며 동시에 프로 미식축구팀에서도 선수와 코치로 활약하여 1928년 그의 나이 41세로 은퇴할 때까지 대단한 성적을 올렸다. 1920년에 결성된 NFL(National Football League)의 초대 회장으로 추대되기도 하였다. 그는 또한 프로 농구선수로도 잠시 활동하였다고 한다.

선수생활을 그만둔 뒤 그의 후반기 인생은 어려운 시간이 계속되었다. 여러 직장을 전전했지만 벌이는 신통치 않았다. 그는 몇 편의 서부 영화에서 인디언 추장역할의 엑스트라로 출연하기도 하였으며, 건설노무자, 외항선 선원 등으로도 일했다. 만년에는 알코올중독자가 되었으며 1953년에 64세의 나이로 세상을 떠났다.

* 버펄로 빌의 와일드 웨스트 쇼(Buffalo Bill's Wild West)

라코타 인디언들이 리틀 빅혼강 전투 등 일부의 전투에서는 미군에 이겼지만 인디언 전쟁이라는 큰 틀에서는 완전히 패하여 환경이 지극히 열악한 좁은 인디언보호구역 안에서 전쟁 포로처럼 연금생활을 하고 있던 시절에 한 가닥 희망은 칼라일학교와 버펄로 빌의 와일드 웨스트 쇼(Buffalo Bill's Wild

〈버펄로 빌의 와일드 웨스트 쇼(Buffalo Bill's Wild West)〉

West)이었다. 쇼의 책임자인 버펄로 빌은 파인릿지에 거주하는 라코타 인디언들에게 자신의 쇼에 출연할 기회를 많이 제공하고 출연한 인디언들에게는 백인과 꼭 같은 조건으로 대우를 해주었다. 쇼 단원이 된 인디언들은 미국 내의 주요도시와 유럽으로 순회공연을 다니면서 견문을 넓힐 수 있었는데, 이런 영향으로 자녀들을 칼라일학교로 많이 보냈다.

버펄로 빌의 본명은 William Frederick Cody로서 캔사스태평양철도회사(Kansas Pacific Railroad)에 버펄로 고기를 납품하기로 계약을 맺게 되어 버펄로 빌이라는 별명을 얻게 된 것이라고 한다. 빌은 1846년 아이오와에서 태어났는데 아버지가 일찍 돌아가시는 바람에 어릴 때에 경제적으로 많은 어려움을 겪었다고 한다. 10대 중반에는 특급우편배달제도인 포니 익스프레스(Pony Express)의 기수 생활도 하였다고 한다. 17세가 되던 1863년에 입대

〈버펄로 빌과 시팅불〉

하여 1865년에 제대하였다. 1868년부터 1872년까지 인디언들을 찾아다니는 미군의 정찰병 생활을 하였는데 이 기간 중에 미군과 철도회사에 고기를 납품하기 위하여 수많은 버펄로를 죽였다고 한다. 그는 8개월 동안 4280마리의 버펄로를 사냥한 기록을 가지고 있다. 1872년 1월에는 러시아 왕자(Grand Duke Alexei Alexandrovich of Russia)가 버펄로 사냥 여행을 왔을 때에 안내역할을 한 것으로도 유명하다.

버펄로 빌은 1873년부터 10년간 서부를 주제로 한 쇼에 출연하다가 1883년에는 자신의 쇼(Buffalo Bill's Wild West)를 직접 제작하였다. 당시의 시대 분위기는 인디언이야말로 사라져가는 종족(vanishing race)으로 인식되어 이들이 역사에서 없어지기 전에 그들을 직접 만나보고 인디언 문화를 경험해보고 싶어 하는 사람들이 많았다. 한편 라코타 인디언들은 자신의 전통과 문화를 백인들에 알릴 수 있는 기회로 이 쇼를 이용했다. 이때부터 와일드 웨스트 쇼는 30년간 미국 전역을 돌고 여러 차례 유럽순회 공연을 가졌다. 교황도 만나고 여러 나라의 왕들도 만나게 되었고 빌 코디는 일약 세계적인 명사 반열에 오르게 되었다. 빌 코디는 인디언에 대하여 항상 따뜻한 마음을 가지고 있었다. 빌은 인디언의 전통문화는 유지·발전되어야 한다는 생각을 갖고 있었으며 "인디언과 백인간의 갈등은 백인들이 약속과 조약을 안 지키기 때문에 발생한다"고 늘 말했다.

라코타 인디언들은 미국의 정책에 따라 인디언 보호구역 안에서 전통 춤이나 종교의식을 마음대로 행할 수 없는 시절에도 서부 쇼에 출연하여 마음껏 전통문화를 즐길 수 있었으며 이러한 출연기회를 그들의 전통을 더욱 갈고 닦는 데에 활용하였다. 시팅불도 잠시 이 쇼에 출연하였다.

* 버펄로 이야기

〈미대륙 들소(bison)〉

여기서 잠깐 버펄로에 관하여 살펴보고자 한다. 버펄로라는 이름이 흔히 쓰이고는 있으나 대평원지역(Great Plains)에 살고 있는 들소들은 바이슨(bison)이 더 정확한 이름이라고 한다. 유럽인들이 처음 미대륙에 왔을 때에는 4천만 마리의 들소가 살고 있었다고 한다. 백인들이 서부로 진출해 옴에 따라 인디언들이 패망의 길을 걸었듯이 들소들도 멸종에 가까운 상태로까지 내몰렸다. 들소들이 철도나 도로교통에 위험요소가 될 우려가 높으므로 개체수를 줄이지 않으면 안 될 이유도 있었겠지만, 그보다 인디언들을 광활한 사냥터를 버리고 지정된 주거지역으로 몰아넣기 위한 목적으로 들소 박멸 운동을 벌렸다고 보는 편이 옳을 것 같다. 곧 들소를 죽이는 것은 인디언들의 식량원을 차단하는 의미와 같으므로 간접적으로 인디언을 죽이는 것과 다르지 않았다. 들소는 평원 인디언에게 식량을 비롯한 생활에 필요한 거의 모든 것을 제공해 주기 때문에 들소가 없이는 평원에서 유목생활을 계속할 수 없게 되고 결국은 살기 위해서 지정된 보호구역으로 들어올 수밖에 없는 것이다. 당시 들소 사냥꾼들

〈들소 해골 무더기〉

사이에는 "버펄로 한 마리를 죽이면 인디언 열 명이 죽는다"라는 말이 유행했다.

들소퇴치운동이 한창이던 시절에는 들소사냥을 위한 특별열차를 운영하였다. 열차가 철길을 따라 운행하다가 들소가 서식하는 지역을 통과할 때에는 속도를 늦추어 승객들이 직접 총을 쏘아 들소들을 넘어뜨리는 관광 상품을 판매하였다. 무차별적인 들소 사냥으로 들소의 개체수가 거의 멸종 단계에 이르렀는데 뒷날 국립공원 내에서의 보호동물 지정 등을 통한 종 보전사업 덕분에 다행히 지구에서 사라지는 것은 면할 수 있었다. 현재 옐로스톤 국립공원 내에 약 4천 마리가 살고 있으며 캐나다의 우드 버펄로 국립공원(Wood Buffalo National Park)에 약 1만 마리가 서식하고 있다. 이 밖에 식용 들소 고기를 얻기 위하여 약 50만 마리의 들소가 목장에서 가축으로 사육되고 있다. 영화 「늑대와 춤을(Dances with Wolves)」에 나오는 들소 떼들은 이러한 목장에서 사육된 들소들을 동원하여 촬영한 것이다.

* 미국인디언협회(The Society of American Indians)

칼라일 학교를 구심점으로 하여 여러 인디언부족이 한자리에 모이면서 싹트기 시작한 범인디언주의(Pan-Indianism)가 구체화되어 인디언협회 결성으로 이어졌다. 의사, 간호원, 법률가, 교육자, 목사, 공무원, 인류학자 등 다양한 분야에서 일하는 인디언 지도자 50명이 오하이오 콜럼버스 시에 위치한 오하이오 주립대학교에 모여서 1911년 10월 12일 콜럼버스 데이에 이 협회를 발족시켰다. 본부를 워싱턴에 두고 연 1회 총회를 개최하고 분기별로 협회지를 발간하였다. 1913년에는 정회원이 230명으로 늘어나고 준회원이 400명에 달하는 등 협회의 활동이 매우 활발하게 전개되었다.

동 협회는 「인디언의 날」 제정을 청원하여 쿨리지(Calvin Coolidge) 대통령으로 하여금 최초로 인디언 날을 선포하도록 만들었으며, 무엇보다도 이들의 끈질긴 노력의 결과로 1924년에 「인디언시민권법」이 통과되어 드디어 인디언도 생물학적 사람에서 법률상의 사람으로 인정받게 되었다. 1923년에 협회의 활동은 중단되었으나 1944년에 조직된 인디언의회(National Congress of American Indians)가 출범하는 데에 밑거름이 되었다.

2011년 콜럼버스 데이 주말을 택하여 오하이오 주립대학에서 협회 창립 100주년 기념행사가 열렸다. 행사의 일환으로 인근의 뉴아크에 있는 2000년 전에 만들어진 고대 인디언들의 Hopewell 문명유적(Newark Earthworks)을 상징적인 의미로 방문하기도 하였다.

* 인디언시민권법(Indian Citizenship Act)

1924년 6월 2일 이 법이 발효되기 전에는 미국정부가 특별히 따로 정한 경우에만 찔끔찔끔 인디언에게 시민권을 부여했다. 도스 법에 따라 부족 토지를 할당받고 부족민으로서의 지위를 포기한 인디언에게 시민권이 주어졌고, 1차 세계대전에 참전했던 인디언들도 시민권을 받았다. 시민권이 없는 인디언은 부족의 법을 따르는 부족국가의 국민으로서 미국 내에 살고 있는 외국인처럼 취급되었다. 미국정부와 네이션(nation)이라고 불리는 부족국가 간의 관계는 연방의회가 승인하는 조약(treaty)에 의하여 설정되었다.

「인디언시민권법」은 모든 인디언에게 부족국가 국민여부에 관계없이 시민권을 허용하였기 때문에 이중국적을 허용한 셈이 되었다. 그러나 처음에는 이 법의 발효일 전에 태어난 인디언은 시민권 부여 대상에서 제외되었다가 1940년 「국적법(Nationality Act)」 제정으로 이 제한은 해제되었다. 모든 인디언이 시민권자가 된 이후에도 일부 주에서는 늦게까지 인디언들에게 선거권을 주지 않았다. 애리조나는 1948년, 그리고 뉴멕시코는 1962년에 와서야 인디언에게 선거권이 허용되었다.

17_ 토지할당을 통한 동화정책

* 도스법(토지할당법)

멕시코전쟁(1846-48), 남북전쟁(1861-65)과 평원인디언전쟁(1854년 그래턴 소위 사건-1881년 시팅불의 투항)이 모두 끝나고 오늘날의 미합중국의 근간이 완성된 1880년대의 미국은 앞으로 인디언들을 어떻게 다루어야 할지에 관하여 심각하게 고민하기 시작했다. 미국 정치지도자들이 내린 결론은 인디언들을 마냥 인디언보호구역에 가둬 놓고 정부배급에만 의존하게 만들 것이 아니라 인디언도 일종의 소수민족으로 취급하여 다른 다양한 인종의 이민자들과 마찬가지로 미국 주류사회에 동화시켜 함께 어울려 살아갈 수 있는 길을 모색한다는 것이었다. 인디언들에게 백인문화를 주입시키기 위해서는 교육이 최우선적으로 필요하다고 판단하여 칼라일과 같은 기숙학교를 설립하여 어린 학생들에게 백인의 문화와 생활방식을 철저히 주입시켰다. 다음으로 생각한 것이 보호구역 내에서 부족지도자를 중심으로 똘똘 뭉쳐 있는

〈도스(Henry Laurens Dawes) 상원의원〉

부족공동체를 어떻게든 해체하고 백인식 개인주의를 도입하여 궁극에는 한 사람의 보통 시민으로 변화시킨다는 계획이었다. 그런 목적으로 1887년 토지할당정책이 시작되었다.

1887년 2월 7일 당시 클리블랜드(Grover Cleveland) 대통령의 서명으로 발효된 「일반토지할당법(General Allotment Act)」은 흔히 최초 입안자의 이름을 따서 도스법(Dawes Act)이라고 부른다. 도스(Henry Laurens Dawes) 상원의원은 비교적 인디언 친화적인 인물로서 백인들로 구성된 인디언 후원단체를 이끄는 등 인디언의 문명화를 위하여 나름대로 열심히 노력한 사람이었다. 한 예로 그가 이 법을 기초하면서 인디언 부족의 성인 남자의 3분의 2 이상의 찬성이 있는 경우에만 토지를 개인에게 할당할 수 있도록 하였는데, 논의 과정에서 도스의 의견은 무시되었다.

도스법의 도입목적을 요약하면, 부족 공동소유의 땅을 개인에게 할당함으로써 부족공동체를 해체한 후 인디언들도 주법을 따르도록 만들고, 자족형 자영농을 육성하여 인디언에 대한 정부지출 부담을 경감하고, 할당하고 남는 땅은 백인 정착민에게 나누어 준다는 것이었다. 도스법의 골자를 살펴보면, 우선 세대주에게 160에이커(약 20만 평)를 나누어주고 18세 이상의 미혼자에게는 80에이커를 18세 이하에게는 40에이커를 할당하되, 받은 토지는 25년간 미국정부에 신탁하여야 하며, 향후 4년의 기간 안에 할당받을 땅을 선택하지 않을 경우에는 내무부장관이 직권으로 할당지를 선택한다는 내용이었다. 또한 일단 토지를 할당받게 되면 미국시민이 되고 주의 법률에 따라야 했다. 체로키를 포함하여 오늘날의 오클라호마 주에 해당하는 인디언 테리토리(Indian Territory)에 거주하던 7개 부족 등은 토지할당 대상에서 제외되었으나 1898년 「커티스법(Curtis Act)」 제정에 의하여 도스법이 개정됨으로써 이들 부족들도 포함되었다.

할당받은 땅에 농사를 짓는다는 일이 현실적으로 녹록치 아니하였다. 백인에게 넘겨줄 잔여지는 대체로 좋은 땅으로 떼어 놓고 인디언들이 할당받은 땅은 농사를 지을 수 없을 정도로 여건이 열악한 경우도 많았거니와 앞마당 텃밭과는 달리 20만평의 넓은 경작지에 농작물을 가꾸기 위해서는 농기구를 구입하는 등 상당한 초기투자가 필요하나 인디언의 경우 현실적으로 이를 해결할 수단이 없었다. 뿐만 아니라 미성년자가 토지를 할당받은 경우에는 학교를 다니기 때문에 물리적으로 토지를 이용할 수도 없었다. 이러한 문제점에 대한 대책으로 연방의회는 할당받은 토지의 임대를 허용했다. 곧 나이가 어리거나 장애로 인하여 경작이 불가능한 경우에 내무부장관의 승인을 받아 임대차계약이 가능하도록 길을 터놓았다. 그리고 1894년에는 임대허용 조건에 무능력도 추가되었다. 시장 경제에 대해서 잘 모르는 인디언들은 인디언에게 불리한 조건으로 임대차계약을 맺는 경우가 다반사였으며, 인디언의 권리보호를 위하여 노력하여야 할 연방정부 주재관(agent)은 거꾸로 백인들과 결탁하여 인디언을 착취하는 데에 앞장을 서는 경우가 허다하였다.

토지할당법의 폐해가 해가 갈수록 커지고 있음에도 불구하고 1906년 「버크법(Burke Act)」이 제정되어 문제를 더욱 악화시켰다. 내무부장관이 '능력있는(competent)' 토지소유자로 인정하는 경우에는 25년간 신탁조건에서 해방되어 언제든지 할당받은 토지를 팔 수 있도록 도스법을 개정하였다. 인디언의 땅을 노리고 있던 백인들에게 아주 잔치용 멍석을 깔아준 형국이 되었다. 부정한 방법으로 능력자 인정을 받아내는 일도 만연하였거니와 경제적 어려움에서 벗어나지 못하고 있는 인디언들은 당장 굶어죽지 않기 위하여 토지를 팔지 않으면 안 될 처지에 놓여 있었다. 도스법 시행 당시 54만km² 이던 인디언의 땅은 이 법이 폐기되었던 1934년에는 19만km²로 줄어들었다. 도스법 도입에 대하여 가장 적극적으로 반대한 사람 중의 한 사람인 텔러(Henry M. Teller) 상원의원은 "토지할당 정책이야말로 인디언들을 그들의 땅에서 쫓아내어서 지구상의 방랑자로 만드는 정책"이라고 비판하였는데 결국 그의 우려가 현실로 나타났다.

인디언들이 도스법의 숨겨진 의도를 모를 리 없었지만, 모든 걸 다 잃어버리고 오로지 백인들의 자비에만 의존하고 있는 처지에 더 이상 미국 정부에 저항한다는 일은 있을 수가 없었다. 그런데 인디언 테리토리에 있는 머스코기 크리크 네이션(Muscogee Creek Nation)의 하르조 추장(Chitto Harjo, Crazy Snake라고도 함)은 도스법 도입에 끝까지 저항했다. 하르조는 일찍이 동부에서 강제로 오클라호마로 이주해온 4개 부족들 간의 연대세력을 구축하기 위하여 '네어머니협회(Four Mothers Society)'를 결성하여 부족의 권익을 지키기 위하여 노력해 오던 터에 도스법이 자기네 부족에까지 적용되어 부족의 자치권을 주 정부가 빼어갈 움직임이 나타나자 동조세력과 함께 무력 충돌을 일으켰다. 1900년에 그는 토지할당 정책을 수용한 크리크 자치정부를 부족 헌법 위반으로 부정하고 새롭게 자치정부를 구성하고 스스로 추장이 되었으나 미국정부는 하르조의 부족정부를 인정하지 않았다. 하르조의 동조세력은 부족 내 질서유지를 위하여 등대(Lighthouse)라고 하는 자치 경찰을 구성하고 토지할당을 신청한 부족민에 대하여 체형을 가했다. 제8기병대가 도스법 반대 세력을 축출하기 위하여 크리크 네이션에 진입하여 하르조 추종자 몇 사람을 체포하였다.

1909년 3월 27일 일단의 백인 패거리(posse)들이 하르조를 체포하러 하르조의 집으로 왔다. 패거리들이 접근하는 것을 발견한 하르조의 경호원이 먼저 발포하여 백인 두 명을 살해했다. 곧이어 쌍방 간에 교전이 벌어져 하르조도 다리에 총상을 입었다. 하르조 무리들은 어둠을 이용하여 무사히 현장을 빠져나와 도망쳤다. 그 뒤에도 하르조는 결코 체포되지 않았다. 이 사건은 인디언과의 마지막 무력 충돌로 기록되었다.

1926년 워크(Hubert Work) 내무부장관은 록펠러재단(Rockefeller Foundation)의 지원을 받아 브루킹스연구소(Brookings Institutions) 앞으로 인디언정책의 집행과정과 인디언의 생활실태에 관한 조사 연구를 의뢰했다. 1928년에 보고서 작성이 완료되었는데 동 보고서는 연구 책임자의 이름(Lewis Meriam)을 따서 흔히 「메리엠 보고서」로 불린다. 이 보고서는 특별히 토지할당정책이 불법적으로 인디언의 땅을 가로채는 데에 악용되고 있다는 점을 강조했다. 의회에서 격렬한 논쟁을 거친 끝에 1934년 「인디언재조직법(Indian Reorganization Act)」이 제정되면서 도스법의 생명은 끝났다.

데보(Angie Debo)는 1940년에 발간된 그의 역사적인 명저 「And Still the Waters Run: The Betrayal of the Five Civilized Tribes」에서 5개 문명화된 인디언부족의 땅과 자원을 빼어간 과정을 체계적으로 심도 있게 분석하였다.

* 메리엠보고서(Meriam Report)

연구책임자 메리엠(Lewis Meriam)의 이름을 딴 이른바 메리엠 보고서가 1928년 2월 21일 워크 내무부장관 앞으로 제출되었다. 보고서의 공식명칭은 「인디언관리상의 문제점(The Problem of Indian Administration)」이었다. 메리

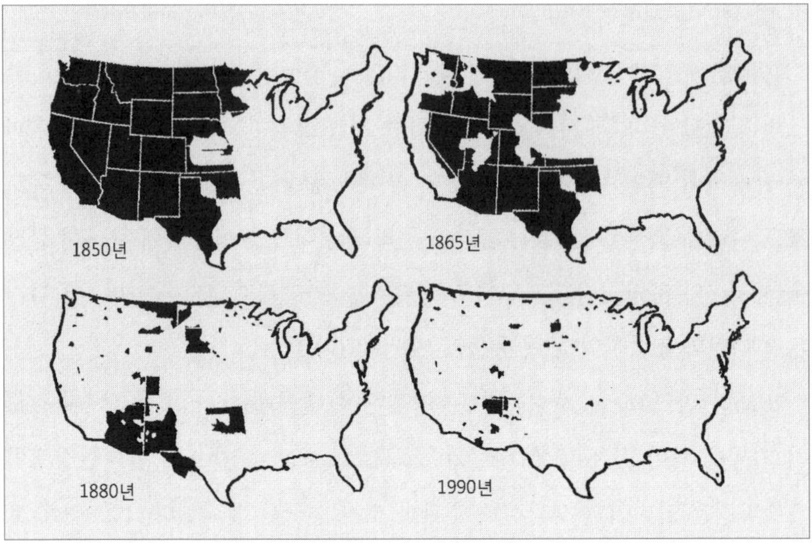

〈인디언의 땅이 줄어드는 과정〉

엠을 포함한 각계 전문가들로 구성된 조사 연구팀은 인디언의 건강, 경제, 교육 등 인디언의 생활실태를 심층 분석하여 문제점을 도출하고 해결방안을 제시하였다. 동 보고서는 특별히 도스법은 인디언의 궁핍을 가속화시켰으며 인디언 문화를 완전히 도외시한 기숙학교 제도도 잘못되었다고 지적하였다.

메리엠 연구팀은 인디언 인구 1000명 이상을 가지고 있는 23개의 주를 직접 방문하여 조사했다. 인디언 인구가 가장 많은 나바호족이 거주하는 애리조나, 수족이 살고 있는 사우스다코타, 그리고 눈물의 이주길을 따라 쫓겨갔던 문명화된 5개 인디언 부족이 거주하는 오클라호마를 집중적으로 분석하였다. 연구팀은 95개의 인디언 보호구역, 연방정부주재소(agency), 병원, 학교들을 실사하여 총 847페이지에 이르는 방대한 보고서를 완성하였다.

보고서는 비교적 간결하였으며 중립성 원칙 하에서 작성되었다.

동 보고서는 인디언들의 평균수명은 매우 짧고 영아사망률은 매우 높은데 이는 인디언에 대한 의료 서비스가 열악하기 때문이라고 분석했다. 결핵, 드라코마 등 전염병이 만연하고 있으며, 의료시설은 턱없이 부족하고 의료진이 인디언의 말을 몰라 의사소통이 제대로 이루어지지 않는 것도 문제점으로 지적했다. 분석 팀은 인디언의 건강을 해치는 주범은 식량공급 부족이라고 진단했다. 인디언 가정의 경제사정은 지극히 나쁜데 이는 도스법에 의한 잘못된 토지할당 정책에 기인하는 것으로 분석하였다. 인디언들이 할당받은 땅은 대체로 가족이 경작하기에는 부적합하여, 매우 숙련된 백인 농민이라면 겨우 생계를 유지할까 말까 하는 수준이라고 털어놓았다. 정권이 바뀔 때마다 인디언에 대한 경제정책이 바뀌는 바람에 장기적 안목에서의 인디언 경제개발 프로그램이 시행되지 못하고 있는 점도 인디언 경제를 어렵게 만드는 요인이 된다고 분석하였다. 인디언의 지위 향상을 위해서는 교육이 매우 중요한데 격리 수용한 기숙학교 제도보다는 부족민과의 생활 속에서 이루어지는 교육이 되어야 한다고 강조했다. 기숙학교의 실태조사 결과 급식불량, 과밀학급, 열악한 위생상태, 학생 노동력 의존, 획일적 교육내용 등의 문제점도 시정되어야 한다고 주장했다.

당시 후버 대통령은 이 보고서의 권고를 받아들여 기숙학교의 급식, 제복, 위생 등을 개선하기 위하여 예산을 증액하는 등 즉각 시행할 수 있는 분야에서는 문제를 어느 정도 해결하였으나 도스법은 1934년 인디언재조직법이 제정될 때까지도 지속되었다. 다만 메리엠보고서 발표 이후로는 토지할당 사례가 현저히 감소하였다. 그러나 인디언 동화정책의 중심축인 기숙학교 제도는 마땅한 대안을 찾기 어려워 계속 유지되어 1970년대에는 학생 수가 최고 6만 명에 달하였다.

* 인디언 재조직법

1928년 메리엠 보고서 제출로 도스법의 폐해가 확인되는 등 인디언들의 열악한 생존 실태가 널리 알려지면서 이에 대한 개선책 마련의 필요성에 관한 공감대가 형성되기 시작하였다. 특별히 1933년에 인디언국장으로 임명된 콜리어(John Collier)는 오래전부터 인디언들의 문화 보전과 권익 신장에 헌신해 오던 개혁지향 사회운동가였는데, 담당국장이 되자마자 인디언재조직법 제정에 심혈을 기울여 이듬해에 결실을 거두었다. 인디언재조직법 탄생은 메리엠보고서가 계기를 제공하였으나 무엇보다 콜리어 국장의 남다른 열정이 절대적인 역할을 하였다.

동법의 핵심적인 내용은 도스법의 폐지와 인디언의 부족 자치정부 재건이었다. 법 통과 후 토지할당으로 사라진 부족의 토지를 원상회복시키기 위하여 할 수 있는 범위 내에서는 최대한의 노력을 기울였다. 인디언보호구역 내 토지 중 상당부분은 이미 백인 정착민에게 팔려나갔고, 또 어떤 부분은 인디언이 할당받은 후 능력있는 자영농민으로 인정받아 완전한 소유권을 인정받은 땅도 있었고, 할당은 받았으나 아직도 연방정부에 신탁되어 있는 땅도 있는가 하면 또 아직도 할당되지 않고 부족공동소유로 남아 있는 땅도 있어서 지적도를 그려보면 마치 서양 장기판(checkerboard) 모양처럼 돼 있었다. 우선 개인에게 할당은 되었으나 미국정부 앞으로 신탁되어 있던 땅은 부족의 땅으로 되돌렸다. 나아가 연방정부가 땅을 사들여서 부족의 땅으로 편입시키기도 하였다. 이런 노력의 결과로 이 법 시행 후 20년 동안에 우리나라 충청남도 크기에 해당하는 8천km²의 땅을 인디언 부족소유로 확보할 수 있게 되었다.

그러나 콜리어가 처음 그렸던 인디언 자치정부에 관한 조항들은 법안 심의과정에서 많이 수정되는 바람에 인디언이 원하는 것과는 다른 방향으로 부

〈인디언의 땅 공매 광고〉

족의 정부조직이 만들어졌다. 동법에서 권장하는 부족 헌법과 정부형태가 인디언들이 보호구역으로 강제수용되면서 파괴되었던 과거의 자치제도와는 사뭇 다르게 설계되었으며, 인디언 담당국의 지나친 간섭도 허용되어 예전에는 각자가 따로 자치권을 가지고 있던 몇 개의 부족들을 강제로 하나의 정부로 통합시키기도 하여 많은 불만이 야기되었다. 이 법으로 인하여 인디언들 사이에 전통을 지켜 나가기를 희망하는 측과 백인의 생활방식을 받아들여야 한다는 측 사이의 관계를 더 악화시켰다고 주장하는 사람들도 있다.

* 존 콜리어(John Collier) 인디언국장

콜리어는 1933년부터 1945년까지 무려 12년간이나 인디언담당국(공식명칭은 당초 Office of Indian Affairs에서 1947년 Bureau of Indian Affairs로 변경되었음)의 수장 직무를 수행하였다. 재임기간에 인디언재조직법 제정 외에도 인디언들의 지위향상을 위하여 다방면으로 애를 썼는데, 그 한 예로 대공황 타개책의 일환으로 운영하였던 공공근로단(Civilian Conservation Corps: CCC)에 인디언 부문을 특별히 설치하여 17세부터 35세 사이의 인디언들을 공공 공사현장에 취업시켜서 경제적으로 큰 도움을 주었다. CCC에 취업한 인디언들은 인디언 보호구역 내외에서 도로건설, 교량건설, 주택건설, 토지개량 등의 공

〈콜리어(John Collier) 인디언국장(1933-1945)〉

사장에 투입되었다. 도시에서 멀리 떨어져 있는 인디언보호구역에 거주하는 인디언의 경우에는 일자리를 구하기가 매우 힘들었었는데, 사우스다코타 주의 수족 인디언보호구역에서는 남자 가장 중 절반이 CCC 취업 기회를 얻었다고 한다. CCC의 인디언부에서는 인디언에게 트럭운전, 목공, 원예, 기계수리 등 기술교육도 실시하였다.

콜리어의 인디언 사랑은 그의 나이 35세이던 1919년에 시작되었다. 콜리어는 친구인 예술애호가이자 백만장자인 닷지(Mabel Dodge) 여사를 만나러 뉴멕시코의 타오스 푸에블로(Taos Pueblo)로 갔다. 타오스 푸에블로는 유네스코의 세계문화유산에도 등재될 만큼 옛 전통문화가 잘 보전된 역사적인 마을이다. 콜리어는 그곳에서 인디언을 처음으로 만났다. 2년 동안 타오스의 예술인마을에 머물면서 인디언의 역사와 현재의 상태에 대하여 공부하여 인디언의 고유문화가 백인들의 잘못된 정책으로 인하여 사라져가고 있음을 깨닫고 인디언의 전통을 보전하기 위한 조치가 필요하다는 생각을 갖게 되었다. 인디언을 백인문화에 동화시켜 미국인화하겠다는 계획은 매우 그릇된 정책이며 그 정책의 중심에 있는 도스법은 폐기되어야 한다고 주장하였다. 그는 1923년 인디언방어협회(American Indian Defense Association)를 결성하여 인디언의 전통문화를 지키는 데에 많은 노력을 기울였다. 메리엠 연구팀이 전면적인 인디언의 생활실태를 조사하게 된 것도 콜리어와 동협회의 꾸준한 노력 덕분이었다.

* 홈스테드법(Homestead Acts)

인디언과의 토지거래는 발견의 원리의 연장선상에서 연방정부만이 당사자가 될 수 있다. 인디언으로부터 거두어들인 땅의 처분은 전적으로 연방정부의 뜻에 따라 이루어졌다. 땅의 일부는 공공용지로 남겨 두고 많은 토지를 농민들에게 유무상으로 불하했다. 무상불하 방식을 규정한 홈스테드법 시행 이전에는 1841년에 제정된 「토지선매권법(Preemption Act)」이 있었다. 정부 소유 토지를 매각할 때에는 이미 그곳에 살고 있는 사람이 매우 싼 가격으로 해당 토지를 매입할 수 있는 우선권을 부여하는 제도이었다. 이민자들이 보다 쉽게 토지를 소유하게 함으로써 자영농민(yeoman farmer) 육성을 더욱 가속화시키기 위하여 아예 무상으로 토지를 제공하는 법을 마련한 것이 바로 홈스테드법이다. 남부에서는 노예제도에 기반을 둔 대규모 농장방식의 농업에 불리한 영향을 미칠 것을 우려하여 무상공여제도 도입을 반대하여 왔으나 남부의 주들이 연방을 탈퇴하는 바람에 1862년에 쉽게 홈스테드법이 통과되었다. 최초의 홈스테드법 제정 이후 여러 차례에 걸쳐 필요에 따라 더욱 조건이 완화된 홈스테드 관련법들이 제정되었다.

이 법에 의하여 21세 이상으로서 미국정부에 적대행위를 하지 않은 미국시민은 누구나 소정의 절차에 따라 5년간 농사를 지을 경우 160에이커(약 20만 평)의 땅을 불하받을 수 있었다. 농사짓기에는 부적합하여 목장으로 사용할 경우에는 640에이커까지 땅을 얻을 수 있었다. 1976년 「연방 토지정책 및 관리법(Federal Land Policy and Management Act)」의 통과로 홈스테드법은 폐지되었다. 그러나 알래스카는 예외적으로 1986년까지 토지 무상공여가 허용되었다. 1862년에서 1986년까지의 기간 동안 160만 명의 자영농민이 불하를 받았으며, 그 총면적은 약 110만km^2에 달했다. 이는 한반도의 약 5배에 해당하는 땅이다.

* 토지선점경주(Land Run 또는 Land Rush)

〈오클라호마 토지선점 경주(Oklahoma Land Rush of 1889)〉

인디언의 땅을 연방정부가 인수하여 자영농민에게 무상으로 분배할 경우 수많은 불하 희망자가 한꺼번에 몰려온다면 누구에게 홈스테드를 공여할 것인가가 문제가 된다. 이에 대한 대안으로 토지선점경주라는 코미디 같은 제도가 도입되었다. 토지선점경주는 오클라호마에서 모두 일곱 차례 실시되었는데 최초의 경주는 1889년 4월 22일에 있었으며, 가장 큰 규모의 경주는 1893년 9월 16일 체로키로부터 양수받은 땅(Cherokee Strip 또는 Cherokee Outlet)에서 벌어졌다. 토지선점경주의 대상이 된 땅의 크기는 모두 약 3만 3천km^2로서 남한 면적의 3분의 1에 해당하는 면적이었다.

첫 경주는 1889년 4월 22일 정오 시간에 5만 명의 참가자가 일제히 출발하여 자신이 원하는 필지로 달려가는 것이었는데, 미리 마음에 둔 땅에 몰래 숨어들어 출발시간에 맞추어 나타나 자신이 먼저 도착했다고 우기는 사례가 많아서 토지관련 다툼이 많이 발생했다고 한다. 경주가 개최된 곳에서는 불과 반나절 만에 인구 만 명의 도시 두 개(Oklahoma City와 Guthrie)가 생겨났다고 한다.

18_ 인디언을 말살하라

* 인디언 말살정책으로 회귀

제2차 세계대전이 끝난 뒤 미국에는 애국주의, 반공 이데올로기, 매카시즘(McCarthyism), 그리고 집단주의 분위기가 조성되었다. 이러한 움직임은 모든 소수민족을 완전 동화시켜 주류사회로 융합해 나가야 한다는 주장으로 이어졌으며 이 흐름은 인디언에게도 예외가 아니었다. 전쟁으로 늘어난 빚을 갚기 위하여 예산지출을 줄여야 하는 입장에 있던 연방정부는 인디언에 대한 경제적 지원규모를 감소시켜서 재정적 부담을 축소시켜 나가기를 원했다. 이 무렵에 이미 자립기반을 구축한 일부 인디언 부족에서는 인디언담당국의 지나친 간섭에서 완전히 해방되어 주류사회의 보통의 시민으로 취급되어야 한다는 주장을 펴기도 하였다.

인디언에 대한 미국정부의 정책은 '동화(Assimilation)'와 '보전(Preservation)' 사이를 왔다 갔다 했다. 1940년대 중반에는 다시 동화 정책의 계절이 시작

〈'Catechetical Guild Educational Society of St. Paul'이 1947년 발행한 반공 만화책 'Is This Tomorrow'의 표지〉

되었다. 19세기 후반에 시작되었던 일련의 동화정책 곧, 기숙학교와 토지할당은 인디언들을 주류사회로 편입시키기 위한 기초공사이었던 반면 20세기 중반에 다시 시작된 동화정책은 본공사쯤으로 비유될 수 있다. 그래서 정책의 이름도 동화가 아니라 말살(termination)이라는 용어가 사용되었다. 말살은 인디언 부족국가(nation)의 완전해체 즉, 부족주권(sovereignty)의 불인정을 뜻한다. 말살정책 시행 이전에는 인디언들은 연방정부가 주권을 인정하는 부족국가의 구성원으로서 미국정부에 대하여는 보호자와 피보호자의 관계에 놓여 미국정부로부터 교육, 의료 등 여러 분야에서 지원을 받을 수 있었으나, 말살정책이 시행된 후로는 미국의 일반시민과 꼭 같이 권리와 의무가 주어지고 더 이상의 연방정부로부터의 특별 지원은 사라지게 된다. 인디언 부족주권 말살정책은 부분적으로는 성공을 거두기도 하였으나 폐해가 훨씬 더 많아 개선의 필요성이 주장되는 가운데에 1960년대에 시작된 흑인 민권운동과 인디언들의 행동주의 인권운동단체(Indian Activist Movement) 등의 노력으로 인종차별을 철폐하고 문화의 다양성을 인정해야 한다는 분위기가 조성되어 인디언 부족국가의 자치권(self-determination)을 다시 인정하는 정책으로 바뀌었다.

* 말살정책의 준비

부족주권을 뺏기 위하여 1940년부터 1950년까지 제정된 일련의 법들이 말살정책의 기초를 닦았다. 그동안 연방정부가 행사해 오던 인디언 관련 주요범죄에 대한 사법권을 주정부로 이관하는 법률 여섯 개를 만들었다. 1943년 상원은 인디언의 실태조사를 실시하여 인디언담당국의 지나친 관료주의적인 간섭이 인디언의 문제를 보다 악화시키고 있다고 지적하고 인디언들을 종속적인 관계로부터 해방시켜 주류사회로 진출시키는 것이 바람직하다는 결론을 도출하였다. 후버 전 대통령을 위원장으로 하는 정부조직연구위원회(Commission on Organization of the Executive Branch of the Government)가 1949년 작성한 보고서는 인디언들을 주류사회로 통합시킬 것을 추천하였으며, 1952년 실시된 인디언국에 대한 의회 감사에서도 말살정책이 예산절감에도 보탬이 되고 인디언에게도 유리한 정책이기 때문에 말살정책의 추진을 촉구하였다. 1953년 채택된 상하원합동결의안은 말살정책을 공식적으로 발표하면서 일부 지정된 부족에 대하여는 당장 연방정부와의 관계를 정리할 것을 촉구하고 향후에 개별 부족 상대로 하나씩 관련법을 제정해 나갈 것이라고 선언했다.

당시의 정치권에서는 인디언 부족국가 말살정책을 어쩔 수 없는 시대적 조류로 받아들이는 분위기이었는데 인디언 인구가 많은 서부 주 출신 연방의원들이 보다 적극적으로 나섰다. 다만 정치인들 간에는 정책추진의 속도와 순서에 관하여 약간의 의견 차이는 있었다. 연방정부의 지원 없이도 자립이 가능한 인디언 부족부터 말살정책을 시행하는 것이 타당시되어 인디언담당국은 경제적 자립도를 기준으로 성적을 매겨 순위를 정하였다.

* 인디언클레임위원회(Indian Claims Commission)

1946년 8월 13일에는 「인디언클레임위원회법(Indian Claims Commission Act)」이 제정되어 인디언들이 과거에 겪은 조약위반, 불법적 토지강탈, 불공정거래, 부적절한 보상 등과 관련된 불만 사항을 미국정부에 신고하여 조정을 받을 수 있는 길이 열렸다. 수년 전부터 이러한 위원회의 설치 필요성에 관한 논의가 있어 왔으나 관련법 제정에는 미치지 못하였는데, 말살정책 도입을 앞두고 새롭게 관심의 대상으로 떠올랐다. 인디언들의 고충을 해결해 주는 것이 그들의 자립기반 형성에 도움이 될 것이며 결과적으로 말살정책 도입에도 긍정적인 효과가 있을 것으로 판단하였기 때문이다. 동 위원회는 모두 370건의 사건을 접수하였는데 1978년 9월 말에 미해결 사건들을 미국연방클레임법원(United States Court of Federal Claims)으로 이관하고 업무를 종료하였다.

* 인디언에 대한 사법권 행사

1885년 제정된 「주요범죄법(Major Crimes Acts)」에 의거 인디언의 살인, 방화, 강간, 절도 등 주요범죄에 대한 사법권은 연방정부가 행사하도록 돼 있었다. 주정부도 사법권을 행사할 수 있도록 만들기 위한 시범 케이스 성격의 법이 캔사스의 인디언을 상대로 1940년에 제정되고 1946년부터 1948년 사이에 몇 개의 다른 주에 대하여도 비슷한 법률이 만들어졌다. 1949년에는 캘리포니아의 일부 인디언 보호구역에 대하여는 형사사건은 물론이고 민사사건까지 주정부가 사법권을 행사하도록 관련법이 제정되었다. 1950년에는 뉴욕 주에게도 형사사건과 민사사건에 대한 사법권을 부여하는 법안이 제정되었다. 다만 과거에 백인들의 술수에 속아서 많은 땅을 빼겨 왔던 쓰라린 경험을 가진 인디언들의 강력한 저항에 부딪혀 토지분쟁에 관한 사법권은 동 법안에서 제외되었고, 이 법은 또한 인디언의 관습 인정과 면세 혜택, 사냥과 어업활동 허용 등은 계속된다는 점을 재확인시켜 주었다.

1953년에는 제280호 공법(Public Law 280)이 제정되어 몇 개의 주가 추가로 말살정책 시행 대상이 되었으며 나머지 주들에 대하여도 원하는 경우에는 인디언보호구역에 대한 사법권 행사를 허용하였다. 동법에 따라 많은 주가 인디언에 대한 사법권행사에 필요한 주법을 제정하였다.

* 인디언 이주지원법

1956년에는 인디언들이 인디언보호구역을 떠나서 직업을 찾아 도시로 이주하는 것을 지원하기 위하여 「인디언 이주지원법(Indian Relocation Act)」이 제정되었다. 동법은 인디언보호구역에 대한 지원을 줄이는 반면에 밖으로 나가는 사람들에게 지원을 확대함으로써 부족주권 말살정책을 효과적으로 수행하기 위한 목적으로 도입되었다. 이 법이 제정되기 전에도 1950년에 나바호와 호피 부족을 대상으로 LA, 솔트레이크시티, 덴버 등 대도시로의 취업이주를 지원하는 프로그램이 실시되었으며 이듬해부터는 인디언국이 이 프로그램을 다른 부족에게까지 확대 실시하였다. 1955년에는 이주대상 지역으로 기존의 4개 도시에 샌프란시스코를 포함한 9개 도시를 추가하였다.

동법에서 규정한 이주비용 지원범위에는 이사비용, 편도교통비, 4주간의 생계비, 장비구입비용, 의료보험, 가재도구 구입비용, 작업복 구입비용, 직업교육 비용 등의 다양한 지출 항목이 포함되어 있었으며, 때로는 주택구입 시에도 지원을 받았다. 1960년까지 3만 1천 명 이상이 인디언보호구역을 떠났으며 1980년까지는 그 숫자가 75만 명에 달하였다.

일부 인디언의 경우에는 도시에서 성공적으로 정착하였으나, 대부분의 경우에는 많은 어려움을 겪었다. 이주 인디언들은 부족사회로부터 격리되고, 새로 이사 온 도시에서는 인종차별과 인종분리정책의 희생자가 되기 일쑤였다. 부족의 지원을 받지 못하는 상태에서 단순노동 일자리만 얻을 수 있을 뿐 직장 내 승진은 기대할 수가 없었다. 거기다가 도시에서의 주거비용과 생계비용은 감당하기 힘들 정도로 높아 고통스러웠으나 그렇다고 고향으로 다시 돌아갈 수도 없는 형편이었다. 이리하여 인디언 이주지원법은 인디언 도시빈민이 양산되는 결과를 낳았다. 자녀교육에서도 유무형의 인종차별로 인하여 힘들기는 마찬가지였다.

* 말살정책의 폐해

1953년부터 1964년까지의 말살정책 시행기간 동안 100개 이상의 부족(tribe) 또는 밴드(band)가 부족주권을 상실하였으며 인디언 전체 인구의 3%에 해당하는 1만 2천 명은 부족민 지위를 포기하였고 1만km^2의 땅이 연방정부 신탁보호대상에서 제외되었다. 몇몇 부족의 경우에는 당초 말살대상에 포함되어 절차가 진행되는 동안에도 다양한 형태의 저항노력을 펼쳐서 부족주권을 지켜낸 사례도 있었다.

부족주권 말살정책의 실패사례로는 메노미니 부족(Menominee)의 경우를 대표로 들 수 있다. 부족의 인디언보호구역에는 삼림자원이 풍부하여 이를 벌목한 후 부족 소유의 제재소에서 목재로 가공하여 판매함으로써 경제적으로 비교적 윤택한 생활을 영위할 수 있었다. 메노미니는 경제자립도가 가장 높은 인디언부족으로 분류되어 제일 먼저 말살정책 시행대상으로 선정되어 관련법(Menominee Termination Act)이 1954년 6월 17일 의회에서 통과되었다. 그러나 부족주권을 상실한 후 재산세 부담이 크게 늘어나 제재소 경영은 엄청난 적자를 시현하게 되고 부족민들 상당수는 빈민층으로 전락하여 정부의 복지 수혜대상이 되었다. 1973년 6월 말살정책이 끝났을 때에 실업률이 40%에 달하였다고 한다. 결과적으로 말살정책 시행 이전에 지출된 정부지원예산보다 훨씬 더 많은 복지비용이 말살정책 이후에 들어가게 된 것이다. 말살정책 시행으로 부족 주권이 완전히 사라지고 연방정부로부터의 지원이 끊긴 인디언들의 거의 전부가 교육과 의료부문에서 엄청난 고통을 받았다.

* 연방정부에 의한 부족 주권 재인정

1968년 존슨(Lyndon B. Johnson) 대통령은 말살정책을 폐기하고 인디언의 자치권을 육성할 것을 제안하였으나 결실을 맺지는 못하였다. 다음 대통령들도 비공식적 절차에 의하여 말살정책을 실질적으로 말살시키는 데에 힘을 쏟아 왔지만, 1988년에 와서야 의회합동결의안(House Concurrent Resolution 108)에 의하여 공식적으로 말살정책은 폐기되었다. 공식적으로 폐지되기 전에도 의회가 1975년 「인디언 자치 및 교육지원법(Indian Self-Determination and Education Assistance Act)」 제정을 통하여 암묵적으로 말살정책을 종결시켰다. 1983년 레이건 대통령은 인디언정책에 관한 특별담화에서 인디언 말살정책을 정면으로 반박하였다.

말살정책이 폐지되고 자치권 인정의 시대로 바뀜에 따라 부족주권을 상실했던 부족들이 자치권 회복에 나섰다. 일부 부족은 쉽게 자치권을 연방정부로부터 다시 인정받았으나 일부 부족은 아직도 자치권을 원상 복구시키기 위하여 큰돈을 써가며 법적 투쟁을 계속하고 있다. 인디언국의 홈페이지에 따르면 2015년 7월 현재 연방정부로부터 주권을 인정받은 부족국가는 567개이다.

19_ 주권 회복과 만리 길

* 라코타 공화국(The Republic of Lakotah)

스스로를 라코타 자유특사(Lakota Freedom Delegation)라고 부르는 일단의 인디언이 2007년 1월 17일 워싱턴 국무부를 방문하여 한 장의 문서를 전달했다. 문서에는 라코타공화국(The Republic of Lakotah)이 최근 독립을 선언했다는 내용이 담겨 있었다. 이들은 이번 독립은 미연방으로부터의 탈퇴가 아니라 전에부터 존재하던 주권의 재확인일 뿐이라고 주장했다. 영토는 1851년에 맺어진 라라미조약에서 라코타의 소유라고 밝힌 땅으로 정하였는데 그 넓이는 한반도에 약간 못 미쳤다. 인구는 10만 명이라고 했다. 하나의 해프닝으로 치부되고 말았지만 이 사건이 던지는 의미는 그리 단순하지 않다.

동화정책으로 인디언이라는 작은 소금을 백인의 큰 물 속에서 녹여 없애려고 노력해도 성과가 지지부진하자 다음으로 말살정책을 동원하여 소금을 분쇄기에 넣어 아예 갈아버리려고도 시도했으나 그 소금은 만 년 이상을 버텨 온 다이아몬드만큼이나 야문 암염이어서 일부 모서리는 잘려 나갔으나 몸통은 온전히 보전되었던 것이다.

말살정책 추진으로 일부 운 나쁜 부족들은 주권을 잃고 연방정부로부터의 경제적 지원도 끊어져 춥고 배고픈 암울한 세월을 살아오고 있을 즈음에 몇 줄기의 구원의 빛이 드리우기 시작했다. 인디언들도 영어를 할 줄 알게 되고 부족의 주권회복의 중요성을 인식하여 흔히 홍인종운동(Red Power Movement)이라고 불리는 새로운 형태의 저항운동을 벌이기 시작하였다. 한편 제2차 세계대전에 참전하고 고향과 일터로 돌아온 인디언들은 백인들과 함께 생활하고 전투를 치르면서 새로운 경험을 쌓게 되고 세상을 바라보는 안목을 키울 수 있었다. 때마침 마틴 루터 킹 목사가 주도하는 흑인 민권운동이 전국적인 관심을 끌게 되고 또 상당한 성공을 거두고 있었기에 인디언들의 권리 회복운동도 전과 다르게 전국적인 호응을 얻게 되었다. 인디언의 권익 회복운동은 크게 두 개의 축에 의해 추진되었다. 하나는 온건한 방법으로 추진되었고 또 하나는 실제의 행동으로 나타났다. 전자의 예로는 인디언의회(National Congress of American Indians)와 인디언권리기금(Native American Rights Fund) 등을 들 수 있으며 인디언운동(American Indian Movement)과 같은 행동주의 운동가들의 단체는 후자에 속한다.

* 인디언 의회(National Congress of American Indians)

미국정부와 맺은 조약과 인디언의 부족 주권을 무시하는 동화정책과 말살정책에 대항하기 위하여 미국 내 인디언 부족들이 모두 모여 1944년에 인디언 의회(National Congress of American Indians: NCAI)를 결성하였다. 인디언 의회는 인디언의 권리와 문화 정체성을 지켜 나가기 위해서는 무엇보다도 인디언 부족 간의 단합과 협력이 가장 중요하다고 밝혔다. 이보다 먼저 인디언 협회(Society of American Indians)가 1911년에 설립되긴 하였지만 활동기간이 그리 오래가지 못하고 1923년에 활동이 종료되었다. 이 밖에 인디언단체로는 19세기 말에 설립된 '인디언의 친구들(Friends of the Indians)'이 있었고 1922년에는 또 다른 인디언 협회가 만들어졌지만 이 두 단체는 백인들 간의 모임이었다.

* 인디언 권리기금(Native American Rights Fund)

1970년에는 인디언권리기금(Native American Rights Fund: NARF)이 인디언의 법률 투쟁을 지원하기 위한 목적으로 창설되었다. 기금의 재원은 민간 재단으로부터의 출연과 연방정부 지원에 의존하였다. 기금의 활동은 주로 부족의 보전, 천연자원의 보존, 인디언의 인권보호, 인디언에 대한 정부의 책임, 인디언의 법률 개발, 일반 대중을 상대로 한 인디언의 권리와 문제에 대한 교육 등 다양한 분야에서 이루어졌다. 동 기금은 모든 인디언들이 보편적인 인권과 종교적 자유를 누릴 수 있게 하기 위하여 다른 인디언 유관단체와 긴밀히 협력하여 연방정부와 주정부가 기존에 체결된 조약과 제정된 법률을 제대로 시행하도록 만들기 위하여 감시자 역할을 열심히 수행하였다.

동 기금이 이루어낸 성과 중 가장 대표적인 것으로는 'Cobell v. Salazar'('Cobell v. Kempthorne'이라고도 부름) 소송사건을 승소로 이끌어 2009년도에 무려 34억 달러에 달하는 배상금을 받아내는 데에 큰 역할을 한 일을 들 수 있다. 미국 사법사상 최대 규모의 대표소송 사건으로 기록된 이 소송은 인디언들의 신탁토지 관리를 잘못한 데에 대한 책임을 물어 인디언들이 미국 이민국을 상대로 손해배상을 청구한 사건이었는데 재판에 13년이나 소요되었다. 34억 달러 중 14억 달러는 원고들에게 나누어주고 나머지 20억 달러는 도스법에 의거 할당된 땅을 되사서 부족 소유지로 만드는 데에 사용되었다고 한다.

* 인디언 운동(American Indian Movement)

옛말에 울지 않는 아기에게는 젖을 주지 않는다는 말이 있다. 인디언들이 잃어버린 권리를 되찾기 위하여 정상적인 방법으로는 아무리 청원하고 호소해도 만족할 만한 성과는 고사하고 주류사회로부터 관심조차 얻어낼 수가 없는 게 현실이었다. 이에 적극적인 행동으로 인디언의 권리를 되찾는 데에 앞장서겠다고 나선 무리가 있었으니 인디언 행동주의운동가 모임(American Indian Movement: AIM)이 바로 그들이었다. 1968년 7월 미니애폴리스에서 결성된 AIM은 흑인 인권운동가인 햄턴(Fred Hampton)이 주도하는 무지개연대(Rainbow Coalition)에도 가맹하여 1970년대를 통하여 굵직한 사건들을 많이 일으켜 인디언의 권리 회복에 관한 전국적인 관심을 불러일으키는 데에 성공했다.

〈American Indian Movement(AIM)의 로고〉

AIM은 1970년 11월 넷째 목요일 추수감사절에 플리머스 항구에 정박 중인 메이플라워호 모형을 점거하고 백인들이 성소로 여기고 있는 플리머스 바위(Plymouth Rock)에 붉은 페인트칠을 하는 것으로 행동주의 시위를 개시하였다. 1971년에는 백인들이 가장 존경하는 네 전직 대통령 얼굴이 조각돼 있는 러시모어 산(Rushmore Mountain)을 점거하기도 하였다. AIM의 본격적인 활동은 1972년 11월 인디언국 사무실 점거사건으로 시작되었다. 1993년에는 노선 갈등으로 인하여 The AIM-Grand Governing Council과 AIM-International Confederation of Autonomous Chapters의 두 파로 갈라졌다.

* 앨커트래즈 섬 점거사건

인디언부족연대(Indians of All Tribes: IAT)라는 또 하나의 인디언운동 단체가 1969년 11월 20일부터 1971년 6월 11일까지 샌프란시스코 만 안에 있는 앨커트래즈(Alcatraz) 섬을 점거하였다. AIM을 비롯한 여러 인디언 운동단체가 합류하고 많은 인디언들이 개인적으로 참여하여 점거인원은 한 때 400명에 달하였다. 원주민은 물론이고 비원주민들도 음식을 제공하는 등 점거활동을 적극적으로 지원하였다. 당연히 이 사건은 전국적인 관심 대상으로 떠올랐고 인디언의 문제가 무엇인지를 일반 미국 시민들에게 알릴 수 있는 기회가 되었다. 이 사건이 발생하기 전에도 라코타공화국의 독립선언 문서를 국무부에 전달하였던 민즈(Russell Charles Means)와 그의 아버지를 포함한 몇 명의 라코타 인디언들이 1964년 3월에 잠시 점거한 적이 있었다. 민즈는 1969년 점거에도 참여하였다. 민즈는 AIM 내에서 핵심적인 역할을 맡았으며 배우로서도 이름을 날렸는데 1992년에 제작된 영화 「모히칸족의 최후(The Last of the Mohicans)」에서 칭가치국(Chingachgook) 추장 역을 맡아 열연한 바도 있는 인물이다. 그는 2012년 10월 22일 후두암으로 72세의 나이에 세상을 떠났다. 인디언국 버클리 사무소에 근무하던 퍼디(Doris Purdy)가 섬에 들어가 하루 동안 머물면서 그때의 상황을 동영상으로 기록하였는데 이를 퍼디의 딸이 2008년 11월 27일에 epurdy라는 아이디로 유튜브에 업로드시켜 놓았다.

IAT의 주장에 의하면, 1868년에 미국정부와 수인디언 사이에 맺어진 라

〈앨커트래즈 섬 점거 당시 쓴 낙서(YATA-HEY는 나바호어 인사말)〉

라미 조약에 따라 사용 목적이 끝나서 놀고 있는 땅은 모두 원래의 주인인 인디언에게 돌려주기로 돼 있다고 한다. 앨커트래즈 섬에 있던 형무소가 1963년에 폐쇄됨에 따라 1964년에는 연방정부가 그 섬을 불용자산으로 분류하여 방치되어 있었다. 인디언들은 그 섬을 돌려받아서 인디언박물관도 설립하고 인디언 연구중심과 영적 활동의 중심으로 활용하기를 희망했다.

점거 후 며칠 지난 추수감사절(Thanksgiving Day)에는 전국 각지로부터 수백 명의 지지자들이 앨커트래즈로 몰려 왔다. 12월부터는 자체 라디오방송을 시작하고 이듬해 1월부터는 자체 신문도 발행했다. 한편 전설적 스타 운동선수인 짐 소프의 딸인 그레이스 소프(Grace Thorpe)는 제인 폰다(Jane Fonda), 안소니 퀸(Anthony Quinn), 말론 브란도(Marlon Brando), 조나단 윈터즈(Jonathan Winters), 버피 상마리(Buffy Sainte-Marie) 그리고 딕 그레고리(Dick Gregory) 같은 유명 인사들로 하여금 앨커트래즈 섬을 방문케 하여 인디언에게 유리한 여론이 형성되도록 노력하는 한편 점거 장기화에 필요한 물품공급에도 힘을 쏟았다. 소프는 발전기도 설치해 주고 응급환자 후송 서비스도 맡아서 했다. 정부는 점거활동을 중단시킬 목적으로 전기공급도 끊고 전화선도 단절해 버렸다. 원인을 알 수 없는 화재로 많은 빌딩들이 파괴되는 등 더 이상 버티기 어려워지고 있는 가운데 일반인으로부터의 관심도 점점 줄어들고 있었으므로 인디언 운동가들은 1971년 6월 점거를 끝내고 섬을 떠났다. 앨커트래즈 섬 점거사건은 이후 계속 벌어지게 되는 인디언 권리 찾기를 위한 행동주의 운동의 촉매제가 되었다. 매년 추수감사절이 되면 많은 사람들이 국립공원 당국의 허가를 받아 섬을 방문하여 이날을 '반(反)추수감사절(Unthanksgiving Day)'로 기념하고 있다. 같은 날 동부의 플리머스에서는 인디언들이 이날을 '애도일(National Day of Mourning)'로 지정하여 행사를 열고 있다.

앨커트래즈 사건으로 충격을 받은 미국정부도 움직이기 시작했다. 이제 분위기는 말살정책에서 부족주권 확립의 시대로 바뀌게 되었다. 닉슨 대통령은 1970년 7월 8일 의회에 보낸 교서(message)에서 더 이상 말살정책은 추진하지 않을 것이며 인디언의 자결권이 존중될 수 있도록 노력할 것임을 천명하였다. 닉슨의 구두 약속에도 불구하고 관료적인 행정으로 인하여 가시적인 개선효과가 나타나지 않자 인디언들은 다시 한 번 행동으로 그들의 요구조건을 보여주기 위하여 1972년 11월 2일에 인디언국 사무실을 점거하였다.

* 깨진 조약의 길(Trail of Broken Treaties)과 인디언국 점거사건

1972년 AIM을 포함한 8개의 미국과 캐나다의 인디언 단체(American Indian Movement, the National Indian Brotherhood, the Native American Rights Fund, the National Indian Youth Council, the National American Indian Council, the National Council on Indian Work, National Indian Leadership Training, the American Indian Committee on Alcohol and Drug Abuse)가 연합하여 승용차, 승합차, 그리고 버스로 서해안을 출발하여 워싱턴을 향하여 대행진을 시작했다. 행렬의 길이는 6km가 넘었다고 한다. 그들은 오는 도중에 미니애폴리스에 들러서 20개 조항의 요구사항을 작성했다. 요구사항의 요지는 과거에 체결된 조약 내용을 성실히 이행하고 인디언들의 권익향상을 위하여 적극적으로 미국정부가 노력해 줄 것을 촉구하는 것이었다.

시위대는 대통령 선거일 전 주에 워싱턴에 도착하여 요구사항 20개 조항을 전달하기 위하여 닉슨 행정부와의 면담을 요청하였으나 거절당했다. 시위대는 더 강력한 실력행사가 필요하다고 판단하여 11월 9일 약 500명이 인디언국 사무실에 난입하여 점거하였다. 점거는 6일간 계속되었는데 이때 사무실 안에 있던 집기 비품과 보관 문서들이 크게 훼손되어 피해액이 70만 달러에 달했다고 한다.

* 운디드니 대치사태(Wounded Knee Incident)

1973년 2월 27일 AIM 회원과 라코타 인디언 약 200명이 지난 1890년 12월 29일에 수백 명의 인디언들이 학살당한 파인릿지 인디언보호구역 안에 있는 운디드니를 점거하였다. 점거 목적은 두 가지 사실을 널리 알리기 위한 것이었다. 첫째는 부족 대표인 윌슨(Richard Wilson)이 비리행위를 일삼고 있으며 반대파들을 부당하게 핍박하고 있는 사실을 고발하고, 둘째는 정부가 인디언과 체결한 조약을 성실히 이행하고 있지 않으니 즉각적인 협상재개를 요구하였다. 점거 사건이 발생하자 FBI를 비롯한 경찰 인력과 장갑차까지 출동하여 일반인 출입저지선을 설치하였다. 인디언과 경찰이 모두 무장상태에서 대치하고 있었으므로 전쟁터와 다를 바가 없었으며 가끔씩 총을 쏘는 교전도 벌어졌다. 4월에는 오글라라 인디언 한 명과 체로키족 한 명이 총에 맞아 숨졌다. 점거 사태는 71일간 지속된 후 5월 8일 상황이 종료되었다. 원주민의 봉기 현장이 미 전역에 생중계되었는데 라코타의 영웅 시팅 불과 크레이지 호스의 후예를 자처한 훤칠한 외모의 러셀 민즈 AIM의 대변인은 일약 스타로 떠올랐다. 운디드니는 마을 전체가 크게 파괴되어 1990년대에 들어와서야 주민들이 다시 들어와 살기 시작하였다.

윌슨이라는 부족 대표는 문제가 많았던 사람으로서 사적인 군대조직을 만들어 반대파를 협박하고 심지어 살해도 저지르는 등 오글라라 부족의 통합과 발전을 가로막는 인물이었다. 그 몇 년 동안에 무려 60명이나 피살당했다고 한다. 그런 이유로 파인릿지 보호구역은 전국에서 살인률이 가장 높은 곳으로 악명이 높았다. 대체로 후세 사가들은 운디드니 점거사태는 연방정부에 대한 불만보다는 윌슨에 대한 불만이 더 큰 원인이 됐던 것으로 평가하고 있다.

* 말론 브란도의 오스카상 수상 거부

양심있는 각계의 저명인사들이 인디언 인권운동에 힘을 보태기도 했는데 말론 브란도가 아카데미상 수상을 거부한 사건은 특별히 전국적인 관심을 끌어 모았다. 1973년 3월 27일 개최된 제45차 아카데미상 시상식에서 영화 「대부(The Godfather)」에 출연한 말론 브란도(Marlon Brando)가 남자주연상 수상자로 선정되었으나 수상을 거부하고, 대신에 아파치 인디언 전통의상을 입고 나타난 아파치계 혼혈 여자배우인 리틀페더(Sacheen Littlefeather)에게 수상거부이유를 대신 읽게 했다. 말론 브란도는 심지어 할리우드 영화계에서도 인디언에 대한 차별이 심하다는 점을 수상거부 사유로 밝혔다. 뒤이어 리틀페더는 그때 당시 벌어지고 있던 운디드니 대치 상황에 대하여도 언급하였다. 전 세계적으로 생중계되고 있는 연예계 최대행사에서 일어난 일인 만큼 그 파장은 넓고 깊게 퍼져나갔다. 이런 멋진 재능기부가 세상에 또 어디 있을까?

〈흑인 소설가 볼드윈(James Baldwin)과 함께 워싱턴 민권투쟁 행진에 참가한 말론 브란도(1963)〉

* 펠티어의 옥중수기 「My Life Is My Sun Dance」

펠티어(Leonard Peltier)는 1944년생으로서 AIM 회원 활동을 해오다가 FBI 요원 두 명을 살해한 혐의로 기소되어 1977년에 유죄 평결을 받아 플로리다의 감옥에서 종신형 징역을 살고 있다. 그런데 그의 유죄 평결은 여러 면에서 문제가 많아 각계각층으로부터 탄원이 쏟아졌다. CBS 텔레비전의 간판 탐사 프로그램인 '60 Minutes'에서도 이 사건을 재조명하였는데 관련 정황을 엄밀히 분석해 보면 펠티어는 살인을 하지 않은 것으로 보인다고 결론지었다. 남아공의 만델라 대통령도 탄원서를 제출하였으며 국제인권단체인 앰네스티(Amnesty International)도 펠티어의 재판은 불공정한(unfair) 재판이었다고 보고서에서 밝혔다.

클린턴 대통령이 그의 임기 중에 펠티어를 사면할 것이라는 소문이 돌자 5백 명의 FBI직원과 가족들이 백악관으로 몰려와 시위를 벌이고 FBI국장은 클린턴에게 사면에 반대하는 편지를 직접 써서 보내는 등 반대여론이 거세지자 클린턴은 뒤로 물러서고 말았다. 클린턴의 뒤를 이은 부시 대통령도 펠티어를 사면하지 않고 임기를 끝냈다. 오바마 대통령은 과연 어떤 결정을 내릴지 조금 더 지켜봐야겠다.

60억 달러의 재산을 가진 연예계의 거부 게펜(David Geffen)은 원래 열렬한 클린턴 지지자였는데 클린턴이 펠티어 사면을 거부하자 실망한 나머지 훗날 힐러리를 지지하지 않고 오바마 지지로 돌아서 버렸다. 그는 뉴욕타임스와의 인터뷰에서 클린턴 부부에 대하여 언급하면서 "정치인은 모두 거짓말을 잘 하는데 그것도 너무나 쉽게 한다는 게 문제"라고 비꼬았다.

펠티어는 2000년도에 옥중 수기 「My Life Is My Sun Dance」를 발간하였는데 그의 변호를 맡았던 검찰총장 출신의 인권변호사 클라크(Ramsey Clark)가 서문을 썼다. 우리나라에서도 「나의 삶 끝나지 않은 선댄스」이라는 제목으로 번역본이 출판되었다.

* 최장거리 걷기(Longest Walk)

1978년에 AIM은 역사상 최장거리 걷기 행사를 개최했다. 인디언들의 단결과 전국적인 관심을 끌어내어 열한 개의 반(反)인디언적 법률 제정을 저지하기 위한 목적에서 기획되었다. 어느덧 인디언 권리찾기 운동의 성지가 되어버린 앨커트래즈 섬에서 1978년 2월 11일 출정식을 가졌다. 이 자리에서 그들이 신성시하는 담뱃대(sacred pipe)에 담배를 채워 넣었고, 그 담뱃대는 걷기 행렬과 함께 워싱턴으로 운반되었다. 행사의 성격은 영적인(spiritual) 행사로 규정되어 국내외로부터 많은 영적 지도자들이 이 행사에 동참하였는데 이 중에는 일본의 니치다스 후지이(Nichidatsu Fujii) 스님도 포함되어 있었다. 7월 15일 걷기운동 참가자들이 5100km의 거리를 걸어와서 워싱턴에 도착했다. 인디언 원로 지도자들은 참가자들을 워싱턴 모뉴멘트(Washington Monument)로 인도하여 그곳에서 담뱃대에 불을 붙였다.

다음 주에는 여러 곳에서 집회를 열고 현안 문제에 관하여 연설했다. 그들은 11개 법안의 부당성, 인디언 정치범 석방, 나바호의 빅 마운틴 강제이주 등을 집중적으로 거론했다. 이들의 집회에 아카데미상 수상을 거부했던 말론 브란도, 테드 케네디 상원의원, 권투선수 무함마드 알리도 참석했다. 이 행사는 가시적인 성과를 거두었다. 인디언과의 조약을 파기하기 위한 법률안은 부결되었고, 「인디언 종교자유법(American Indian Religious Freedom Act)」이 제정되어 종교의식 중 피요테(peyote) 사용이 허용되게 되었다. 카터 대통령은 이 행사 대표들과의 면담을 거부했다.

AIM은 롱기스트 워크(Longest Walk)가 개최된 지 30주년이 되는 2008년에 롱기스트 투(Longest 2)를 주최했다. 이번에는 기존의 북쪽코스에 남쪽코스를 추가해서 전체 거리는 13,200km로 늘어났다. 뉴질랜드 원주민인 마오리(Maori)족도 참가했다. 이번 행사의 주제는 인디언 성소의 보전, 부족주권, 그리고 환경보호를 통한 지구온난화 방지 등이었다. 남쪽코스에서는 행진 도중에 대형봉투 8000개 분량의 쓰레기를 수거하였다.

세 번째 롱기스트 워크는 당뇨병퇴치(Reversing Diabetes)를 캐치프레이즈로 내걸었는데 2011년 2월 14일 캘리포니아 샌디에이고 인근의 라홀라쇼어(La Jolla Shores)에서 출정식을 갖고 총 8600km의 거리를 걸어서 7월에 워싱턴으로 왔다. 워싱턴에서는 7월 7일과 8일 양일 간에 당뇨병에 관한 모임을 개최하였다. 인디언들의 생활환경이 달라짐에 따라 당뇨병이 급증하고 있는 가운데 특히 AIM의 공동 창립자인 데니스 뱅크스(Dennis Banks)도 당뇨로 고통을 받고 있어서 전체 인디언을 상대로 한 당뇨병 예방과 퇴치 캠페인이 절실하였다. 인디언의 당뇨병 문제는 세계적으로도 관심과 연구의 대상이 될 정도로 심각하다. 애리조나 주에 살고 있는 피마(Pima) 인디언들의 경우 30대 이상 성인의 절반 이상이 당뇨병에 걸려 있다고 한다.

2013년 7월 15일 일출시간에 맞추어 워싱턴 모뉴멘트에서 기념식을 갖고 1978년에 걸었던 길을 거슬러 행진하여 샌프란시스코의 앨커트래즈 섬으로 향했다. 네 번째 롱기스트 워크가 되는 셈이다. 이 행사의 구호는 '앨커트래즈로 돌아가기(Return to Alcatraz)'이었다. 그들은 12월 21일에 목적지에 도착했다.

* 부족 자치권 신장을 위한 미국정부의 노력

존슨(Lyndon B. Johnson) 대통령은 '위대한 사회(Great Society)' 건설을 위하여 '가난과의 전쟁(War on Poverty)'을 선포하고 이를 실행에 옮기기 위하여 '경제기회개발청(Office of Economic Opportunity)'을 1964년에 설립하였다. 전에는 반드시 연방 정부나 주 정부를 통해서만 경제적 지원을 받을 수 있었으나 앞으로는 이 기구를 통하여 직접적으로 편리하게 도움을 받을 수 있는 길이 트였다. 이 기구 덕분에 인디언 부족 정부는 인디언국의 간섭을 받지 않고도 자체 역량을 확충하고 여타의 부족과 협력하면서 전국적으로 연대해 나갈 수 있는 힘을 얻게 되었다. 또한 부족 스스로가 우선순위를 매겨서 필요한 사업을 수행할 수 있는 길도 열렸다.

이 기구의 지원으로 일구어낸 대표적인 성공사례는 나바호 부족의 자체 학교 건설 프로젝트이다. 주류사회에 적응하는 데에 필요한 학과목과 더불어 나바호의 전통문화도 함께 가르치는 라프록 시범학교(Rough Rock Demonstration School)가 1966년 설립되었는데 이 학교는 인디언에 의하여 관리되는 최초의 학교가 되었다. 현재는 학교의 이름이 Rough Rock Community School로 바뀌어 유치원생부터 고등학생까지 약 440명의 학생이 재학하고 있다. 이 학교의 성공으로 자신감을 얻은 나바호족은 뒤에 나바호대학(Navajo Community College, 지금은 Diné College로 불림)까지 설립하였다. 이 기구가 하던 일을 다른 정부 부처로 이관하고 이 기구는 1981년에 업무를 종료하였다.

앨커트래즈 섬 점거사건 이후 인디언의 주권과 권리회복을 위한 정부의 조치가 계속 이어졌다. 「인디언 금융법(Indian Financing Act of 1974)」과 「인디언 자치 및 교육법(Self-Determination and Education Act of 1975)」의 제정으로 인디언담당국(BIA)이나 주 정부를 거치지 않고 인디언 자치기구가 연방정부와 직접 접촉하여 의료와 교육 분야 등에서 필요한 지원을 받을 수 있게 되었다. 또한 1978년에 제정된 「인디언아동복지법(Indian Child Welfare Act)」에 따라 인디언 어린이의 복지와 보호는 부족의 자체 법원에서 결정하도록 고쳐졌다. 같은 해에 통과된 인디언종교자유법에 따라 피요테의 사용도 합법화되었다. 이 밖에 관련법 제정과 대통령의 행정명령으로 인디언의 주택건설을 지원하는 조치도 만들어졌다.

* 인디언의 경제자립을 위한 몸부림

인디언의 현안 과제 중 가장 큰 문제는 심각한 빈곤이라고 할 수 있다. 인디언보호구역 내에서는 일자리가 별로 없으므로 실업률이 다른 지역에 비하여 월등히 높다. 인디언들은 부족 주권의 특수성을 활용하여 카지노 사업을 개발했다. 카지노 산업은 연방 법이 아닌 주 법에 의거 규제를 받는 만큼 인디언은 주 정부의 간섭을 피해서 마음대로 인디언보호구역 안에 카지

〈그랜드캐니언의 서쪽에 있는 이글 포인트(Eagle Point)〉

노를 설치 운영할 수 있다. 대도시나 관광명소 인근에 살고 있는 인디언들은 카지노 사업에서 큰 재미를 보았다. 그 대표적인 예가 뉴욕에서 그리 멀지 않은 코네티컷 주에 1986년 퍼쿠어트 인디언에 의하여 설립된 '폭스우드(Foxwood) 카지노'이다. 그런데 인디언들이 너무 많이 카지노를 설립하는 바람에 경영여건이 예전 만큼 좋지는 않은 것으로 알려져 있다. 한 예로 폭스우드에서 그리 멀지 않은 곳에 모히건 인디언은 1996년에 '모히건 선(Mohegan Sun) 카지노'를 또 세웠다.

또 한 가지 자립을 위한 경제기반 확충수단을 관광자원 개발에서 구하고 있다. 그 대표적인 예는 그랜드캐니언 인근에 살고 있는 나바호족과 후알라파이족(Hualapai)의 경우를 들 수 있다. 필자가 이 지역을 2014년 9월에 두 번째로 방문한 후 이 문제에 관하여 주간신문 보스턴코리아(www.bostonkorea.

com)에 기고한 바 있었는데 해당 부분만 발췌하여 옮기기로 한다.

그랜드캐니언 국립공원 바로 서쪽 인디언보호구역(Hualapai Indian Reservation) 안에 스카이워크(skywalk)를 설치하는 등 공항과 카지노와 케이블카를 포함한 대규모 개발사업이 추진되고 있다. 라스베거스에서 그랜드캐니언 국립공원까지는 자동차로 네 시간 이상 걸리는 데 비하여 이곳까지는 두어 시간이면 올 수 있어서 관광객들이 꽤나 몰리고 있다. 우리가 갔을 때에는 공항확장 등 공사가 한창 진행 중이었는데, 케이블카 등 관광 인프라가 완성되면 국립공원에 견주어도 상당한 경쟁력을 갖게 될 것으로 기대된다. 이곳 해발고도가 대충 2000m쯤이고 거기서 1500m를 내려가야 계곡 깊숙이 흐르고 있는 콜로라도 강에 이를 수 있는데, 케이블카를 이용하면 누구나 쉽게 계곡의 바닥까지 접근할 수 있게 되니까 대단한 인기를 얻게 될 것으로 보인다.

국립공원 안에는 공항이나 케이블카 설치를 꿈도 못 꾸는 데에 반하여, 비록 여기서도 환경론자 등으로부터의 저항 등 적지 않은 논쟁이 있기는 하였으나, 국립공원을 살짝 벗어난 이곳 인디언보호구역은 비교적 개발이 자유로운 모양이다. 아마도 지금쯤 백인들은 이 지역까지 국립공원화하지 못한 데에 대하여 때늦은 후회를 하고 있지나 않을까? 물론 풍광 면에서는 그랜드캐니언 국립공원에 비하면 골리앗과 다윗으로 비유될 정도이나, 비행기로 협곡을 돌아보면 더 근접해서 생생하게 볼 수 있기에 그 약점을 충분히 보완할 수 있을 것으로 보인다.

그랜드캐니언 동쪽에서는 서쪽보다 훨씬 더 큰 개발논쟁이 벌어지고 있다. 여기도 백인들이 그어놓은 국립공원구역을 살짝 벗어난 나바호 네이션의 땅인데, 수억 달러를 들여서 1500m 아래 계곡까지 케이블카를 설치해서 누구나 쉽게 캐니언의 아랫부분까지 구경할 수 있게 한다는 계획을 포함해서 대규모 고급 관광단지를 조성하겠다고 수년 전에 발표했다. 이름하여 '에스컬레이드(Escalade) 프로젝트'라고 한다. 그런데, 백인정부와 환경론자들이 가만히 있을 리가 없다. 사실, 원주민들은 먹고 살기 위해서라도 그들의 유일한 생계수단인 관광자원을 개발하지 않으면 안될 만큼 절박한 문제인데, 배부른 사람들의 시각은 크게 다른가 보다.

20_ 새 길을 찾아서

* 샌드 크리크 대학살에 대한 감리교의 사죄

1864년 11월 29일에 있었던 샌드 크리크 대학살의 직접적인 책임자인 시빙턴 대령이 감리교 목사였으며 이 사건 주도자 중의 한 사람인 당시 콜로라도 주지사이던 에번스 역시 감리교 지도자이었던 점에 대하여 감리교는 1996년 4월에 열린 총회에서 공식적으로 사과하였다. 또 2012년 4월에는 대규모 회개집회(Act of Repentance)를 여는 등 원주민들의 상처를 치유하기 위한 노력을 지속적으로 기울이고 있다. 2014년에 개최된 대학살 150주년 기념행사에서 히컨루퍼(John Hickenlooper) 콜로라도 주지사는 콜로라도 시민들이 저지른 잘못에 대하여 공식적으로 사과했다. 1999년부터는 매년 대학살의 날에 샌드 크리크 대학살 기념위원회(Sand Creek Massacre Commemoration Commission) 주관으로 치유를 위한 달리기/걷기 행사가 치러지고 있다.

* 인디언문제 담당국의 175주년 기념 반성문

미국 내무부 산하의 인디언 담당국의 고버(Kevin Gover) 국장은 2000년 9월 8일 창립 175주년 기념식에서 통렬한 자기 반성문을 발표했다. 상당히 파격적이며 충격적인 사건이었다. 반성문의 요지를 살펴보면 다음과 같다.

1824년 3월에 먼로 대통령은 전쟁부(Department of War) 산하에 인디언담당국을 설치했다. 창설된 지 175 주년이 되는 금년은 특히 새 세기와 새 천년을 맞는 해이기 때문에 이 시점에서 우리의 지도자들이 우리 앞에 놓여 있는 문제들을 철저히 분석하고 도전과제에 대한 해결방안을 모색하는 것이 바람직하다. 미래를 내다보기에 앞서 우리가 과거에 한 일들을 되돌아보면 175주년은 축하보다는 반성을 해야 할 때임을 알게 된다.

인디언국은 설립되면서부터 미국이 인디언의 뜻에 반하여 야망을 이루어 나가는 수단 역할을 해왔다. 인디언국의 첫 사명은 인디언들을 그들의 고향에서 내쫓아 추방하는 일이었다. 1000마일이나 되는 눈물의 길을 따라 옮겨가는 동안에 수천 명의 인디언들이 죽어갔다.

미국이 서부를 개척하기 시작하면서 그곳에 전부터 살고 있던 인디언들은 엄청난 시련을 받게 되었다. 고의적으로 전염병을 퍼뜨리고 들소떼를 박멸하고 인디언들의 심신을 피폐케 할 불순한 동기로 알코올을 제공하고 어린 아이와 여자들마저 학살한 일들은 단순히 서로 다른 두 문화의 충돌의 결과로 돌려 버리기에는 지은 죄가 너무 무겁다. 인디언국과 직원들은 그러한 파괴행위들을 막지 못하였다. 그리하여 위대한 인디언국가와 애국적인 전사들이 쓰러져갔다. 샌드크리크, 와시타강과 운디드니에서 발생한 불필요하고 폭력적인 학살 사건을 잊지 않을 것이다. 인디언의 경제를 황폐화시켜 미국

정부에 의존케 만든 다음 인디언적인 모든 것을 파괴했다. 우리는 인디언의 말을 못 쓰게 하고 전통적인 종교를 금지시키고 인디언의 정부조직을 불법화시키고 인디언임을 부끄러워하도록 만들었다. 가장 나빴던 건 어린 학생들을 인디언 기숙학교에 수용하여 정서적으로, 심리적으로, 육체적으로 또한 영적으로 학대한 사실이다. 수치와 공포와 분노의 외상은 세대를 이어 전해져 알코올과 마약중독, 가정폭력과 자살로 나타나고 있다. 이러한 인디언 문제의 원인은 우리들이 제공했다. 인디언들의 궁핍, 무지, 질병은 우리 인디언담당국의 책임이다.

나는 미국을 위하여 발언하지도 않고 미국을 대신하여 이야기하지도 않지만 만 명의 직원이 일하고 있는 인디언국을 대표하여 말할 수 있는 권한이 있다. 무엇보다 먼저 과거에 우리가 한 잘못에 대하여 깊은 애도를 표한다. 이러한 잘못과 그로 인한 결과를 생각할 때 가슴이 아프다. 우리는 과거를 되돌리고 싶지만 그럴 수도 없으니 인디언국의 대표로서 과거의 과오에 대하여 공식적으로 사과를 드릴 뿐이다. 비록 이러한 과오는 지금의 우리 직원들이 저지른 것은 아니지만 잘못된 유산을 정확히 인식하고 이를 바로잡아야겠다는 강한 도덕적 의무를 인정한다. 우리는 인디언의 희망과 번영을 위하여 새롭게 중요한 일들을 시작하고자 한다. 인디언에 대한 혐오나 폭력이 발생할 시에는 우리 국은 절대로 침묵하지 않을 것이며 인디언들은 다른 인종에 비하여 지적 능력이 떨어진다는 가정하에서 이루어지는 어떠한 정책도 용납하지 않을 것이다. 인디언의 재산을 강탈해 가는 것을 다시는 좌시하지 않을 것이며 인디언부족의 권익을 거스르는 잘못된 지도자를 결코 임명하지 않을 것이다. 인디언들에 대한 그릇된 인식을 심어 줄 우려가 있는 인디언 묘사를 배격한다. 우리는 앞으로 결단코 인디언의 언어와 종교와 의식과 생활 방식을 공격하지 않을 것이며 어린아이들을 잡아가서 인디언임을 부끄럽게 생각하도록 만들지 않을 것이다.

우리 국이 지은 죄가 너무 무겁기에 용서해 줄 것을 바랄 수는 없다. 우리가 바라는 것은 함께 치유를 시작하자는 것이다. 인디언 여러분들이 고향으로 돌아가 여러분의 부족과 이야기할 때 이제 죽음의 시대는 끝났다고 알려 주고 자녀들에게는 수치와 공포의 시대는 지나갔다고 이야기해 주기 바란다. 젊은이들에게는 분노를 희망과 사랑으로 바꿀 것을 말해 주기 바란다. 우리 다 함께 일곱 세대에 걸친 눈물을 닦아내고 상처받은 마음을 치유해야 한다. 미래의 지도자들이 인디언담당국의 역사를 이야기할 때 인디언국이 인디언의 나라를 위하여 기쁨과 자유와 진보의 이름으로 다시 태어난 것을 축하할 수 있도록 만들어 나가자. 인디언국은 1824년 인디언과 백인 간의 전쟁 시기에 태어났지만 2000년 이후로는 인디언 번영의 도구로 살아가기를 기원한다.

* 기숙학교 강제 수용에 대한 배상 판결

2005년 캐나다 사법 역사상 최대 규모인 50억 달러의 손해배상금액 조정이 최종 타결되었다. 버나드(Nora Bernard) 여사가 1993년 캐나다 정부와 실제로 학교 운영을 맡았던 4 개의 종교단체(가톨릭, 성공회, 장로교회, 연합교회)를 상대로 인디언기숙학교(캐나다에서는 residential school, 미국에서는 boarding school) 재학 시 신체적, 정서적, 성적 학대를 받았다고 주장하는 7만 명을 대표하여 손해배상 청구소송을 제기하여 12년간의 긴 법정 다툼 끝에 승소 판결을 얻어 냈다. 캐나다에서는 버나드 여사의 케이스 외에도 유사한 소송이 많이 벌어졌는데, 엄청난 배상금 부담으로 인하여 관련된 종교단체, 특히 성공회는 도산할 지경에 이르렀다.

캐나다의 기숙학교 제도는 1870년대 당시 국회의원이던 다빈(Nicholas

Flood Davin)이 주도하여 도입된 것으로서 인디언들을 백인 중심의 주류사회로 동화(assimilation)시키기 위한 프로그램의 일환으로 추진되었다. 인디언 어린이들을 그들의 전통주거시설인 위그웜(wigwam)으로부터 나오게 한 후 기숙학교로 강제로 수용하여 그들의 고유 언어를 쓰지 못하게 하고 오로지 영어만을 쓰게 했다. 그들의 고유 풍습을 버리게 함으로써 인디언으로서의 정체성을 포기하게 만든 다음 백인 문화를 강제로 주입시킬 목적으로 시행된 이 정책은 1996년 마지막으로 기숙학교가 문을 닫을 때까지 100년 이상 지속되었다.

기숙학교의 설립과 운영은 종교단체가 맡았는데 학교의 생활환경은 지극히 열악하여 수많은 학생들이 죽어갔고 살아남은 학생들도 성적 학대를 포함한 다양한 신체적·정신적 고통을 받고 가족의 사랑을 받지도 못함으로써 입게 된 심리적 외상으로 인하여 훗날 약물중독, 가정폭력, 실업, 자살 등의 심각한 사회문제를 낳게 된 것이다. 기숙학교를 나온 인디언들은 문명의 교차로에서 방황하는 형국이 되었다. 고향으로 돌아가 옛 방식으로 살아갈 수도 없고, 그렇다고 백인 주류사회에 완전히 동화될 수도 없는 정체성의 혼란을 겪었다. 2008년 캐나다 정부는 기숙학교로 인하여 피해를 본 본인과 그 가족들에게 공식적으로 사과했다.

미국의 경우에는 기숙학교 스캔들이 캐나다에 비하여 늦게 이슈화되었다. 2003년 원 스타(Sonny One Star)와 다른 다섯 명의 수족 인디언들은 연방정부와 로즈버드 수 인디언 보호구역(Rosebud Sioux Indian Reservation) 내에 있던 성프란시스 미션기숙학교(St. Francis Mission Boarding School)를 대상으로 인권운동가인 프리셔(Gary Frischer)의 도움을 받아 250억 달러의 손해배상을 청구하는 대표소송을 제기하였다. 원고를 포함한 수많은 인디언 학생들이 학교의 신부, 수녀, 수사 등으로부터 성적 학대를 포함한 다양한 신체적, 육체적

괴롭힘을 당했다고 주장하였다. 2003년 6월 2일자 워싱턴 포스트지에 이 소송의 대표 원고인 원스타의 이야기가 게재되었다. 그는 6살에 이 학교에 강제로 수용되었다고 한다. 다른 인디언기숙학교에서 인디언 어린이가 죽었다는 말을 들어서 알고 있는 터라 손자가 학교로 끌려가자 할머니는 죽음의 노래를 불렀다고 한다. 학교 안에서 매를 맞는 것은 일상사가 되었고 곧 성적 학대가 시작되었다. 성적 학대에 가담한 사람들은 두 명의 수녀와 다섯 명의 신부 또는 수사이었는데, 성추행의 형태는 애무, 구강성교 또는 강간의 형태이었으며, 학대행위는 8-9살 무렵까지 지속되었다고 한다. 특히 한 수녀가 휴식시간에 반복적으로 성적 접근을 해오는 것이 두려웠다고 한다. 그는 지금도 그 수녀의 냄새와 손놀림이 느껴진다고 하면서 정말 몹쓸 여자였다고 털어놓았다.

원 스타는 십대에 벌써 술을 마시기 시작하여 중증 알코올 중독자가 되어 얼굴은 흉측하게 변해갔다고 한다. 뒷날 부족 동료의 도움으로 알코올 중독에서 벗어나 결혼하여 아들 셋을 보았으나 어린 시절 겪었던 충격으로 인하여 사람을 사랑할 줄을 몰랐다고 한다. 자녀들을 포옹해 주는 법도 없었으며 사랑한다는 말도 할 줄 몰랐는데 부인으로부터 하나씩 배워가면서 새사람이 될 수 있었다고 한다. 이런 불행스러운 일이 비단 이 학교에서만 일어난 것이 아니라 사우스다코타 주 내에서 종교 재단이 운영한 많은 학교에서 만연해 있었다고 한다.

그러나 이 소송에서 원고가 승소하였다는 소식은 듣지 못하였다. 오히려 2012년 9월 6일 사우스다코타 주의 법원은 양크톤 수 인디언 보호구역(Yankton Sioux Reservation)에 위치한 한 기숙학교의 학생 학대사건 소송에서 원고 패소를 결정했다. 원고 패소 판결의 논지는 첫째로 학대 사건의 시효는 주법에서 3년을 규정하고 있으므로 이미 그 시한이 경과하였으며, 둘째로 학대행위는 학대행위자의 개인적인 결정에 의하여 이루어졌을 뿐 교구의 업무수행과는 무관하기 때문에 가톨릭교회가 책임질 성격이 아니라는 것이었다. 유사한 사례에서 캐나다에서는 인디언이 일방적으로 승소한 데 반하여 미국에서는 법원이 오히려 정부와 종교단체의 손을 들어 주고 있는 모양새이다. 이러한 현상은 양국 간에 존재하는 법률의 차이로 인한 것인지 인디언들에 대한 기득권자의 인식의 차이로 인한 것인지 잘 모를 일이다.

* 인디언에 대한 사과 결의

오바마(Barack Obama) 미국 대통령은 2009년 12월 9일 「미국원주민에 대한 사과결의문(Resolution of Apology to Native Peoples of the United States)」이 포함된 법안에 서명했다. 그동안 미국 의회는 사과결의문 채택과 관련하여 많은 논의가 있어왔는데, 우여곡절 끝에 동 결의문을 「2010년도 국방예산지출법안(2010 Defense Appropriations Act)」 속에 포함시키는 방식으로 결론이 났다. 이 정도만이라도 전에 비하면 많이 진전된 것이긴 하나 원주민들은 여전히 불만스럽게 생각한다. 아직도 솔직하게 완전히 공개적으로 명명백백하게 과거의 잘못을 인정하지 않는 정부의 태도를 은근히 비난하고 있는 분위기이다. 그때까지도 미국을 제외한 모든 나라가 비준한 「UN원주민인권선언(The United Nations Declaration on the Rights of Indigenous Peoples)」에 미국만이 서명을 거부하고 있었던 점을 보더라도 의회와 정부는 원주민 문제에 관한 한 크게 부담을 느끼고 있는 것으로 보인다. 원주민들은 이렇게 중요한 결의문을 단독으로 처리하지 않고 다른 법안 속에 슬쩍 묻어서 통과시킨다는 게 납득할 수 없을 뿐만 아니라 결의문 속에 면책조항을 삽입하여 이 결의문이 현재 진행 중에 있는 원주민의 대정부 소송에서 인디언에게 유리한 근거로는 쓰일 수 없다고 밝히고 있는 점 또한 사과의 진정성을 훼손시킨다고 말하고 있다.

* 유엔의 원주민 인권선언

UN은 2007년 9월 13일 제61차 총회에서 「UN원주민인권선언(The United Nations Declaration on the Rights of Indigenous Peoples)」을 채택했다. 이 선언이 회원국에 대한 법적 강제력은 없으나 지구상에 살고 있는 3억 7천만 명의 원주민들로 하여금 부당한 차별로부터 벗어나게 만드는 데에 유용한 도구로 작용할 수 있을 것으로 보인다. 그러나 나머지 전체 회원국들은 다 찬성하였으나 호주, 뉴질랜드, 캐나다, 미국 네 나라는 선언서 채택에 반대하였다. 이들은 모두 과거 영국의 식민지로서 백인 이민자들이 주류를 이루고 있는 국가들이다. 선언서가 채택된 지 2년 뒤인 2009년에 호주와 뉴질랜드가 동 선언에 서명하고 이듬해에는 캐나다가 서명하여 미국만이 유일한 비서명국으로 남게 되었다. 미국도 2010년 12월 16일 제2차 '백악관인디언부족회의(White House Tribal Conference)' 기간 중에 오바마 대통령이 이 선언에 서명할 것이라고 깜짝 발표하여 그 다음 해에 마지막으로 서명하게 되었다.

참고로, '백악관인디언부족회의'는 2009년부터 매년 연말 무렵에 566개 연방정부가 인정한 부족국가 대표들이 참석하여 백악관에서 개최되고 있다. 필자는 관련 정보수집을 위하여 인터넷을 검색하는 중 유튜브에서 매우 흥미있는 동영상을 발견하였다. 2011년 12월 2일 개최된 제3차 회의 개회식에서 라코타 여자 가수가 미국의 국가를 라코타의 말로 부르는 장면에는 실로 깊은 뜻이 담겨져 있다고 생각하였다. 인디언들도 미국 국가의 존재를 기정사실로 받아들이니 백인들도 인디언의 말과 문화를 인정해야 한다는

〈백악관 인디언부족회의에서 미국국가를 라코타말로 열창하는 라코타족 여자가수(2011. 12. 2)〉

의미를 갖고 있는 것은 아닐까?

* 인디언의 날(Indian Heritage Day) 제정

거의 100년 전부터 인디언 기념일 또는 기념기간을 제정하자는 움직임이 있어 왔고, 실제로 주별로 적절한 날을 택하여 나름의 기념행사를 개최하기도 하였다. 그러던 중 1990년 부시 대통령이 의회의 결의에 근거하여 11월 한 달을 「인디언유산의 달(National American Indian Heritage Month)」로 지정하여 이후 매년 이를 지켜오고 있다. 2008년에는 의회가 추수감사절(Thanksgiving Day) 다음날을 「인디언 유산 기념일(National American Indian Heritage Day)」로 지정하고 이날을 공휴일로 만드는 법률안을 통과시키고 대통령이 서명하였다.

* 성공회 발견의 원칙(Doctrine of Discovery) 부인

미국성공회(Episcopal Church)는 2009년 7월 8일 캘리포니아의 애너하임(Anaheim)에서 개최된 제76차 총회에서 기독교계에서는 처음으로 「발견의 원칙을 반박하는 결의안(Repudiate the Doctrine of Discovery)」을 채택했다. 성공회 측은 이 결의안이 가히 인디언의 인권회복에 기념비적인 사건이 될 것이며 미국정부로 하여금 UN원주민인권선언에 서명하도록 만드는 압력수단이 될 것이라고 밝혔다. 나아가 19세기 중 인디언의 권리를 부정했던 연방대법원의 잘못된 판결을 바로잡고 연방의회가 인디언 나라에 대하여 절대적인 권력을 가지고 있다는 그릇된 가정을 바로 잡는 데에 기여할 수 있을 것으로 이 결의안을 준비했던 사람들은 주장하였다. 성공회의 이번 결의는 '발견의 원칙'에 대하여 새롭게 관심을 가지게 만드는 계기가 되었다. 소위 '발견의 원칙'은 15세기 후반부터 시작된 제국주의 시절에 로마교회의 교황과 유럽 내 왕국의 군주들이 발표한 칙령에 근거하여 비(非)기독교인들의 땅은 먼저 발견한 기독교국가가 주인이 되고 그 땅에 거주하는 원주민을 죽이거나 노예로 만들고 자원을 강탈할 수 있다는 원칙으로서 미대륙 원주민에 대한 박해의 국제법적 기초를 제공하였다. 이 발견의 원칙은 예수의 복음에도 근본적으로 배치되며 모든 인간은 태어날 때부터 하나님으로부터 인권을 부여받았다는 믿음에도 어긋난다고 이 결의안은 정면으로 비난하였다.

* 발견의 원칙(Doctrine of Discovery)

교황 니콜라스 5세(Pope Nicholas V)는 1455년 일찍이 대항해 시대를 연 포르투갈의 왕 아폰소 5세(Afonso V)의 요청에 따라 포르투갈이 발견한 모로코

의 케이프 보자도르(Cape Bojador) 이남의 아프리카 땅은 모두 포르투갈의 소유로 인정하는 칙령(papal bull Romanus Pontifex)을 선포하였다. 포르투갈이 유럽국가 중에서 가장 먼저 아프리카 남단을 돌아서 인도로 가는 바닷길을 개척해 나가자 스페인은 앞서가는 포르투갈을 단숨에 따라잡기 위한 큰 도박을 벌였다. 스페인은 콜럼버스를 통하여 대서양을 가로질러 곧장 인도로 가는 모험적 항해를 실행에 옮겨 1492년 10월 12일에 성공을 거두었다. 스페인의 페르디난드 왕과 이사벨 여왕(King Ferdinand and Queen Isabella)은 스페인 출신 알렉산더 6세 교황에게 콜럼버스가 발견한 땅을 스페인 영토로 인정해 주기를 요청하였다. 교황은 1493년 5월 4일 칙령(Inter Caetera)을 발표하여 서경 38도선을 기준으로 서쪽으로는 스페인 영토로 또 그 동쪽은 포르투갈의 땅이라고 선언하였다. 포르투갈은 이 기준에 동의할 수 없다고 주장하여 스페인과 협상을 벌여 1494년 6월 7일 토르데시야(Tordesillas) 조약 체결을 통하여 기준선을 서경 46도선으로 조정하였다. 이 기준으로 인하여 브라질은 포르투갈의 식민지가 되었고 나머지 모든 중남미는 스페인의 식민지가 된 것이다.

뒤늦게 대서양 항해시대에 뛰어든 영국의 경우에는 교황의 칙령에 구속받지 않고 독자적인 원칙을 내세웠다. 영국은 로마 가톨릭과 대립각을 세워오다가 급기야는 1534년 헨리 8세 왕은 영국 교회를 로마교회로부터 독립시키고 본인 스스로 영국 교회의 수장에 올랐다. 따라서 영국은 절대적 권능의 원천을 로마교황이 아닌 영국의 왕에서 찾았다. 영국식 발견의 원칙은 국왕의 특허장이나 위임장을 가지고 먼 바다로 나가 새로운 땅을 찾게 되면 영국령이 된다는 논리를 폈다. 그런데 교황이든 영국 왕이든 그 절대적인 권능은 어디로부터 오는 것일까? 당연히 하나님으로부터 받았다고 이야기하겠지만 오늘날의 잣대로 보면 설득력은 전혀 없다. 하나님은 영원하시고

〈개스트(John Gast)가 그린 '미국의 전진(American Progress)', 1872년〉

불편무사하시고 언제나 선하시고 옳으시나 하나님의 진리가 인간의 왜곡된 목적에 오용되는 경우에는 일찍이 스피노자가 말하였듯이 하나님의 진리 또한 왜곡을 피할 수 없게 되는 법이다. 이 황당한 왜곡된 하나님의 뜻으로 인하여 미대륙의 원주민과 아프리카 흑인들에게 인류의 역사에서 지우고 싶을 정도로 치욕적이고 비극적인 일들이 얼마나 많이 벌어졌는가?

1823년에 있었던 '존슨 대 매킨토시 사건(Johnson v. M'Intosh)'에서 연방대법원은 이 발견의 원리를 원용하여 인디언들은 땅을 점유만 하고 있을 뿐이며 땅에 대한 완전한 소유권은 가지고 있지 않으므로 땅을 타인에게 마음대로 팔지 못하며 영국 국왕으로부터 모든 권능을 승계받은 미국정부만이 원주민 토지거래의 매매당사자가 될 수 있다고 판결했다. 이 판례는 두고두고 원주민의 땅과 재산을 가로채는 데에 법적인 명분으로 사용되었다. 비록 인디언이 조약체결을 통하여 땅을 미국정부에 매도하는 형식으로 땅을 넘겨주더라도, 유일한 땅 매수자인 미국정부로부터 제값을 받아낼 리가 없다. 당연히 터무니없는 가격에 거래가 이루어졌을 테니 실질적으로는 강탈과 오십보백보인 셈이다. 인디언 지도자들은 이와 같은 잘못된 법원의 판결을 번복하고 이를 기초로 하여 의회에서 만들어진 수많은 그릇된 인디언 관련 법들을 바로 잡는 것을 궁극적인 목표로 삼고 있다.

하나님의 뜻이 또 한 번 크게 왜곡되는 케이스가 19세기 중반과 후반 중 미국이 본격적으로 팽창해 가던 시절에 벌어졌다. 미국이 동부에서 시작하여 서부로 개척해 가면서 미국의 민주주의와 자본주의를 확산시켜 태평양에 이르게 되는 일은 하나님이 미국인에게 지워 준 '명백한 운명(Manifest Destiny)'이라는 주장이 그것이다. '명백한 운명'이라는 말은 오설리번(John L. O'Sullivan)이라는 한 젊은 칼럼니스트가 1845년에 쓴 에세이에서 시작되었다. 그는 이 칼럼에서 텍사스 병합의 당위성을 주장하면서 이 말을 처음으로 사용하였다. 이 말이 널리 퍼져 나가 정치인들이나 지도자들이 즐겨 사용하는 시대의 유행어가 되었다. 이 사상은 백인들에겐 꿈과 프론티어 정신을 고취시키는 데에는 더할 나위 없이 희망에 찬 메시지이었겠지만 밀려오는 백인들의 행렬로 인하여 서쪽으로 계속 쫓겨가야 하는 운명의 인디언들에게는 피눈물을 불러오는 저주의 노래이었을 것이다. 이 희한한 선동 구호는 평원 인디언들과 서남부와 로키 산맥 너머에 살고 있던 원주민들을 학살하고 땅을 빼앗는 행위를 정당화시키는 일에 이념적 근거로 사용되었다. 그 '명백한 운명'의 이념을 개스트(John Gast)라는 화가는 1872년 '미국의 전진(American Progress)'이라는 그림으로 나타내었다.

* 마셜의 3대 판결(Marshall Trilogy)

〈마셜(John Marshall) 대법관〉

미국 역사상 최장수(1801년 1월 31일-1835년 7월 6일) 기록을 세운 마셜(John Marshall) 대법관(Chief Justice)은 미국 사법부의 권한을 확립하는 데에 크게 기여한 사람으로 알려져 있는데, 인디언의 법적 지위에 관하여 세 개의 역사적인 판결(Marshall Trilogy)을 한 것으로도 유명하다.

첫째의 판결은 앞에서 이미 본 바와 같이 발견의 원리의 연장선상에서 인디언 땅은 오로지 연방정부만이 거래 당사자가 될 수 있다는 것이었고, 두 번째 판결은 연방정부와 인디언부족국가간의 관계를 설정했다. 부족국가는 외국과는 다른 주권국가로서 미국정부의 주권 안에 존재하는 종속적인 주권만을 가지는 것으로 이는 보호자와 피보호자의 관계로 비유된다고 설명했다. 인디언 주권은 태초로부터 존재하여 유럽인들이 이 땅에 오기 전에 이미 주권을 행사하고 있었음을 확인하였다. 다만 미국정부는 인디언의 땅을 가져간 대가로 인디언에게 집과 의복, 식량 등을 지원하여 인디언을 보호할 책임이 있다고 판시했다. 세 번째로, 인디언 부족국가에는 주법이 적용되지 않는다고 선언했다. 우스터(Samuel Worcester) 선교사가 조지아 주 법을 어기고 체로키 네이션에서 선교활동을 한 것을 트집 잡아 체포하여 투옥하자 체로키 네이션은 이의 부당성을 대법원에 제소하였는데 대법원은 체로키의 손을 들어주어 조지아 주법은 인디언 나라에서는 효력이 없음을 선언했다. 그러나 당시 잭슨 대통령과 길머(George Rockingham Gilmer) 조지아 주지사는 우스터를 석방하지 않았다.

* 빼앗긴 부족의 땅 되찾기

19세기 후반 인디언 전쟁의 핵심에는 수 인디언의 성산 블랙힐스가 있다. 이 산을 어떤 수를 써서라도 손에 넣어야겠다는 연방정부와 무슨 대가를 치르더라도 꼭 지키겠다는 라코타 인디언 사이에 벌어진 전쟁으로 카스터 장군을 포함한 수백 명의 미군이 사망하고 인디언 측에서도 적지 않은 희생자가 나왔다. 수 인디언 전쟁은 1890년 12월 29일 발생한 운디드니 대학살 사건으로 끝이 났으나, 수 인디언들은 결코 블랙힐스를 포기하지 않았다. 1920년부터 수족은 전쟁을 통하지 않고 평화적으로 법률상의 클레임을 제기하여 원상을 회복할 수 있도록 노력해 왔다. 만약에 블랙힐스를 넘겨주지 않으면 정부배급을 중지하겠다고 수족을 협박하여 1877년에 미국정부가 양도받았으나 이는 1868년에 체결된 라라미 조약을 위반하였다고 수족은 주장해 왔다. 동 라라미 조약에 의하면 수족 부족의 땅을 남에게 넘길 때에는 수족 인디언 성인 남자의 4분의 3 이상의 동의를 얻도록 돼 있는데 이러한 조건을 어긴 양도계약은 무효라는 것이다.

60년에 가까운 세월 동안 끈질기게 노력한 결과 드디어 1979년 6월 13일 미국클레임법원(The United States Court of Claims)으로부터 승소 판결을 받아냈다. 그러나 미국 법무부가 이 판결에 이의를 제기하여 연방대법원에 최종심판을 요청하였다. 1980년 6월 30일 연방대법원은 최종적으로 수 인디언의 손을 들어주었다. 그러나 법원은 블랙힐스를 인디언에게 반환하는 대신에 경제적 보상으로 분쟁을 해결하는 방안을 채택하여 미국정부는 그동안의 발생이자를 포함하여 총 106백만 달러를 수 인디언 측에 지불할 것을 결정하였다. 수족이 진정 원하는 것은 금전적 보상이 아니라 블랙힐스를 온전히 돌려받는 것이다. 따라서 수 측은 보상금 수령을 거부했다. 인디언담당국에서 그 돈을 보관중인데 그동안 복리 이자 효과로 예치된 금액이 10억 달러가 넘는 것으로 알려져 있다. 그래서 블랙힐스를 둘러싼 토지 소유권 분쟁은 아직도 현재진행형이다.

UN도 블랙힐스 반환 문제에 관심을 가지고 실상을 파악하기 위하여 특사(United Nations Special Rapporteur)를 2012년에 미국으로 파견했다. 아나야(James Anaya) 특사는 UN의 원주민인권선언이 잘 지켜지고 있는지를 살펴보기 위하여 12일간 인디언 거주지역을 방문했다. 아나야는 일곱 개의 주에서 인디언 부족 대표들을 만나고 행정부 관리와 상원 인디언문제상임위원회 소속 상원의원들도 만났다. 아나야는 2012년 9월에 블랙힐스를 수 인디언에게 돌려줄 것을 잠정적으로 권고하였으나 그의 최종적인 공식 보고서는 확인하지 못하였다.

필자가 이 책을 한창 준비하던 2014년 11월 3일 메인 주에 있는 피놉스코트(Penobscot) 인디언 보호구역을 찾아 프란시스(Kirk Francis) 추장을 만났는데 그로부터 옛 부족의 땅에 관한 이야기를 들을 수 있었다. 원래 대부분의 메인 주 땅은 피놉스코트를 포함한 인근 인디언 부족들의 소유이었으나 식민지 시절과 신생독립국가 시절에 수많은 허울 좋은 조약에 의하여 땅의 대부분이 백인들에게 넘어가고 지금은 쥐꼬리만큼 남아 있는 형국이 되었다고 한다. 그런데 백인들이 인디언의 땅을 뺏어가는 과정에 절차상 중대한 하자가 있었다는 점을 발견하였다. 1790년에 제정된 「인디언거래법(Indian Intercourse Act)」에 의하면 인디언의 땅을 부족 이외의 다른 사람에게 팔 경우에는 의회의 승인을 받도록 돼 있었으나 1794년에서 1833년 사이에 대부분

〈피놉스코트(Penobscot) 인디언 보호구역을 찾아 프란시스 (Kirk Francis) 추장과 면담, 2014년 11월 3일〉

의 부족 소유의 땅을 주정부에 할양하는 과정에 의회의 승인을 받지 않은 것으로 확인되어 다른 관련 부족과 연합하여 연방정부를 상대로 클레임을 제기하였다. 소송에 관련된 땅은 메인 주 전체의 60%에 달하였다고 한다.

1980년 10월 10일 의회에서 관련법이 통과되어 최종 타결됨으로써 81.5백만 달러의 배상금을 받아냈고 그 돈으로 부족의 땅을 더 사들였다고 한다. 이와 유사한 땅을 둘러싼 인디언과 연방정부간 분쟁은 무수히 많이 있어 왔다. 대부분의 경우 인디언에게 유리하게 결론이 나긴 했지만 아직도 최종결정에 이르지 못하여 계속 다툼을 벌이고 있는 인디언의 토지 클레임 사건이 많이 남아 있다.

21_ 신앙과 축제

* 인디언 전통신앙 금지조치

인디언들은 오랜 세월 동안 지역과 부족에 따라 다양한 종교의식과 축제를 열어왔는데 1883년 인디언담당국의 행정명령(Code of Indian Offenses)에 의거 전통신앙 행사는 전면 금지되었다. 이후에 부분적으로 금지 조치가 풀리기는 했지만 1978년에 와서야 「인디언신앙자유법(American Indian Religious Freedom Act)」 제정으로 완전한 신앙의 자유를 얻게 되었다.

* 선 댄스(Sundance)

선 댄스는 북미의 일부 인디언들, 특히 평원 인디언들에 의하여 행해지는 종교 행사이다. 보통 1년에 한 번씩 하지에 4일 내지 8일 간에 걸쳐 치러지는 이 행사는 평원 인디언의 가장 중요한 의식으로서 댄싱, 노래, 단식, 그리고 때로는 자학(self torture) 등의 행사가 이루어진다. 일몰에 행사가 시작되고 일몰에 행사가 끝나는데, 이는 우주 만물은 모두 상호 의존하여 존재하고 있으며 삶과 죽음이 영원히 계속된다는 의미를 갖는다고 한다.

선 댄스에서는 두 종류의 동물이 매우 중요한 위치를 차지한다. 먼저 독수리는 가장 신성한 동물로 숭배되었는데 그 이유는 독수리는 높이 날아올라 태양에 가장 가까이 접근할 수 있기 때문에 인간과 신(Wakan-Tanka: 인디언의 정령)을 연결하는 전령사 역할을 할 수 있을 뿐만 아니라, 용감하고 재빠르고 힘이 세며 세상의 모든 지혜를 다 갖추고 있다고 생각했기 때문이다. 행사 중에 주술치료사(medicine man)는 독수리의 털로 병자를 고치는 일도 하였다.

행사의 주인공은 단연 들소(bison, buffalo)이었다. 평원 인디언의 생활은 들소와 떼려야 뗄 수 없는 관계에 놓여 있었다. 그들은 들소로부터 생활에 필요한 거의 모든 것을 얻었다. 식량, 의복, 주거천막, 파리채를 포함한 각종 도구들, 심지어 어린이 장난감까지 얻을 수 있었다. 그런 이유로 들소는 선 댄스에서 특별한 칭송과 축복을 받았던 것이다. 들소의 머리 해골은 선 댄스의 제단으로 모셔지고 그의 귀와 콧구멍은 풀로 채워진다. 인디언들은 사람이나 동물 모두 뼛속에 영혼이 있다고 믿었다. 뼈에 새살이 붙어서 새 생명으로 태어난다고 믿었다. 들소가 없는 세상은 인디언에게 죽음을 의미하기 때문에 감사의 예를 표하고 들소를 영물로서 숭배하며 들소의 부활을 축원한다. 가슴살에 구멍을 내어 줄에 매달아 스스로 고통을 불러오는 의식 또한 재탄생을 의미한다. 고통은 죽음이며 이를 이겨냄은 부활을 상징한다. 선 댄스를 수행하는 사람과 들소와 세상 만물이 다 함께 육신으로 또 정신적으로 다시 태어난다고 믿었다. 1904년 미국 정부는 선 댄스를 법에 의거 금지시켰다. 그럼에도 불구하고 일부 부족들은 은밀히 선 댄스를 유지·계승해 왔다.

* 땀 움막 정화의식(Sweat Lodge Ceremony)

〈땀움막 뼈대〉

땀 움막 정화의식이란 반구형의 돔(dome) 지붕으로 만들어진 움막(sweat lodge) 속에서 불에 달구어진 돌에 물을 끼얹어 수증기를 발생시켜 사우나방과 같은 고온다습한 실내 공기를 만들고 그 속에서 땀을 흘리며 치르는 정화의식을 뜻한다. 땀 움막 정화의식은 거의 모든 인디언 부족들에 의하여 행해지고 있는데, 큰일을 치르기 전에 몸과 정신을 깨끗이 정화하기 위한 목적으로 실시된다. 선 댄스에 참가하여 살을 꿰뚫는 고행을 하기로 예정된 사람들도 사전에 이 정화의식을 꼭 거쳤으며, 비전 탐구를 떠나기로 한 사람들도 미리 이 의식을 치렀다. 위 사진은 필자가 방문했던 피놉스코트(Penobscot) 인디언보호구역 내에 있는 한 인디언 집의 뒷마당에 설치해둔 땀 움막의 뼈대인데 나뭇잎 등으로 지붕을 덮으면 움막이 완성된다.

* 비전 탐구(Vision Quest)

비전탐구란 기도를 통하여 자신의 사명을 발견하는 과정을 뜻한다. 생애의 첫 비전 탐구는 소년에서 청년으로 넘어가는 시기에 행해지며, 성인이 된 뒤에도 인생의 전환점이 될 만한 큰 사건에 직면하여 새로운 정신적 능력이 필요할 때에 행해진다. 비전 탐구자는 부족의 마을에서 멀리 떨어진 깊은 산속이나 광야로 혼자 가서 먹지도 않고 자지도 않으면서 부족의 신인 정령에게 자신이 앞으로 살아가면서 감당하여야 할 인생의 사명이 무엇인가에 대한 계시를 구하는 기도에 몰입한다. 며칠 간에 걸쳐 기도에 매달리게 되면 탐구자는 일종의 환각상태로 진입하게 되고 이때에 신의 응답을 받게 된다고 한다. 비전 탐구자는 때때로 선인장에서 만든 천연 환각물질인 피요테(peyote)를 복용하기도 한다.

* 피요테 의식(Peyote Ceremony)

필자는 2014년 11월 1일 피놉스코트에서 개최된 피요테 의식에 직접 참석하고 그 경험담을 보스턴에서 발행되는 뉴잉글랜드 한인회보(www.bostonks.com)에 기고하였다. 피요테 의식에 대한 설명은 그 기고문 중 해당 부분으로 갈음하고자 한다.

> 세상일은 생각날 때 해 버려야지 미루다 보면 못하게 되는 경우가 허다하다. 다시 찾기로 약속한 지도 몇 주일이 지났으니 더 이상 미루면 안 될 것 같아 큰맘 먹고 집을 나섰다. 보스턴의 사우스 스테이션(South Station) 버스터미널에 가면 메인 주의 뱅거(Bangor)로 가는 정기 노선버스가 있다. 10시 버스를 타니 네 시간 반 걸려서 뱅거에 오후 2시 반에 도착했다. 버스터미널에 탱고 선생인 남지댁(경남 창녕군 남지읍에서 출생한 한국계 이민 1.5세대)이 아기를 차에 태우고 마중 나와 있었다. 처음 만나는 사이이지만 이미 사진으로 얼굴을 알고 있을 뿐만 아니라 여러 차례 통화를 한 까닭에 낯설다는 생각은 전혀 들지 않았다.

뱅거에서 피놉스코트 네이션(Penobscot Nation)이 있는 올드타운(Old Town)의 인디언 아일랜드(Indian Island: 인디언 보호구역으로 지정된 섬)까지는 자동차로 대략 20분이 걸렸다. 먼저 남지댁의 집으로 갔다. 집으로 가는 길 이름이 매우 복잡하다. Burnurwurbskek Lane이다. 사연을 물어 보니 원래 자기 부족의 이름이 이런 것이었는데 유럽에서 건너온 정착민들이 부르기 쉽게 피놉스코트(Penobscot)로 이름을 붙였다고 한다. 집에서 그날 밤에 쓸 물품들을 챙겨 차에 싣고는 행사가 열리는 곳으로 바로 이동하였다. 피놉스코트 강 옆으로 난 길을 따라 북쪽으로 20분 정도 올라가서 목적지에 도착하였다. 수필집 「월든(Walden)」의 저자로 우리나라에도 잘 알려져 있는 쏘로(Henry David Thoreau)가 원시 숲 속 자연을 탐방하러 생전에 세 번이나 이 지역을 찾아 왔다고 한다. 행사장에는 남지댁의 남편인 인디언 조각가와 몇 사람의 조력자들이 모여서 티피(tepee)를 설치하는 등 행사준비를 위하여 바쁘게 움직이고 있었다. 행사가 열리는 넓은 공간은 보스턴에 있는 서포크 대학교(Suffolk University)의 자연학습 시설이라고 한다.

인디언의 전통적인 종교행사가 있다고 해서 이날을 택하기는 했어도, 행사의 내용이 뭔지는 잘 모르고 있었다. 진짜 티피도 처음 보는 것이고, 만나는 사람들도 모두 내 호기심의 대상이 되었다. 이 행사를 위해서 뉴욕의 알바니(Albany)에서 온 나바호족 인디언도 있었고 뉴햄프셔에 사는 백인 부부도 참석하였다. 이 밖에 오늘 행사 주인공의 친척과 친지들이 초청되었다. 그 사람들 눈에는 내가 호기심 대상이 됐을 법하다. 나는 그들에게 남지댁과의 인연을 설명하고 이런 기회를 통하여 인디언들의 전통 문화를 체험하고 싶어서 멀리 한국에서 왔노라고 알려 주었다.

이날 행사는 피놉스코트 부족이 운영하는 병원에 근무하는 의사 부부의 결혼기념일을 축하하는 피요테 의식(peyote ceremony)이란다. 행사 참가자들은

〈피요테 의식(peyote ceremony)이 열렸던 티피(teepee)〉

저녁 식사를 간단히 끝내고 모두 티피 안으로 들어갔다. 티피 안 중앙에는 모닥불이 타고 있었고 반원형으로 나지막한 둔덕을 만들어 놓았다. 나도 티피 한편에 자리를 잡고 다른 참석자들이 하는 것을 눈치껏 따라 했다. 먼저 모든 참석자들이 종이에다 담배 가루를 말아서 불을 붙인다.

담뱃불이 꺼지지 않도록 가끔씩 빨아 줘야 한다. 다음으로 피요테가 든 통을 돌려 가면서 모든 참석자들이 피요테를 조금씩 씹어 먹는다. 이 피요테의식의 주관자를 로드맨(roadman)이라고 부른다. 담배를 피우고 피요테를 씹어 먹는 동안에 로드맨으로부터 시작하여 두 사람씩 짝이 되어 한 사람은 물북(water drum: 안에 물이 들어 있어서 보통의 북보다 더 깊은 울림이 발생하도록 만들

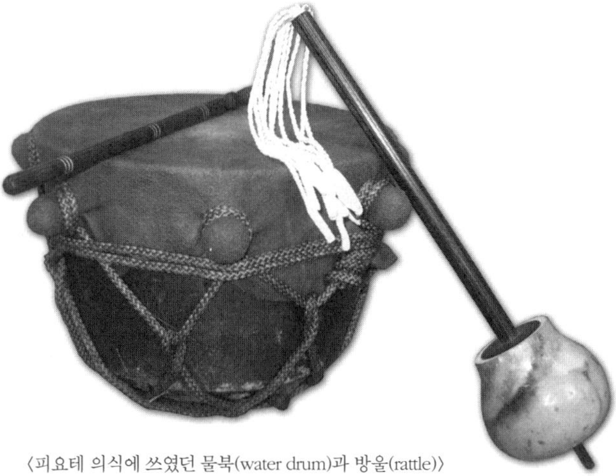

〈피요테 의식에 쓰였던 물북(water drum)과 방울(rattle)〉

어진 북)을 두드리고 또 한 사람은 래틀(rattle)이라고 불리는 방울을 흔들면서 기도문을 독특한 음률에 맞추어 읊조린다. 그러한 기도의 순서가 시계방향으로 계속 돌아가고 피요테 씹기도 계속된다. 기도문의 내용을 다 알아들을 수는 없어도 대체로 결혼기념일을 축하하고 본인과 가족과 친지들의 안녕과 행복을 기원하는 내용 같았다. 나머지 참석자는 밤새 의식을 계속하였지만 나는 자정이 가까워질 무렵에 티피를 빠져 나와 남지댁의 집으로 와서 잠자리에 들었다.

이튿날 아침 일찍 행사장을 다시 찾았다. 그때까지도 의식이 계속되고 있었다. 그런데 참석자 모두가 너무 멀쩡해 보인다. 피요테 효과 때문일까? 피요테는 멕시코 북부와 텍사스 서부 사막지역에 자생하는 피요테 선인장의 특정부분을 채취하여 말려서 만든 것으로서 환각성분을 포함하고 있기 때문에 마약의 일종으로 분류되어 복용이 법으로 금지되고 있다. 다만 인디언의 전통 종교의식 중에 복용하는 경우에는 허용된다고 한다. 나도 조금은 먹어 봤지만 너무 적게 먹은 탓인지 아무런 변화를 느끼지 못하였다.

이러한 피요테의식은 코만치족(Komanche) 추장 콰나 파커(Quanna Parker)에 의하여 1880년대에 창시되었는데, 미국정부가 인디언을 백인사회에 동화시키기 위한 목적으로 선 댄스(sun dance)와 같은 전통적인 종교행사를 금지시킴에 따라 기독교 예배와 유사한 새로운 형식의 인디언식 종교의식이 널리 퍼지게 된 것으로 생각된다. 내가 체험했던 종교의식은 하프문(half moon) 방식의 피요테의식으로 불리는데 성경은 이용하지 않고 담배를 사용하는 종파인 데 반하여 크로스파이어(cross fire) 또는 빅문(big moon)으로 불리는 약간 변형된 종파에서는 성경을 활용하고 담배는 사용하지 않는다고 한다.

* 망령 춤(ghost dance)

망령춤은 1889년 무렵 네바다 사막지역에 거주하던 파이우트(Paiute) 인디언 워보카(Wovoka, 뒤에 Jack Wilson으로 개명)에 의해 창시된 인디언의 신흥종교운동을 뜻한다. 원래 원형춤(Dance in a Circle)이라고 불리었는데 라코타족을 통해서 이 춤을 처음 알게 된 백인들이 애초에는 영혼춤(spirit dance)이라고 부르다가 나중에는 망령춤으로 이름을 붙였다. 파이우트 인디언들은 워보카의 설교를 가뭄 끝의 단비와 같은 진리의 말씀으로 받아들였고 다른 인디언 부족들은 워보카의 가르침을 듣고 배우기 위하여 원근 각처에서 구름처럼 네바다로 모여들었다.

망령춤의 교리는 기독교의 그것과 많이 닮아 있다. 망령춤을 계속 추며 찬송하고 기도를 하게 되면 죽은 자들도 새 생명을 얻어 영원한 복락을 누릴 수 있게 된다는 것이다. 창시자 워보카는 1889년 일식 때에 환영(vision)을 보았다고 한다. 그는 하늘로 올라가 신을 만났는데 거기서 즐거운 시간

〈고스트 댄스 그림(파인릿지 인디언보호구역, 1890년)〉

을 보내고 있는 선조들도 보았다고 한다. 신은 그에게 들짐승이 가득한 푸른 초원을 보여주고 싸우지 말고 서로 사랑하며 백인과도 사이좋게 지내야 한다는 사실을 인디언들에게 가르칠 것을 명령하였다고 한다. 신은 또한 거짓말하거나 훔치지 말고 열심히 일하여 의롭게 이 세상을 살게 되면 저세상에서 가족과 친구들이 다 함께 모여 복을 누리게 된다고 알려주었다고 한다. 워보카는 자신이 신으로부터 절대적인 권능을 부여받은 구세주임을 자처하고 동부의 최고지도자는 해리슨 대통령이나 서부는 워보카가 다스린다고 설파하였다.

라코타 부족의 경우에는 차는 곰(Kicking Bear) 일행이 네바다로 가서 워보카의 설교를 듣고 배워 와서 부족에게 전파하였다. 그 무렵 라코타족은 엄청 힘든 시련을 겪고 있었다. 부족이 소유하던 땅의 대부분을 백인들에게 뺏기고 남아 있는 땅은 도저히 농사를 지을 수 없을 정도로 열악한 형편이었으며 들소는 거의 다 사라져 버렸고 미국정부로부터의 배급은 줄어들고 있었다. 종교는 원래 상처받고 외롭고 메마른 영혼에게 새로운 소망과 위안을 주는 것일진대 라코타의 경우 망령춤이 강력한 구원의 메시지로 받아들여져 들불처럼 급속도로 퍼져 나갔다.

라코타에서는 본래의 교리에 약간의 변형이 가해졌다. 워보카는 백인과의 평화로운 공존을 강조하였으나 라코타 버전은 앵글로 아메리칸들(Anglo-Americans)이 라코타의 땅으로부터 모두 물러난다는 내용이 포함되었다. 망령춤 운동은 백인들이 추구하고 있는 인디언 동화정책(assimilation policy)에 대한 저항운동의 성격을 띠면서 라코타의 일상생활의 대부분을 차지하게 되었다. 어른들은 생업을 멀리하고 어린이들은 학교에도 가지 않고 오로지 망령춤만 추는 지경에 이르자 백인들은 불안을 느끼기 시작하여 법으로 금지시켰다. 그래도 계속되자 인디언 보호구역 안으로 군대를 불러들이고 이 운동의 주동자로 간주된 시팅불을 체포하는 과정에 인디언경찰이 쏜 총에 맞아 시팅불이 사망하는 사건이 발생하였다. 망령춤과 관련되어 며칠 뒤에는 운디드니에서 끔찍한 학살사건도 일어났다. 이후 망령춤은 쇠퇴하기 시작하여 지금은 거의 찾아볼 수 없게 되었으나 카도 인디언 나라(Caddo Indian Nation)에서는 아직도 유지되고 있다. 그런데 최대의 인디언 인구를 가진 나바호에서는 망령춤 종교를 믿지 않았다고 하는데 이는 나바호는 이미 경제적으로 비교적 안정된 상태에 있었으므로 부족민들이 구원을 부르짖는 신흥종교에 별로 관심이 없었기 때문이다.

〈오마하 포우와우(Omaha Pow Wow) 입장식(1983년)〉

* 포우와우(pow wow)

포우와우는 'powwaw'라는 나라간세트(Narragansett) 원주민의 말에서 유래하였는데 인디언들의 전통춤 경연대회쯤으로 번역할 수 있다. 포우와우는 대학의 연구기관과 기타 인디언 유관기관에서 개최하며 짧게는 하루, 길게는 일주일에 걸쳐 참가한 부족 간에 친교하며 노래와 춤과 북의 솜씨를 겨루어 시상한다. 주로 가을에 개최되는 캘리포니아 지역의 같은 성격의 행사는 빅타임(big time)이라고 불린다.

* 평화의 담뱃대(Peace Pipe)

오늘날 우리가 일상적으로 소비하고 있는 물건 중에는 미대륙에서 건너온 것들이 많이 있다. 앞에서 이미 살펴본 이른바 세 자매라고 불리는 옥수

〈블랙푸트(Blackfoot) 인디언과 함께 피스 파이프를 입에 문 Harry Behn(Glacier National Park, 1916)〉

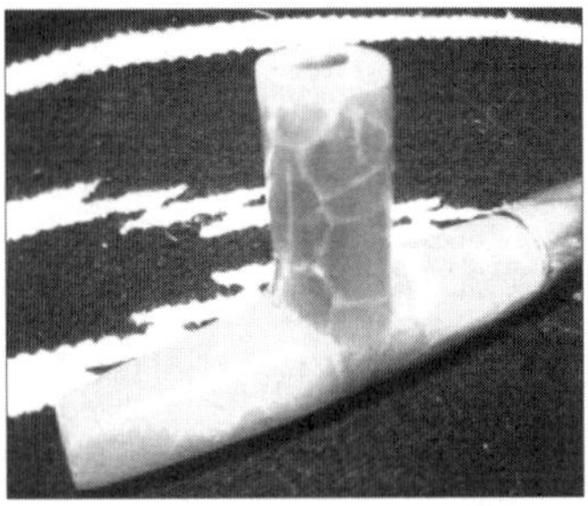

〈피스 파이프(peace pipe, calumet)〉

수, 콩, 호박 외에도 감자, 딸기, 블루베리, 칠면조 등도 미대륙이 원산지이다. 특히 감자는 유럽의 식량부족을 해결하여 1700년부터 1900년 사이에 인구가 급격히 늘어나게 만든 최대의 요인으로 작용하였다고 한다. 감자가 병충해로 인하여 흉작이 되는 시기에는 유럽이 모두 굶주리게 되고 기근에서 벗어나기 위하여 미국행 이민선을 타는 경우가 많았다고 한다.

유럽과 아시아의 문화를 크게 바꾸어 놓은 담배 또한 미대륙이 원산지이다. 구대륙의 사람들이 담배를 남용하여 니코틴 중독으로 폐암 발생 등 여러 가지 건강상의 문제를 일으키고 있는 데에 반하여 아메리카의 인디언들은 담배를 신성시하여 종교의식이나 중요행사시에만 사용하였다. 흔히 '평화의 담뱃대(peace pipe, sacred pipe 또는 calumet이라고도 함)'에 담배를 채운 후 불을 붙이게 되면 담배연기가 기도하는 사람과 만물의 창조주인 정령을 연결시켜 준다고 믿는다.

피스 파이프의 모양과 용도는 부족에 따라 약간씩 다르며, 담뱃대를 만드는 재질도 지역에 따라 상이하다. 담뱃대는 담배를 채우는 작은 용기(bowl)와 연기가 통과하는 빨대(straw)로 구성된다. 북부 평원 인디언들은 사우스다코타의 Big Stone Lake의 서쪽에 있는 Coteau des Prairies 지역의 채석장에서 캐낸 catlinite이라는 진한 적색을 띤 돌을 이용하여 보울을 만들었다. 적대 관계에 있는 부족들도 이 지역에서 담뱃대용 돌을 마음 놓고 채취해 갈 수 있었다고 한다.

피스 파이프는 부족 간의 화친조약 체결 시에는 물론이고 상업적 거래 성사 시에도 쓰이고 전쟁으로 나가기 전 부족의 결속을 다지기 위한 목적으로도 사용되었다. 이러한 피스 파이프는 상대방에 대한 특별한 호의를 전달하는 수단으로 쓰여 귀한 손님에게 선물로 주는 경우도 있다. 오늘날에도 인디언들의 중요한 행사에서는 피스 파이프 의식이 빠지지 않는다.

22 _ 두 인디언과 두 백인

인디언 역사에서 꼭 소개해야 할 사람이지만 본문 중에 적절한 위치를 찾지 못해서 빠지게 된 네 사람을 여기 따로 하나의 장을 만들어 소개하고자 한다.

* 엘리 새뮤얼 파커

파커(Ely Samuel Parker)는 세네카(Seneca) 인디언의 순수혈통으로 1828년에 침례교 목사의 아들로 태어났다. 파커는 기독교학교에서 정통교육을 받았으며 영어와 세네카 말을 둘 다 구사할 수 있어서 백인과 세네카 부족 간의 간극을 메우는 데에 큰 역할을 하였다. 1852년에는 세네카의 대추장(sachem)으로 추대되어 이로쿼이족의 전통가옥인 롱하우스의 서쪽 문을 지키는 사람이라는 뜻을 가진 도네호가와(Donehogawa)라는 이름을 받았다.

1840년대에 파커는 젊은 변호사이자 인류학과 사회개혁에 관심이 많은

〈그랜트 장군(가운데)의 참모들, 맨 왼쪽이 파커〉

모건(Lewis Henry Morgan)을 만나게 되어 서로 간에 도움이 되는 절친한 친구로 지내게 되었다. 특히 모건은 이로쿼이 연맹(League of the Iroquois)에 대하여 관심이 많았었는데 파커를 통하여 필요한 정보를 얻을 수 있었다. 파커는 미국 시민이 아니라는 이유로 변호사로의 진출이 막히게 되자 모건의 도움으로 기술학교로 진학하여 토목공학을 전공하였다. 일리노이에서 정부공사 감독관으로 일하던 시절에 그랜트(Ulysses S. Grant) 장군을 만나 둘은 친하게 지내게 되었다.

남북전쟁이 터지자 파커는 이로쿼이 자원병 연대를 이끌고 북군에 합류하기를 원했으나 뉴욕 주지사의 반대로 무산되자 본인만이라도 토목장교로 참전하기를 희망하였지만 이마저도 군 당국에 의하여 거절되었다. 마침 토목전문가를 찾고 있던 그랜트 장군이 특별히 파커를 대위 계급을 주어 입대시켰다. 파커의 성실성과 능력을 알아본 그랜트는 그를 부관으로 활용하였고 나중에는 정식 비서로 활용하였다. 그랜트가 있는 곳에는 그림자처럼 늘 파커가 있었다. 1865년 4월에 작성된 남군 총사령관 리(Robert E. Lee) 장군의 항복문서 초안도 파커가 작성하였다. 항복식에는 재미있는 일화가 전해 오고 있다. 리 장군이 파커와 악수하면서 "여기서 진짜 미국인을 만나서 반갑다"고 인사를 건네자 파커는 "우리 모두가 다 미국인이다"라고 답했다고 한다. 파커는 준장으로까지 진급하였다.

그랜트가 대통령이 되자 그는 인디언에 대하여 평화정책(Peace Policy)을 추진했다. 이 정책 추진에는 파커가 최고의 적임자라고 생각하여 그를 인디언담당국장으로 임명했다. 1869년부터 국장의 직무를 수행하는 동안에 백인들로부터 끈질긴 모함과 인종차별을 받았음에도 불구하고 최선을 다하여 인디언의 이익을 지키기 위하여 노력하였으나 오래 버틸 수 없어 1871년에 결국 조기 사임하였다. 그의 재임시절 이야기는 디 브라운(Dee Brown)이 그의 불후의 명저 「Bury My Heart at Wounded Knee」에서 한 장(chapter)에 걸쳐 자세히 소개하고 있다. 디 브라운의 이 책은 우리나라에서도 「나를 운디드니에 묻어 주오」라는 제목으로 번역판이 나와 있다.

* 찰스 이스트만(Charles Eastman) 부부

찰스 이스트만은 1858년 2월 19일 미네소타에서 산티 다코타 아버지와 백인 혼혈 어머니 사이에서 태어났다. 기독교 신자가 된 아버지는 아들의 교육에 각별히 신경 썼는데 이스트만은 다트머스 대학과 보스턴대학교의 의과대학원을 졸업하여 인디언 최초의 내과 의사가 되었다. 사우스다코타에 있는 파인릿지와 크로우크리크 인디언보호구역에서 인디언담당 의사로 근무하였다. 그가 근무하는 동안 운디드니 대학살사건이 발생하여 수많은 부상자들을 치료하기도 하였다. 인디언보호구역에서의 근무가 끝난 후 개인병원을 차렸으나 성공하지 못하였다.

그의 부인이 된 엘레인(Elaine Goodale Eastman)은 동부의 명문 여자대학 스미스 칼리지를 졸업한 재원으로서 15살에 시집을 낼 정도로 남다른 문학적 재주를 가지고 있는 백인 이민자의 딸이었다. 그녀가 운디드니 사건이 있던 무렵에 그 지역 담당 교육감독관으로 근무하고 있었는데 대학살로 부상을 입은 인디언들을 돌보면서 찰스와 가까워져 결혼까지 하게 되었다. 두 부부

〈찰스 이스트만(Charles Eastman)〉

〈엘레인 이스트만(Elaine Goodale Eastman)의 소설 「Yellow Star」 표지(1911년)〉

사이에서 여섯 명의 자녀가 태어났다. 부부는 인디언보호구역에서 나온 후 잠시 칼라일학교에서 일하기도 하였고 찰스는 인디언협회(Society of American Indians) 창설멤버로도 활약했다.

경제적으로 어렵던 시절에 엘레인은 찰스에게 인디언에 관한 글을 쓸 것을 권유하였다. 1902년 찰스는 그가 15세까지 다코타 인디언으로서 살아온 경험담을 엮은 책 「인디언 소년시절(Indian Boyhood)」을 발간하였다. 그는 그 뒤에도 열 권의 책을 더 집필하였다. 찰스는 인디언의 문화와 역사에 관하여 가장 많은 저술을 남긴 사람 중의 한 사람이 되었다. 찰스의 책은 프랑스어와 독일어로도 번역되어 출판되었다고 한다. 저술뿐만 아니라 찰스는 전국을 돌며 인디언의 문화와 역사를 알리기 위하여 1년에 25번씩이나 강연회를 열었다. 엘레인도 여러 권의 시집과 산문집과 소설을 발표하였다. 엘레인은 그의 친필 원고 등 모든 문학작품을 모교인 스미스칼리지에 기증했다. HBO가 2007년 TV용으로 제작한 영화 「Bury My Heart at Wounded Knee」에서는 이스트만 부부를 주연으로 그리고 있다.

* 헬렌 헌트 잭슨 여사

잭슨(Helen Hunt Jackson)의 결혼 전 이름은 피스키(Helen Maria Fiske)이다. 그녀는 매사추세츠 주의 애머스트(Amherst)에서 1830년 10월 15일 출생하였다. 그녀의 부친은 애머스트 대학의 목사 겸 교수이었다. 열네 살 나이에 어머니가 돌아가시고 또 3년 뒤에는 아버지도 세상을 떠났다. 부모가 다 사망한 후로는 숙부가 그녀를 뒷받침하였다고 한다. 그녀는 뉴욕에 소재한 기독교 기숙학교에서 공부하였는데 그곳에서 역시 애머스트 출신인 디킨슨(Emily Dickinson)과 같은 반이 되었다고 한다. 디킨슨은 훗날 시인으로 이름을 크게 날렸다. 두 사람은 그곳에서의 인연으로 평생을 교유했다고 한다. 그녀는 1852년에 헌트(Edward Bissell Hunt) 대위와 결혼하여 아들 둘을 낳았으나 모두 잃었으며 1863년에는 남편도 사고로 사망하였다.

1873년에 그녀는 결핵 치료차 콜로라도 스프링스(Colorado Springs)로 갔는데 그곳에서 부유한 은행가인 잭슨(William Sharpless Jackson)을 만나 1875년에 재혼하였다. 그녀가 글을 쓰기 시작하던 초년도에는 본인의 실명을 숨기고 'H.H.'라는 약어 필명을 사용했다. 에머슨(Ralph Waldo Emerson)은 그녀의 시를 높이 평가하여 시낭송회에서 몇 차례 그녀의 시를 소개하였고 1880년에 발간된 「명시 선집」에 그녀의 시 다섯 편을 포함시켰다.

1879년부터 잭슨 여사는 인디언 문제에 관심을 가지기 시작했다. 보스턴에서 있었던 퐁카족 추장 서 있는 곰(Standing Bear)의 강연을 듣고 큰 감동을

〈잭슨(Helen Hunt Jackson)〉

받고 그때부터 핍박받고 있는 퐁카족을 위하여 헌신하는 운동가의 길을 걷게 되었다고 한다. 우선 그녀는 정부의 잘못을 조사하여 널리 공표하고 관계기관에 청원서를 제출하고 기금을 모으고 언론사에 기고하는 일들을 시작하였다. 그녀의 특별 공격 대상은 당시 내무부장관이던 셔츠(Carl Schurz)이었다. 그녀는 한때 셔츠를 "내가 아는 가장 교활한 거짓말쟁이"라고 할 정도로 심하게 비난했다. 그녀는 미국 정부가 인디언과 맺은 조약을 위반하여 부당하게 인디언의 땅을 가로챈 사실들을 폭로했다. 나아가 인디언 주재관, 군 간부, 그리고 인디언 땅을 훔쳐간 백인 정착민들의 부정부패 사례를 공식 문서화했다. 많은 진보적 신문 편집인들이 동조하여 그녀의 보고서를 신문에 게재했다. 잭슨 여사는 자신의 이름으로 1891년 첫 저서를 발행했다. 「불명예 100년(A Century of Dishonor)」이라는 제목의 책을 통해서 그녀는 백인들이 밥먹듯이 조약을 위반해 온 역사를 통렬히 비판하고 인디언 정책을 획기적으로 개혁할 것을 요구하였다. 연방 상하원 의원들에게 이 책을 한 권씩 다 보냈다고 한다.

잭슨은 캘리포니아 남부를 여행하면서 그곳 인디언들의 어려운 사정에 대하여 많은 이야기를 들었다. 그녀는 내무부의 조사관으로 임명되어 캘리포니아 남부를 돌면서 수많은 인디언 부족들의 생활실태를 파악한 후 1883년 56페이지 분량의 보고서를 작성했다. 보고서에서 그녀는 인디언들의 어려움을 덜어주기 위해서는 상당한 규모의 땅을 사서 인디언 보호구역에 편입시켜 주고 인디언 학교를 더 많이 설립할 것을 건의했다. 그러나 상원에서는 통과가 되었으나 하원에서 부결되는 바람에 그녀의 제안을 법제화하는 데에 실패하였다.

잭슨은 보다 많은 사람들에게 관심을 갖도록 만들기 위하여 인디언 관련 소설을 하나 쓰기로 마음을 먹었다. 그녀의 친구인 스토우 부인(Harriet Beecher Stowe)이 1852년에 쓴 「톰 아저씨의 오두막집(Uncle Tom's Cabin」'에서 영향을 많이 받았다. 사람들이 심각한 주제의 책은 잘 안 읽을 테니까 로맨틱한 주제를 가지고 흥미 있는 이야기를 만들어 내고 싶어 했다. 톰 아저씨의 오두막이 흑인들에게 기여한 것의 100분의 1 만큼만이라도 인디언들에게 보탬이 됐으면 하는 게 그녀의 간절한 소망이라고 말했다고 한다.

1883년 말부터 집필을 시작하여 석 달 만에 완성하여 처음에는 「In The Name of The Law」의 제목이었으나 뒤에 주인공의 이름을 따 제목을 「Ramona」로 바꾸어 출판하였다. 소설의 주인공 라모나는 고아로서 스코틀랜드 출신 아버지와 인디언 어머니 사이에서 태어난 혼혈여인이다. 라모나와 그녀의 인디언 남편 알레산드로(Alessandro)가 자신들의 땅을 갖기 위하여 온갖 고초를 겪게 된다는 것이 이 소설의 줄거리이다. 소설의 등장인물과 사건들은 잭슨이 직접 만나 보거나 경험한 내용들이었다. 그 소설이 발간되자 빠르게 인기를 얻어 큰 성공을 거두었다. 출판 이후 몇 세대를 넘어서 꾸준한 사랑을 받아왔으며 지금까지 300번이나 판을 거듭하여 발행되었다고 한다. 소설 속 로맨틱한 장소를 직접 찾아보기 위하여 남부 캘리포니아로 일부러 여행하는 사람들도 적지 않았다고 한다.

잭슨은 그의 첫 소설의 성공에 고무되어 인디언 문제에 관련된 어린이 이야기를 쓸 계획이었으나 빨리 세상을 떠나는 바람에 완성시키지 못했다. 그녀는 죽기 전 마지막으로 클리블랜드(Cleveland) 대통령에게 다음과 같은 요지의 편지를 보냈다.

> "나는 임종을 맞으면서 귀하에게 귀하가 인디언들을 위하여 이미 해 주신 일들에 대하여 진심으로 감사를 보냅니다. 내가 쓴 「불명예 100년(A Century of Dishonor)」을 읽어 보시기를 부탁합니다. 미국이 오명의 짐을 벗고 인디언에 대한 잘못을 바로잡기 위하여 처음으로 꾸준한 노력을 기울여 나가는 것이야말로 귀하의 운명이라는 것을 믿을 수 있기에 더 행복한 마음으로 세상을 떠나고자 합니다."

1885년 55세의 아직 이른 나이에 샌프란시스코에서 위암으로 세상을 떠났다. 그녀의 무덤은 콜로라도 스프링스의 에버그린 공동묘지에 있다. 그녀가 죽은 지 1년 뒤 「North American Review」에서는 소설 '로마노'를 미국 여류작가 소설 중에서는 단연 으뜸이라고 평가하였다. 또한 '엉클 톰스 캐빈'과 더불어 19세기 최고의 윤리적인 소설이라고 높게 평가하였다. 그녀의 소설과 인디언의 권익 향상을 위하여 건강을 해칠 정도로 기울인 열정은 앞으로 더 많은 인디언 문제에 대한 개혁가들을 불러 모으는 데에 촉매제가 되었다.

_부록

인디언들은 왜 석기시대에 머물러 있었나?

자연환경의 차이가 문명수준 격차를 만들었다

지금으로부터 대략 1만 8천 년 전에 인디언들이 아메리카 대륙으로 건너왔을 것으로 추정되는데 이 시기에는 지구상의 모든 인류가 석기시대에 살고 있었다. 즉 인종 간의 문명수준의 차이는 존재하지 않았다. 그런데 유라시아에 남아 있던 인류는 청동기시대를 거쳐 철기시대로 발전하였으나 아메리카로 건너간 종족은 석기시대에 계속 머물러 있었다. 미국의 일부 고대문명 유적에서 구리를 사용한 흔적이 발견되기도 하고 남미의 잉카제국은 스페인군이 침입하던 무렵에 막 청동기로 이행하는 중이었다고는 하나 기본적으로 문명수준은 석기시대에 머물러 있었다고 보는 편이 옳을 것이다. 문명수준 격차로 인하여 철제무기로 무장한 유럽인들은 돌도끼와 활로 저항하는 인디언들을 쉽게 정복할 수 있었다. 여기에 백인들이 가져온 전염병이라는 생물 무기는 철제 무기보다 몇십 배의 위력을 발휘하여 전쟁다운 전쟁 한번 제대로 치르지 않고도 유럽인들은 너무나 쉽게 인디언들을 제압할 수 있었다.

이러한 문명의 차이는 왜 발생하는가? 백인의 우월성을 신봉하는 인종주의자들은 인종 간의 지적 능력 차이로 인하여 문명수준의 차이가 만들어진다고 주장하기도 한다. 여기에 대하여 유명한 인류학자이면서 진화생물학자인 재러드 다이아몬드 UCLA 교수는 단호하게 아니라고 반박한다. 인류학 분야의 고전이 된 그의 명저 「총·균·쇠(Guns, Germs, and Steel)」에서 다이아몬드 교수는 그의 이름만큼이나 찬란한 논리로 이 문제에 대한 해답을 제시하고 있다. 한마디로 요약하면 모든 문명수준의 격차는 환경의 차이에서 기인한다는 것이다.

인류의 가장 중요한 과제는 먹는 문제를 해결하는 것이다. 수렵과 채취에 의존하는 생활방식에서는 문명발달을 기대할 수 없다. 야생의 식물을 개량하여 농작물화시킴으로써 농업에 기반을 둔 정착생활이 이루어진 다음에야 잉여생산물과 여유시간을 이용하여 농업 이외의 분야에서도 발전을 도모할 수 있게 되는 법이다. 유라시아 대륙에서는 밀, 보리, 쌀 등 곡물류 농작물로 개량할 수 있는 식물이 비교적 풍부하였던 반면에 아메리카에는 옥수수밖에 없었다. 게다가 옥수수는 유라시아에서 생산되는 곡물에 비하여 훨씬 적은 단백질을 함유하고 있다.

유라시아에는 소나 말이나 낙타와 같은 대형 포유동물을 가축으로 사육할 수 있었던 반면, 북아메리카에는 개밖에 없었으며 남아메리카에는 개보다는 약간 큰 라마가 있었으나 소나 말에 비교도 안 될 정도로 체격이 작았다. 또한 유라시아에서는 가축의 분뇨를 농작물 경작 시 비료로 활용할 수 있었으나 아메리카에서는 그러지를 못했다. 유라시아에서는 가축으로 하여금 수레를 끌게 함으로써 무거운 화물도 운반할 수 있었을 뿐만 아니라 가축의 힘을 빌려 쟁기질도 할 수 있었기에 토지의 생산성을 더욱 높일 수 있었다. 그러나 아메리카에서는 수레를 끌 만한 가축이 없었으므로 수레의 발명 필요성조차 생각하지 못했을 것이며, 농업 생산에서도 오로지 사람의 힘에만 의존할 수밖에 없었기 때문에 생산성이 비교적 낮을 수밖에 없었다.

유라시아인들은 다양한 가축들로부터 전염병에 걸리는 경우가 허다하여 전염병에 대한 면역성을 키울 수 있었던 반면에 전염병이 별로 없는 청정지역에 살던 아메리카 인디언들은 면역력을 가지지 못하였다. 실제로 피사로가 이끄는 스페인군이 1533년에 잉카제국을 침략하였을 때, 백인들이 가져온 천연두가 멕시코를 경유하여 남미에도 이미 널리 퍼지게 되어 인구의 대부분이 사망하였기 때문에 손쉽게 잉카제국을 멸망시킬 수 있었다고 한다.

유라시아 대륙은 비슷한 위도에 걸쳐 동서로 길게 뻗어 있는 반면에 아메리카는 북극권에서부터 남극권까지 남북으로 길게 위치하고 있다. 따라서 유라시아의 동서 간에는 기후 차이도 크지 않은 데다가 특별한 지리적 장애도 없었기에 동서 간 문물교류가 원활히 이루어질 수 있었던 반면에 아메리카대륙은 위도 차이로 인한 심한 기후 차이 외에도 사막과 높은 산으로 인하여 지역 간 이동에 큰 제약을 받을 수밖에 없었다. 따라서 아메리카 대륙 내에서는 문명의 팽창과 교류는 거의 이루어지지 못했다.

간단히 정리하면 인디언들은 운이 나빠서 문명발달에 불리한 땅을 택하게 됨으로써 결과적으로 더 발전한 문명권의 인류에게 정복당할 수밖에 없었다는 것이다.

* 위 부록은 2015년 11월 6일부터 2016년 4월 8일까지 총 23회에 걸쳐 「파이낸셜뉴스」 신문에 연재되었던 '아메리칸 인디언을 찾아서' 시리즈 중 2015년 11월 12일 자에 게재된 제2회분 (http://fnnews.com/news/201511121851493609) 일부를 인용하여 작성하였다.

* 찾아보기

ㅁ

ㅎ

인디언의 길